北京大学网络文学研究丛书—————邵燕君　主编

# 网络文学研究的原生理论

［韩］崔宰溶　著

中国文联出版社

图书在版编目（CIP）数据

网络文学研究的原生理论 /（韩）崔宰溶著. -- 北京：中国文联出版社，2023.3（2024.9重印）
（北京大学网络文学研究丛书 / 邵燕君主编）
ISBN 978-7-5190-4817-4

Ⅰ. ①网… Ⅱ. ①崔… Ⅲ. ①网络文学－文学研究－中国 Ⅳ. ①I206.7

中国版本图书馆CIP数据核字(2023)第026780号


著　　者　[韩]崔宰溶
责任编辑　冯　巍
责任校对　叶栩乔
封面设计　谭　锴

出版发行　中国文联出版社有限公司
社　　址　北京市朝阳区农展馆南里10号　　邮编　100125
电　　话　010-85923025（发行部）　010-85923091（总编室）
经　　销　全国新华书店等
印　　刷　三河市龙大印装有限公司

开　　本　710毫米×1000毫米　1/16
印　　张　14.75
字　　数　210千字
版　　次　2023年3月第1版第1次印刷　2024年9月第2次印刷
定　　价　56.00元


版权所有·侵权必究
如有印装质量问题，请与本社发行部联系调换国家社科基金重点项目"全球媒介革命视野下的中国网络文学发生、发展及国际传播研究"（项目批准号：18WAZ025）阶段性成果

2019年度教育部重大攻关项目"中国网络文学创作、阅读、传播与资料库建设研究"（项目批准号：19JZD038）阶段性成果

# 总 序
## 那些偷偷读网文的孩子，他们长大了

邵燕君

> 我是北京大学中文系古典文献方向的大四学生。但我毫不讳言，是网络文学启蒙了我；我更不后悔，让网络文学陪伴我的整个青少年时期。在任何时候任何地方，现在的我都会毫不犹豫地站出来，赞美那些曾经抚慰我、感动我、激励我的网络文学作品，无论有多少前辈、多少权威告诉我，它们是毫无价值的垃圾……
>
> 我们是偷偷读网文长大的孩子，我们要为属于自己的网络文学发声，我们的新文学和新生活也只能由我们亲手打造。神仙和皇帝不一定有，但救世主一定从来没有。
>
> ——吉云飞
> 《北京大学网络文学论坛报》创刊词之一

这套丛书收入的都是北京大学中文系研究网络文学的博士学位论文，作者大都是我所开设的网络文学研究系列选修课程的学生。这个课至今已经连续开设了十年，这些学生基本上是连续选课的。2015年，我们成立了北京大学网络文学研究论坛，形成了一个学术共同体，他们是最核心的成员。

十年前，我凭着"一腔孤勇"闯入网络文学研究领域，当时，一共就读了一部半网文①。感谢什么都能包容的北大，让我在这种情况下敢开网络文学研究的选修课；更感谢那些选课的同学们，带着他们多年隐秘的"最爱"，共同搭建起了这个课堂。最初选课时，他们大都是大二、大三的本科生，后来陆续读硕士、博士、拿教职，成为青年学者。我最高兴的，就是听见他们之中有人说，我本来没打算读博士的啊！这些当年偷偷读网文的孩子，他们长大了，写出了博士学位论文，于是，有了这套丛书。

我上大学的时候，听钱理群老师讲鲁迅，一直强调"历史中间物"的概念——"自己背着因袭的重担，肩住了黑暗的闸门，放他们到宽阔光明的地方去；此后幸福的度日，合理的做人"（《我们现在怎样做父亲》）。我的理解是，鲁迅先生认为，自己是"旧文化"养育长大的，虽然"反戈一击"，但骨子里难免是旧的。新文化应该由新人缔造，自己的任务是"清结旧账"，"开辟新路"，甚至不惜与旧文化同归于尽。

我们自然没有鲁迅先生那样的壮怀激烈和牺牲精神，但也应该有同样的自觉意识。今天，学术体制内拥有一定话语权的人，都是印刷文明哺育长大的。即使再锐意更新自己的知识结构，我们的情感结构、伦理结构、价值结构也是旧的，连我们的感官比率和感知模式都是旧的。②所以，研究网络文学，终究是网络一代的事。师长辈的任务，就是好好利用自己手上的资源，搭好平台，把学生们送过去。

---

① 半部是我吃西红柿的《星辰变》，只读了当时出版的纸质书4本；一部是猫腻的《间客》。

② 麦克卢汉认为，媒介对人最根本的影响不是发生在意识和观念层面上，"而是要坚定不移、不可抗拒地改变人的感官比率和感知模式"。参见［加］马歇尔·麦克卢汉：《理解媒介：论人的延伸》，何道宽译，译林出版社，2011年，第30页。

我"蛊惑"过学生,"要为自己立法"。但也深知,最早的一批"立法者"要接受非常严峻的挑战:既要对全新的网络生命经验有深切的体悟能力和把握能力,又要在前无古人的情况下具有理论的原创能力和整合能力,同时还要有把生命经验、理论阐释落实进文学史梳理和文本分析的能力。我不敢说这套丛书的作者都过关了,但至少可以肯定,他们的写作是真诚的,都是奔着自己的核心问题去的。因此,他们各开一片天地,后来的写作者应该绕不过去。

丛书的第一辑共计七本书,按论文答辩的时间顺序,依次是崔宰溶《中国网络文学研究的困境与突破——网络文学的原生理论与网络性》(2011,书名改为《网络文学研究的原生理论》)、薛静《脂粉帝国——网络言情小说与女性话语政治》(2018)、高寒凝《罗曼蒂克2.0:"女性向"网文与"女性向"网络亚文化中的爱情》(2018)、王玉玊《编码新世界——游戏化向度的网络文学》(2019)、肖映萱《"她的国"——中国网络文学"女性向"空间的兴起和建构》(2020)、李强《中国网络文学的发生》(2021)、吉云飞《中国网络文学生产机制的生成》(2021)。

崔宰溶博士是韩国留学生,现为韩国明知大学中文系副教授。需要说明的是,崔宰溶的博士学位论文不能算是我们团队的研究成果,而是我们研究的理论前导。2011年春季学期,他论文答辩的时候,我第一次开设网络文学研究选修课。当时特别有幸成为论文的答辩评委,读来有石破天惊之感。崔宰溶以韩国研究学者的视角沉潜入中国网络文学世界,对当时中国网络研究界存在的精英化、抽象化和过度理论化的困境,提出了直言不讳的批评(其中也包括对我文章的点名批评),并且建设性地提出了"原生理论"和"网络性"的概念作为突破的途径。这部论文的真知灼见,使我们团队的研究从起步阶段就有了一个较高的起点。此后在很多方向的拓展,也都受其影响。我认为,对于这位韩国学者,中国网络文学研究界应该说声"谢谢",我本人及北大研究团队是受益最深的。这次,非常荣幸邀请到崔教授加入丛书。经过十年的思考,他将对论文做出进一步的完善和增补,十分值得期待。

薛静和高寒凝是我们团队最早毕业的两位博士。她们的论文主题都是爱情，探讨这一古老的感情模式在网络时代的转世重生。薛静写的是传统言情小说模式在网文中的转型；高寒凝写的是罗曼蒂克情感模式在虚拟空间的"系统升级"。薛静的论文以文本分析见长，尤其对"渣贱文"模式的分析，深透见底，使那样一种耻于言表的"症候性欲望"显形，这样的文学批评在任何时代都能单独成立。高寒凝的论文以理论见长，她的整部论文压在一个核心概念上——虚拟性性征（virtual sexuality），而这个概念是她自创的。寒凝答辩时，我真是为她捏一把汗，因为在场的评委大都是我的师长辈。没想到，评委老师们对她原创核心理论概念的勇气和能力大为赞赏，虽然"不大看得懂"。这篇论文在当天的答辩中被评为"优秀论文"，老一辈学者的包容和善意极大地鼓舞了后边要做论文的同学，大家都觉得这条路打通了！

此后，肖映萱也把"她的国"建立在自定义的概念"女性向"上。"女性向"是一个基础性概念，肖映萱和高寒凝都是中国最早使用"女性向"概念的研究者，在我们团队撰写的《破壁书：网络文化关键词》（生活·读书·新知三联书店，2018年）一书中，肖映萱即负责"女性向"词条的撰写工作。在博士学位论文中，她进一步完善了这一概念，这是她对网络文学研究的一大贡献。该论文对于网络文学研究的另一重要贡献是，对于"女性向"网络文学发展史进行了系统梳理，将"她的国"的建构过程落实在网络"女性向"空间的兴起、代表性网站的兴替、生产机制的变迁等几条脉络的史实梳理上。

李强和吉云飞的论文也建立在一手史料的挖掘和梳理上。李强致力于研究中国网络文学的发生环境和发生的动态过程，处理网络文学与传统文学及其背后制度环境的关系；吉云飞深入中国网络文学生产机制的内在机理，尤其对中国原创的、堪称中国网络文学高速发展的核心动力机制——VIP付费阅读机制——进行了全面研究，从而揭示其生成原因和底层运行逻辑。近几年来，我们团队一直在进行网络文学史料方面的挖掘和整理，肖映萱、李强和吉云飞是这个研究项目的领头人（leader）。他们的论文是建立在史料的基础上，也是下一步即将合写的《中国网络文学发展史》的基础。

王玉玊的论文也具有很强的理论原创性。她从电子游戏的角度切入，问题意识的真正指向却既不是电子游戏，也不是网络文学，而是"栖居"于"基于数码的人工环境"的"网络原住民"的生存体验，并且提出"二次元存在主义"这样宏大的命题。我们团队的成员虽然大都是"90后"，但也开始分出了"前浪"和"后浪"。基本上，1995年以前出生的属于"前浪"，1995年以后出生的属于"后浪"。玉玊虽然是1992年出生的，却是"后浪"的领头人。"后浪"同学的论文更多的偏向电子游戏、二次元方向，更呈现出理论建构的欲望，也用到了数字人文的研究方法。如果他们能做出优秀的论文，将收入丛书的第二辑。

另外，需要特别表扬王玉玊同学的是，作为本团队唯一的"拖延症免疫者"，她虽然不是最早答辩的，却是最早完成书稿的。由于是本丛书的"首发"作者，她受大家委托完成了与责编沟通版式、封面设计等各项工作。

在这个"用户生产内容"的课堂上，我一直是一个很弱势的老师。我的课堂长期由次第"继位"的"掌门"师兄、师姐们把持，我甚至在他们的怂恿下开了两次更外行的游戏课①。在课上，我一般都很慈祥，只是热衷看他们"撕"。从论文到成书，有一个漫长且痛苦的修改过程，有的简直是脱胎换骨。看着他们的心血之作被撕得体无完肤，也确实感到内疚。我得承认，我有个大大的私心。在我幻想的未来的"豪宅"里，会有一个大大的书架，其中最好的位置是留给这套书的。我煽情地对他们说："我要收集的不仅是你们的博士学位论文，不仅是你们的第一部专著，还有我们共同度过的美好时光、你们各自的成长隐秘和无法重来的青春。"

---

① 傅善超：《我怂恿中文系的老师开了一门游戏课》，"触乐"微信公众号，2017年2月10日。

这些年来我们在一起做了很多事，共同主编了不少书①。我们以"粉丝型学者"的身份做过网文史导读（《典文集》），也以"学者型粉丝"的身份卖过网文"安利"（《好文集》）；我们曾遍访网文江湖，与创始者大佬们谈笑风生（《创始者说》），"为我们热爱的事物树碑立传"（薛静）；也曾辛辛苦苦地扒史料，整理录音，"我们的目标是历史！"（李强）；我们一起办了公众号"媒后台"，"为属于自己的网络文学发声"（吉云飞）；一起编了一本网络文化的"黑话词典"（《破壁书》），里面有"女性向·耽美"单元，"'女性向'是不死的！"（肖映萱），"全世界的姑娘们，你们都没有错！"（高寒凝）……很多个周末，我们是一起度过的。我偷了他们的花样年华，他们似乎也很欢乐。"因为，创造了这一切的，是爱啊！"（王玉玊）②

2021年元旦于北京大学

人文学苑平九·燕春园

---

① 我们一起编的书主要有《网络文学经典解读》（邵燕君主编，北京大学出版社，2016年）、《破壁书——网络文化关键词》（邵燕君主编，王玉玊副主编，生活·读书·新知三联书店，2018年）、《网络文学二十年·典文集》（邵燕君、薛静主编，漓江出版社，2019年）、《网络文学二十年·好文集》（邵燕君、高寒凝主编，漓江出版社，2019年）、《中国网络文学双年选2018—2019（男频卷）》（邵燕君、吉云飞主编，漓江出版社，2020年）、《中国网络文学双年选2018—2019（女频卷）》（邵燕君、肖映萱主编，漓江出版社，2020年）、《创始者说：网络文学网站创始人访谈录》（邵燕君、肖映萱主编，北京大学出版社，2020年）、《新中国文学史料与研究·网络文学卷》（邵燕君、李强主编，南京师范大学出版社，预计2024年出版）。

② 我和学生们一起编书时，一般是我写序言，他们写后记。以上薛静的话来自《典文集》后记；王玉玊的话来自《破壁书》后记；肖映萱的话来自其博士学位论文结语；吉云飞和高寒凝的话分别来自他们为《北京大学网络文学论坛周报·男频周报》和《北京大学网络文学论坛周报·女频周报》写的创刊词，发表于《名作欣赏》2015年第19期、第25期；李强的话来自他创建的史料工作微信群名。

# 目　录

第一章　导　论　001
　一、提出问题　001
　二、西方理论的影响　003
　三、中国网络文学研究初期情况　009
　四、研究对象与研究方法　022

第二章　网络文学研究的困境　029
　一、传统文学与网络文学　029
　二、抽象化、观念化的研究倾向　033
　三、网络文学的"自由"和"匿名"之局限性　034
　四、后现代的假象　037
　五、传统的阴影　054

第三章　两个突破口："原生理论"和"网络性"　068
　一、原生理论和介入分析　068
　二、从"作品"到"网络"：网络文学的"网络性"　089

第四章　网络文学的真相　　　　　　　　　　　112
　　　　——对网络文学实践的具体分析
　一、网络文学的原生理论　　　　　　　　　113
　二、网络性的两副面孔（1）：实践性　　　　147
　三、网络性的两副面孔（2）：时间性　　　　160


第五章　结论：网络文学　　　　　　　　　　177
　　　　——"事件"的存在论

附　录　智能手机时代的网络文学变化　　　　182
　　　　——以韩国和中国的情况为中心

参考文献　　　　　　　　　　　　　　　　　　210

# 第一章
# 导 论

## 一、提出问题

中国的网络文学已经历了大约 30 年的历史，无论从数量上还是质量上都呈现出很大的变化与发展。尤其是最近开始普及的无线上网技术和手机上网技术（如 3G、4G 和 LTE、5G 通信网络）的迅猛发展将网络的"遍在性"（ubiquotousness）推向另一个阶段。"网络社会"名副其实地实现了。

当然，那些极端的预言尚未实现，互联网还没有完全替代以前的所有媒体。虽然人们可以从网站下载"电子书"和 MP3、AAC（或使用流媒体服务），但很多人还是在传统的书店里买纸本书，在音乐商店里买专辑。人们乐意亲身到电影院去看电影，即使他们可以"在线"欣赏那部电影。但我们无法否认，这里已发生重要的变化：以前，书店、音乐商店和电影院是享受这些文化产品的几乎唯一的合法通道，可是目前，网络技术提供给我们另一个更被普遍使用的通道。

关于互联网或网络对文学的影响，学者们已积累相当可观的研究成果。特别是中国的所谓"互联网文学"或"网络文学"通过与西方相当不同的独特途径已获得巨大的成功，引起学界的关注。中国的情况与韩国、日本等其他东亚国家的网络文学景观却比较相似，2010年左右蔡智恒、李寻欢、安妮宝贝、邢育森、郭敬明、唐家三少、我吃西红柿等很多明星级"网络写手"陆续登场，他们的作品给传统的文学界、出版界带来了震撼性影响。到了2020年，中国网络文学的规模已稳居世界第一，明星作家数不胜数。

但是，"网络文学"到底是什么？它仅仅是技术层面的变化还是对传统文学的全面革新？它是不是严格的学术概念？它是一种实体，还是只是抽象观念而已？虽然很多学者试图回答这些问题，不过至今好像还没有唯一的正确答案。

要讨论"网络文学"，我们首先得面对两个非常复杂的概念。这当然是"网络"和"文学"。很遗憾，这两个概念都拥有太大的外延和内涵，对它们下一个确切的定义是一件几乎不可能完成的任务。"文学"这一已拥有几百、几千年历史的概念都还没达到统一的定义，至于更加陌生的"网络"概念，我们就更不用说了。当然，作为一种科学技术，网络，特别是互联网，有它自己的历史和技术背景。从这一角度去看它，它的定义会清楚得很。但就网络的"素性"或"特征"而言，我们还很难下定论。

可是这里有一个悖论。对它的严格的学术定义可能永远是不可能的，但无论这种定义存在与否，"网络文学"这个现象却明明存在着。也许在20年前，有些人会相信网络文学并不存在。目前，否定网络文学的存在是不可能的，因为它的规模和影响力已经太大了。作为学者，我们不得不关注它。但由于严格定义的缺乏，对网络文学的研究也只好从很多不同的角度、不同的层面去切入，其实这是很正常的现象。

本书也是对这个叫作网络文学的"新技术／艺术（art）"提出一种不

同见解的众多尝试之一。中国网络文学研究刚开始的时候，很多学者对网络文学的可能性提出过乌托邦式的美好展望：它会使得自由的、平等的、开放的文学成为可能。直至2020年，学者们的研究中还饱含这种期待，因为在现实中这些美丽的"可能性"还没有实现，反而是网络文学的负面影响越来越显著，对此很多学者都表示忧虑和不满。

其实，这是很普遍的现象，技术发展所带来的美好的可能性很少完美地变成现实，因为它往往面临现实的各种各样的困境和限制。一方面，对超文本和网络文学的无限可能性已有多数学者交口称赞；另一方面，我们发现很多人贬低网络文学，认为它浅薄和庸俗。这就是网络文学的"可能性"与"现实"之间的矛盾。诚然，超文本和网络文学有很大的可能性，但这种可能性能否变成现实却是另一回事。依我看，大部分的网络文学研究是在其理论上的可能性与其让人不满意的现实之间摇摆。要么浪漫地表扬网络文学，要么蔑视其残酷的现实，中国网络文学研究处于比较严重的失衡状态。当然，本书初次以博士学位论文的形式在2011年问世后已过去了10年，情况改变了不少，优秀的、突破性的成果也不是没有，不过我觉得有相当多的研究还是站在网络文学的"外部"说话，听不懂网络文学的原生语言和理论。

为了突破这种困境，我们首先要注意的是网络文学的实际生产、消费、享受的具体过程，然后将理论和这个具体现实尽量结合在一起。我们需要立足于现实的新理论和新语言。

## 二、西方理论的影响

欧美的网络文学研究有较长的历史，其成果也很丰富。自从超文本理论的鼻祖范内瓦·布什（Vannevar Bush）提出记忆扩展系统"Memex"（memory extender）的设想之后，超文本概念就被泰德·纳尔逊（Ted Nelson）和乔治·兰道（George Landow）等理论家所继承。①

---

① Vannevar Bush, "As We May Think," *Atlantic Monthly*, 176 (July 1945), pp.101–108.

可是，对于海外网络文学研究，马季认为："如果说国内的网络文学走的是传统写作的老路的话，那么可以说欧美的网络文学走的是网络技术的新路。……尽管欧美地区没有显现出网络文学的繁荣盛况，但网络与文学之间的关系更加纯粹。……依靠网络资源才能广泛流通的超文本是欧美网络文学的突出表现形式，代表着欧美网络的发展方向。"①

显然，他的见解不完全正确，事情到了2021年已经很不一样了，欧美网络文学也不仅限于先锋的超文本。不过，商业性网络长篇小说一统天下的情况在中国很明显，这一点相对于欧美来说还是比较独特的现象。换言之，欧美的网络文学发展途径与中国、韩国、日本（我将在本书的附录中对韩、日的具体情况加以说明）等东亚国家有所不同。欧美几乎没有出现网络文学作品席卷出版界的文化现象，它们的网络文学作品比较集中在前沿的超文本文学实验方面，对网络文学的研究趋势也自然集中在这种文学实验的理论性研究。

虽然这些理论对我们的研究有一定的帮助，但在作为其理论根据的实验性超文本的成果比较薄弱的中国，如果我们全面依赖这些西方理论的话，我上面所说的理论与现实之间的脱节就会愈加强烈。

因此，本书将仅仅参考欧美网络文学研究当时（截至2010年的初期研究）最基本的几个概念，例如"超文本""赛博文本""遍历性文本"等。第一个就是网络文学研究最核心的概念，我们当然不能不认真对待它，后边两个概念是挪威著名新媒体及电脑游戏学者亚瑟斯（Espen Aarseth）提出的，与超文本概念具有一定的共同点，但同时也有不同的含义和脉络。这些概念对初期网络文学研究的影响力是决定性的，值得我们考察。我们还得考虑一些解构主义及后结构主义理论，因为这些理论都与超文本概念有直接或间接的关系。这些理论不仅在中国的网络文学研究当中被广泛地使用，而且往往涉及各种网络文学理论的核心部分。

至于一些新媒体研究的相关成果，虽然它们都对网络文学研究有很

---

① 马季：《读屏时代的写作：网络文学10年史》，中国工人出版社，2008年，第118页。

大的影响和意义，并且在西方的网络文学研究当中占据很重要的部分，但是基本上它们倾向于技术性研究，与本书的思路有一定的距离，因此，我只在不得已的情况下才简要地参考它们。

让我们首先看看有关超文本这一概念的西方研究。在众多超文本理论研究当中，本书主要参考了乔治·兰道的《超文本3.0》（Hypertext 3.0）。① 它并不是第一本提出超文本的概念的著作（这是泰德·纳尔逊的功劳），但兰道的这本书不仅更加全面，而且具有均衡感，将超文本的概念及其实际状态梳理得非常清楚。纳尔逊等第一批超文本理论家的论述虽然具有开拓性意义，但还是比较极端。《超文本3.0》却很稳定，实证性比较强，且通过著述的"升级"（此前还有《超文本》和《超文本2.0》）涉及了博客研究等当时最先进的研究成果。更重要的是，它将超文本与解构主义、后现代主义、后结构主义等现代思潮联系在一起，这一点使得兰道的研究具有更大的参考意义。

这方面值得我们参考的其他研究，还有莫尔斯洛普（Stewart Moulthrop）等的《超文本2002》（Hypertext 2002）、麦卡尔锡（Ray McAleese）的《超文本：从理论到实践》（Hypertext: Theory into Practice）等。另外，海尔斯（Katherine Hayles）的研究也相当引人注目，她撰写了《电子文学：文学的新地平线》（Electronic Literature: New Horizons for the Literary）、《写作机器》（Writing Machines）等专著，还有很多有关论文。她和沙克尔福（Laura Shackleford）等一些研究者将兰道、博尔特（David J. Bolter）等早期研究者划为"第一代"超文本主义者（first-generation hypertext theorists），并依靠女权主义、变形（transformation）、物质性（materiality）等独特观点提出有开拓意义的研究。

我在本书集中探讨的另一本书是亚瑟斯（Espen Aarseth）的《赛博文本：对遍历性文本的一些看法》（Cybertext: Perspectives on Ergodic

---

① George Landow, *Hypertext 3.0: Critical Theory and New Media in An Era of Globalization*, Baltimore: The Johns Hopkins University Press, 2006.

*Literature*），这是一本具有开拓性意义的著作。① 他提出"赛博文本"（cybertext）和"遍历性文本"（ergodic text）这两个概念，使研究领域得以无限扩展。比如说，他认为《易经》是人类最古老的赛博文本之一。② 他激烈攻击"技术决定论"，认为超文本并非只能在现代电子技术的背景下才成为可能，而且提出了一个可以包括古今中外所有文本的概括性概念——赛博文本。

我认为，亚瑟斯的研究至少有两个重要意义。第一，他强调传统文学与超文本文学的共同性。以前的超文本理论往往过于鼓吹超文本的革命性，但亚瑟斯却从很多传统文本当中看出超文本性，进而在以前的文学研究与超文本研究之间建立起一个学术连接点。第二，他给超文本研究提供了一个可以包括文字文本之外的所有文本形态的概括性研究视野。例如，已有的叙事学工具在解读电脑游戏时往往显露出局限性，所以这方面的研究需要一些崭新的概念工具。依我看，亚瑟斯提出的"阴谋"（intrigue）等概念不仅对游戏研究有意义，而且对网络文学研究也有一定帮助。

有趣的是，我上面提及的两位学者之间发生过激烈的冲突。先开球的是亚瑟斯。他批评兰道等"超文本主义者"，认为他们过于强调电子超文本的革新意义。他的批评是有道理的，因为很多"传统"文本都可以当作超文本来阅读。例如，词典、书本的目录、学术著作当中的注释等都是典型的超文本。对此，兰道则反击，他所说的超文本只能在最近电子数码技术和网络技术的背景下才成为可能。兰道认为，电子超文本与传统文本之间的区分是根本性的。

这两位学者的观点孰是孰非，很难下定论，也许只是他们对待文本的态度不同而已，而不同的文本自然需要不同的态度和看法。就其超文本性而言，《易经》确实是一种超文本，但就一些网络特征和电子技术特征而言，它属于传统文本。一种观点强调超文本的崭新，另一种则强调

---

① Espen Aarseth, *Cybertext: Perspectives on Ergodic Literature*, Baltimore: The Johns Hopkins University Press, 1997.

② Espen Aarseth, *Cybertext: Perspectives on Ergodic Literature*, Baltimore: The Johns Hopkins University Press, 1997, p.32.

其连续性，我们可以说这是一种"通变"的问题。超文本当然也是一种文本，所以它理所当然地拥有一些传统文本所具有的特征，但它的全面发展和完美发挥却要求电子网络技术必须成熟到一定程度。有关超文本的这一场论战，稍后再做仔细讨论。

另外，"粉都"（fandom）或"粉丝小说"（fanfic）研究也对我的研究很有意义。欧美的网络文学现象当中最接近于中国的大众性较强的网络文学的，就是粉丝小说。① 它跟日本的"同人"文化很相似，其影响力极其明显。到了2020年，网络上的粉丝活动也非常活泼，更有趣的是很多中、韩、日的网络文学作品被翻译成西方各国语言，并且很受欢迎。

这方面已经有约翰·费斯克（John Fiske）的先驱性研究，而最近有关电子网络环境下的研究则有亨利·詹金斯（Henry Jenkins）等人的著作。②

博客研究也很重要。现在博客显然过时了，已不再具有以前的影响力，不过作为目前一统网络的微博、微信等社交平台的前身，博客是21世纪的第一个十年里网络上最重要的现象之一。虽然博客并不是限于文学的媒体，但它拥有极强的文学批评、传播功能，所以它在实际的网络文学活动当中发挥着非常积极的作用。兰道、亨利·詹金斯等都写过关于博客的文章，值得关注。③

最后，我刚才提到的亨利·詹金斯的著作提供给我们一个很具有启发性的切入点。尽管他的著作通常太浪漫、太乐观，有过于强调新媒体的力量的倾向，因此他不能从亚瑟斯的批评中完全摆脱出来，但是他不是从学者或研究者的客观态度出发，而是从实际的接受者和大众的角度出发去探讨现象，并且赋予博客、电脑游戏、粉丝小说以一种积极的意义。在这个意义上，我们可以说他是米歇尔·德·塞尔托（Michel de

---

① 王铮：《同人的世界：对一种网络小众文化的研究》，新华出版社，2008年。
② John Fiske, "The Cultural Economy of Fandom," in Lisa A. Lewis ed., *The Adoring Audience: Fan Culture and Popular Media*, London Routledge, 1992, London: Routledge, 1992; Henry Jenkins, *Fans, Bloggers, and Gamers: Media Consumers in A Digital Age,* New York University Press, 2006.
③ Henry Jenkins, *Fans, Bloggers, and Gamers : Media Consumers in A Digital Age,* New York University Press, 2006; *Textual Poachers: Television Fans and Participatory Culture*, Routledge, 1992.

Certeau）或费斯克等大众文化研究者的最重要的继承者之一。[①] 亨利·詹金斯的这种态度与本书的基本立场有相同之处，因为我也强调网络文学的实际运作过程。另外，我认为他提出的"介入分析"的概念，以及莱维（Pierre Lévy）的"集体智慧"（collective intelligence）概念[②]、麦克劳克林（Thomas McLoughlin）的"原生理论"（vernacular theory）概念，都很有理论价值。其中，原生理论这一概念正是本书第三、第四章的核心理论背景之一。

欧美网络文学研究的最大问题，也许在于其理论性过于强大。当然，由于他们有非常可观的前沿的、实验性极强的超文本文学的历史，比较侧重于这样的理论研究是可以理解的。但我想指出，这些理论距离国内网络文学的现状却相当遥远。更何况，西方超文本理论研究所涉及的超文本文学作品的水平和数量，也不能说达到了让人满意的程度。例如，亚瑟斯在1997年出版的《赛博文本：对遍历性文本的一些看法》这本书中，认为迈克尔·乔伊斯（Michael Joyce）的《下－午》（After-noon）是最具代表性的电子超文本。而在兰道2006年出版的《超文本3.0》里，乔伊斯和他的作品还只是最重要的作品之一。[③]《下－午》发表于1987年，迄今为止已过了30多年的岁月，但还没有从根本上超越它的成就的作品，这并不是说乔伊斯太伟大，没人比得上他，而是表明自从纳尔逊第一次提出超文本的概念之后，几乎没什么根本性的理论转变和突破。在整个西方文学活动当中，网络文学或超文本之类活动占据的比例显然不大，不能成为一个主流文学形态，特别是我们考虑到其比较微弱的经济、社会效果的话，就更加如此。

我们可以说，欧美的研究很有价值，对我们的理论启发也相当大，但我们要把它运用于中国网络文学研究领域时，必须保持极其谨慎的态度。欧美毕竟没有蔡智恒，没有"可爱淘"，这种巨大的文化差异是不能完全依靠超文本理论来解释的。

---

[①] Michel de Certeau, *The Practice of Everyday Life*, University of California Press, 1984.
[②] Pierre Lévy, *Collective Intelligence: Mankind's Emerging World in Cyberspace*, trans. Robert Bononno, New York: Plenum Press, 1998.
[③] 在兰道的《超文本3.0》一书里，乔伊斯及他的作品一共出现将近20次。

## 三、中国网络文学研究初期情况

随着研究对象在规模上的巨大膨胀和各种媒体的热烈关注,中国网络文学研究的发展也在加快。2011 年 3 月,在中国知网上以"网络文学"为关键词进行搜索,我们会得出如下结果:15 篇博士学位论文、219 篇硕士学位论文、32 篇会议论文、2223 篇学术期刊论文等。据周志雄的调查,当时有关网络文学的专著已多达三十余本。① 到 2021 年 1 月,这些数目又增加了不少,博士学位论文数量几乎达到三位数,硕士学位论文则超过了 1000 篇,学术期刊论文 5800 篇以上。

让我先简单地概括一下中国网络文学的历史。中国网络文学,或者华文网络文学的起源不在大陆,而在北美。1991—1992 年,一些海外中国留学生开始在 ACT(alt.chinese.text)等赛博空间上发表文章,很多网络文学研究者都认为这是中国网络文学的起源。1998 年发生了一个很重要的文学事件,即台湾的痞子蔡(蔡智恒)的《第一次的亲密接触》引发轰动效应,其影响力也波及大陆,第一次网络文学热兴起。2000 年左右,大陆网络文学的第一代主要写手,如宁财神、安妮宝贝、邢育森、李寻欢、今何在等陆续发表作品,得到大众的认可和欣赏。2002 年,慕容雪村的《成都,今夜请将我遗忘》引起了又一次的轰动效应。2003 年,一些大型文学网站开启 VIP 制度,这便是在线付费阅读时代的开始;还有一些写手开始直接跟网站签约,得到稳定的稿酬,进一步推动了网络文学的大众化、产业化。② 2004 年,《诛仙》《小兵传奇》等"玄幻小说"得到热烈欢迎,并以纸本书的形式出版,其销售量之大令人惊讶,对传统出版界产生很大影响。2008 年以后,传统文学界越来越关注网络文学,很多传统文学批评者及研究者参加各种有关网络文学的研讨会、网络文学大赛的评审活动等。到 2010 年,我吃西红柿、唐家三少、天蚕土豆、辰东、月关、金子、雪芽等网络写手陆续登场,成为网络文学明星,活力四射地发表大量作品,并取得了巨大的商业成功。

---

① 周志雄:《网络空间的文学风景》,人民文学出版社,2010 年。
② 其实,2002 年"读写网"等网站已开始采取收费阅读方式,但其效应并不明显。

21世纪初比较活跃的学者有黄鸣奋、欧阳友权、蓝爱国、苏晓芳、谭德晶等，特别是前两位的研究成果占据了当时国内研究相当大的一部分。

黄鸣奋是专门研究网络文学的首批学者之一。他在20世纪90年代中期就开始这方面的研究，引介了基本的西方理论，对后来的网络文学研究影响颇大。更重要的是，他的研究对象并不局限于文学现象，还囊括了新媒体等更广大的范围，并且开始关注数字艺术作为"产业"的特征。相对于那些过度强调"艺术的本质"而批评网络文学之商业性的抽象性研究来说，黄鸣奋的《互联网艺术产业》等著作是一种重大进展，他对新媒体技术、文化、资本的融合这一显著现象进行了深入考察。他的《新媒体与西方数码艺术理论》一书全面介绍了西方的有关理论，也值得一提。[①]

欧阳友权写出了《网络文学本体论》《网络文学的学理形态》等专著以及数十篇论文，并且编写了《网络文学概论》《网络文学发展史》等能够当作教科书的基础性研究。他还主编"网络文学教授丛书""网络文学新视野丛书"，并组建"湖南省网络文学研究基地"，对网络文学研究做出了巨大贡献。2010年以后还主持完成了《网络文学五年普查（2009—2013）》《网络文学研究成果集成》《中国网络文学编年史》，以及"新媒体文学丛书""网络文学100丛书"等系列著作。[②]

有关网络文学的主要初期研究单位集中于中南大学、苏州大学、四川大学等高校，它们陆续产出很多研究论文，研究成果相当可观。现在，网络文学研究是很受欢迎的一个方向，很多研究机构和研究者都在这一方向下开展积极的研究。

下面，我对国内网络文学研究的发展史进行简单的梳理和批判性考察。在这里全面介绍整个国内研究成果是不可能的，所以我将以比较有规模的研究，即主要以博士学位论文和专著为主，进行历史性的梳理。

---

① 黄鸣奋：《互联网艺术产业》，学林出版社，2008年；《新媒体与西方数码艺术理论》，学林出版社，2009年。

② 欧阳友权：《网络文学本体论》，中国文联出版社，2004年；《网络文学的学理形态》，中央文献出版社，2008年；等等。

最初的研究是1998—1999年间发表的一些研究论文。它们的主要研究主题是有关海外华文网络文学和西方超文本理论、后现代理论的。吴冠军、宿晶格、邱碧君、雷默等都发表过有关论文，《互联网周刊》《Internet信息世界》等期刊是这些第一代研究者的主要活动平台。

但是，这些研究还只是初步的探索，具有一定规模和体系的研究则是在2000年以后才出现的。黄鸣奋的《比特挑战缪斯——网络与艺术》（2000）、《超文本诗学》（2002），[①] 谢家浩的《网络文学研究》（2002）[②]，欧阳友权等的《网络文学论纲》（2003）[③]，姜英的《网络文学的价值》（2003）[④] 等，都是国内初期网络文学研究的主要成果，对后来研究的影响很大。

面对网络文学这个崭新的文学现象，这些初期研究分析了网络这一新媒介对文学的影响，并且介绍网络文学在理论上的意义。通过他们的研究，超文本、多媒体、后现代主义等主要有关理论被引进国内学术界，网络文学的定义也变得比较稳定。

实际上，初期研究的主要对象与目前中国的主流网络文学之间有一定的差距。2003年以后，VIP制度的启动和网络文学出版热、网络文学与电脑游戏的互动关系、大型企业的市场进入等诸多因素均加速了大陆网络文学的商业化倾向，而这些商业化了的网络文学与初期研究主要探讨的业余性的、无功利性的网络文学很不一样。换言之，2003年以前的初期研究有一定的理论意义，它们确定了作为学术研究对象的网络文学概念，确立了网络文学的学术价值，但因为它们的着眼点基本上是西方的理论，分析对象也是符合这些理论的一些比较罕见的、实验性较强的非主流网络文学。这种理论先行倾向使得他们将一些前卫超文本实验的特征错误地当作整个网络文学的特征，其后果相当严重，甚至一直持续到现在。直至2020年，学术界对网络文学的评价还很难离开"文学性"。

---

[①] 黄鸣奋：《比特挑战缪斯——网络与艺术》，厦门大学出版社，2000年；《超文本诗学》，厦门大学出版社，2002年。
[②] 谢家浩：《网络文学研究》，苏州大学博士学位论文，2002年。
[③] 欧阳友权等：《网络文学论纲》，人民文学出版社，2003年。
[④] 姜英：《网络文学的价值》，四川大学博士学位论文，2003年。

比如说，姜英的《网络文学的价值》主要涉及的例子是台湾地区的超文本诗歌和大陆的几部超文本小说。但她自己也无法否认，"大陆网络文学中，超文本文学的创作也零星有一些试验性作品闪现"，"有技术创意和文字功底的超文本文学目前还难得一见"。① 那么，她凭什么主张超文本是网络文学的最主要特征？后来的中国网络文学的发展趋势证明，这些"试验性"的文本在网络文学中的势力其实是微不足道的，绝不是网络文学的主流。

欧阳友权2004年出版了他的博士学位论文《网络文学本体论》，采取新鲜的角度从深层的哲学意义上探讨网络文学，其突破性、开拓性显而易见。② 他以"本体论"和"现象学"的哲学角度去讨论网络文学的终极意义，主张面对网络文学这一新"此在"，我们需放下所有先入为主的观念，从胡塞尔（Husserl）的哲学意义上的"现象"的角度出发加以看待。通过这种"现象学还原"，我们才能够参透网络文学的"显性存在"，达到其"隐形存在"，即"真理"。他还引用了大量网民自己写的文字，这一做法加强了该书的意义。

该书应当算是初期中国网络文学研究当中最有代表性的研究成果之一，其影响力颇大，但现在看来其局限也很明显。因为它的局限在某种意义上代表了整个中国网络文学研究的局限，我们不妨对它展开进一步的考察。

就欧阳友权的方法论和思路本身而言，没有什么大问题，但在他的实际分析当中，他的方法论似乎没有得到完美的实现。这也许与该书出版时间较早有关，即欧阳友权所看到的"现象"与目前我们所看到的"现象"不一样，因此他的结论也与当今的现实有些出入。如果导致这些出入的原因在于"现象"本身的变化，那么，这种出入的存在是理所当然的，不过依我看更大的原因在于：欧阳友权所说的"现象"并不是被"还原"的纯粹现象，而是已经被"文学性"这一观念污染了的现象。

更具体地说，该书的局限主要表现在如下两个方面：

---

① 姜英：《网络文学的价值》，四川大学博士学位论文，2003年，第69—71页。
② 欧阳友权：《网络文学本体论》，中国文联出版社，2004年。

第一，试图从超文本、多媒体文本等比较特殊的文本类型当中观察网络文学的"显性存在"。令人疑惑的是，欧阳友权明明知道"主流"原创网络文学作品当中位列前三位的类型，即情爱题材、搞笑题材、武侠题材，占据了压倒性的多数；他也知道痞子蔡、李寻欢、安妮宝贝、邢育森、宁财神、黑可可、韦一笑、王猫猫、朱海军、今何在、芭蕉、龙吟、慕容雪村、何员外等都是代表性的优秀原创作家——但是，他讨论到的上述作家和作品类型当中，真正实现了他所说的网络文学"显性存在"的能有几个呢？他们的作品当中很难发现超文本、多媒体文本，风格上也距离后现代主义很远。这就意味着，该书很可能是从理论观念出发，而不是从"现象"出发。

第二，"作品"概念和"超文本"概念之间存在微妙的脱节，甚至呈现出一种矛盾。欧阳友权认为，网络文学中"作者"已经死了，作为神圣的艺术品的作品已在后现代的超文本的影响当中受到严重的打击。但他又往往要求网络文学"作品"应该提升质量和水平，这一要求本身与他所说的"作者之死"和"间主体""后现代性"等网络文学的特征之间存在严重的逻辑悖论。因为"作者"越具有文学才华，越讲究文学性，他所写出来的文本就距离后现代超文本越远。

2004年，除了欧阳友权的著作以外，还有很多研究成果。许苗苗的《性别视野中的网络文学》，起码在题目当中就提出了"性别"这一很有意思的研究角度。[①]但很可惜，实际上这本书的内容与"性别"的关系并不紧密。正文中除了对一些女性写手进行了很粗略的分析外，对性别这一重要主题却未能展开进一步的探讨，与其他的以男性为主的网络文学研究没有什么区别。

何学威、蓝爱国的《网络文学的民间视野》[②]和谭德晶的《网络文学批评论》[③]都归属于"网络文学教授论丛"系列。这两部著作分别以"民间性"和"批评"的角度分析网络文学的特征，对网络文学研究的贡献

---

① 许苗苗：《性别视野中的网络文学》，九州出版社，2004年。
② 何学威、蓝爱国：《网络文学的民间视野》，中国文联出版社，2004年。
③ 谭德晶：《网络文学批评论》，中国文联出版社，2004年。

不少。何学威等认为网络文学的核心特征就是"民间性",指出大众的广泛"参与"给文学带来巨大变化,表示正是网络文学的民间性使得文学"回归"到了民间文学。该书对网络文学的民主特征和互动性、参与性等特征的分析相当精彩,但它太执拗于"民间性"这一特征了。对他们来说,网络文学的自由、民间性等特征便变成一种网络文学与生俱来的天赋,或者必须被实现的一个义务。比如,他们说网络文学的商业化和"正规化"意味着网络文学"自由"的丧失,即网络文学的"终结"。① 这显然是夸大其词,因为历史证明,商业化、正规化与网络文学之间的关系并不是矛盾性的:几乎全面商业化了的当今的网络文学毕竟还没有"终结",反而发展到意想不到的新局面。

谭德晶在书中集中分析了大量的网络文学批评,具有很重要的资料价值。其基本思路与何学威、蓝爱国等相似,谭德晶认为在网络文学的批评活动当中文学的民主化被实现了,并指出网络文学批评的民间、大众价值。他收集的第一手材料很丰富,对它们的分析也相当精彩。不过书中使用的材料大部分在当时就已经有点过时了,没能跟上现实的变化。例如,根据2001年的统计,认为王朔、金庸、余秋雨等作家是网络批评的主要对象②;主要依靠传统文学批评与网络文学批评的二分法来展开论述,有夸大网络文学的民间、大众、自由等价值的倾向。

2005年,朱凯的《无纸空间的自由书写——网络文学》问世了,但该书处于传统文学观念的强烈影响下,对网络文学特征的论述也直接沿袭既有的抽象理论,让人遗憾。③

2006年,王文宏等主编的《网络文化研究》④、廖祥忠的《数字艺术论》⑤等著作问世,分别从比较宏观的"文化"和"数字艺术"的角度研究最新的电子技术对文化艺术的影响。但这些研究不是对网络"文学"的专门研究,下文不再介绍。

---

① 何学威、蓝爱国:《网络文学的民间视野》,中国文联出版社,2004年,第303页。
② 谭德晶:《网络文学批评论》,中国文联出版社,2004年,第222页。
③ 朱凯:《无纸空间的自由书写——网络文学》,华龄出版社,2005年。
④ 王文宏等主编:《网络文化研究》,中国言实出版社,2006年。
⑤ 廖祥忠:《数字艺术论》,中国广播电视出版社,2006年。

2007年，谭华孚的博士学位论文《媒介嬗变中的文学新生态》①问世。他的研究比较新颖，从媒介嬗变的角度出发研究网络文学的意义，认为网络文学基本上是一种"俗文学"，并提出"俗文化与媒介一道兴起是历史的通例"的观点。这是比较具有历史性的见解，值得参考。

2008年的研究成果相当丰富，包括金振邦的《新媒介视野中的网络文学》②，黄鸣奋的《互联网艺术产业》③，马季的《读屏时代的写作：网络文学10年史》④，欧阳友权主编的《网络文学发展史》《网络文学概论》⑤，苏晓芳的《网络小说论》⑥，等等。

其中，《互联网艺术产业》一书扩大了网络文学的研究视野，从"艺术产业"的角度深入分析包括网络文学在内的互联网艺术作为产业的特征。而马季的著作与其说是严密的学术研究，不如说是媒体报道式的介绍，但作为对中国网络文学的梳理和概括，还是具有一定的价值。欧阳友权主编的《网络文学概论》可以说是当时最完整的网络文学教科书，虽然没有理论上的显著突破，但对网络文学现状和既有研究成果的介绍相当充分。《网络文学发展史》则具有很大的学术价值：作为工具书，它是一部中国网络文学研究的集大成之作。特别是它对已有国内研究成果的梳理和介绍非常全面、完整，各种统计资料很丰富。苏晓芳的《网络小说论》则是集中分析中国网络小说的专著。她对主要作品及写手的分析相当细致、广泛，很有参考价值。但该书在理论方面的新颖度较低，直接沿袭了各种大众文化批判论的逻辑，对网络文学的评价有点陈旧，而且不太客观。

2009—2010年间也有不少专门研究网络文学的著作问世，例如，顾宁的《网络社会环境下的当下中国文学研究》（2009）⑦，蒙星宇的《北

---

① 谭华孚：《媒介嬗变中的文学新生态》，福建师范大学博士学位论文，2007年。
② 金振邦：《新媒介视野中的网络文学》，东北师范大学出版社，2008年。
③ 黄鸣奋：《互联网艺术产业》，学林出版社，2008年。
④ 马季：《读屏时代的写作：网络文学10年史》，中国工人出版社，2008年。
⑤ 欧阳友权主编：《网络文学发展史——汉语网络文学调查纪实》，中国广播电视出版社，2008年；《网络文学概论》，北京大学出版社，2008年。
⑥ 苏晓芳：《网络小说论》，中国文史出版社，2008年。
⑦ 顾宁：《网络社会环境下的当下中国文学研究》，辽宁大学博士学位论文，2009年。

美华文网络文学二十年研究（1988—2008）》（2010）①，蒋述卓、李凤亮主编的《传媒时代的文学存在方式》（2010）②，梅红主编的《网络文学》（2010）③，周志雄的《网络空间的文学风景》（2010）④，等等。另外，根据中国知网的检索结果，2009—2010年间发表的有关论文多达千余篇，中国网络文学研究已经呈现出稳定的发展态势。

顾宁对中国学界当时比较陌生的西方理论，即博尔特、兰道等理论家进行了有深度的分析，并指出了后现代主义、后期结构主义、解构主义与网络文学之间的理论关系。他对网络文学的商业性、大众性、产业化等特征保持比较客观公正的态度，肯定点击率在网络文学实践中的重要意义，而这一态度在国内研究当中是难能可贵的，颇具前沿性。

但他的局限在于，不能将他自己所提及的西方理论与中国网络文学现实成功地结合在一起，没有解决超文本和后现代概念直接使用在国内主流网络文学的分析上这个关键问题。虽然论文题目中有"当下"二字，但他对"当下"的网络文学现实的把握却有很大局限。

蒙星宇的研究，起码在研究对象的选定上具有一定的学术价值。当时对网络文学的研究主要集中于海峡两岸的网络文学，但其实华文网络文学的源头是"北美华文网络文学"。蒙星宇对二十年间的北美华文网络文学进行充分的梳理和概括：北美华文网络文学的景观与中国有区别，因为相对于几乎完全商业化了的中国网络文学来说，北美华文网络文学的实践当中兼具精英主义和大众文化的因素。这一分析对当前网络文学研究的发展有不小的意义。

但我们要注意，蒙星宇提出的这一对比不是绝对的，因为中国也有很多精英主义倾向较强的纯文学网站和论坛。虽然中国网络文学的商业化、产业化倾向非常显著，但这只是网络文学规模的迅猛扩大导致的必然结果，并不是北美和中国网络文学的本质特征的不同。蒙星宇还提出

---

① 蒙星宇：《北美华文网络文学二十年研究（1988—2008）》，暨南大学博士学位论文，2010年。
② 蒋述卓、李凤亮主编：《传媒时代的文学存在方式》，广西师范大学出版社，2010年。
③ 梅红主编：《网络文学》，西南交通大学出版社，2010年。
④ 周志雄：《网络空间的文学风景》，人民文学出版社，2010年。

理论和批评应该引导网络文学的发展，认为当时的网络文学是"没有导航的航船"。① 这折射出他的精英主义倾向显然阻碍了他对网络文学的客观把握。

蒋述卓、李凤亮则充分吸收了既有研究成果，提出的观点比较中庸。他们对极端的乐观主义持保留的态度，但同时对极端的悲观论也持批判性态度。一方面，批评一些研究的"文学主义"，认为它们应该注意到网络文学的独特性；另一方面，指出网络文学并不是前所未有的、与传统文学完全不一样的文学，强调其具有历史性。

不过，他们对网络文学的独特性的理解还是受到西方理论观念的强烈影响，缺乏对中国网络文学现实的客观把握。比如说，强调网络文学的超文本性，主张网络文学注意写作过程本身，具有平等、民主等特征。当然这些主张不是没有根据的，但他们却将网络文学的这些正面价值看作网络文学与生俱来的天赋。换言之，他们认为网络文学本身是很自由民主的文学，但"外部"的一些"权威"和"权力"限制了网络文学的可能性。但依我看，这是一种理论的理想主义，因为网络文学的种种局限往往是从其"内部"发生的，网络文学本身并不是那么完美的和有积极价值的。

梅红主编的《网络文学》从小说、诗歌、散文等不同的角度研究网络文学的历史。它的批判性、理论启发性虽然较弱，但观点比较客观。作为一本教科书，它能帮我们比较全面地理解当时中国网络文学的大致状况，还是很有意义的。但它使用的一些材料和统计比较陈旧，需要更新。另外，它不加批判地沿袭传统文学/网络文学的僵硬的二分法，在理论的使用上也有不少问题。

在周志雄的《网络空间的文学风景》一书中，我们可以发现对中国网络文学及其研究的比较完整的梳理，颇有参考价值。特别是该书下编的作家、作品论，分析得相当细致，材料丰富。

但该书太集中于文本分析方面，其理论含量较低。周志雄认为，网

---

① 蒙星宇：《北美华文网络文学二十年研究（1988—2008）》，暨南大学博士学位论文，2010年，第142页。

络文学是在各种传统文学的影响下才形成的。这一观点基本上问题不大，不过他对网络文学作为"网络"文学的独特性的思考缺乏深度。他完全忽略了以前的网络文学研究的理论成果，而是从传统的文学观出发研究网络文学。比如说，他对蔡智恒的小说的分析，与一般的传统作家论相比，没有任何区别。该书中"作品""作家""文学性"等传统文学概念的影响力太强，未能发掘出网络文学的独特价值。

上面的梳理当然并不全面，除了这些著作以外还有数千篇有关论文，其中也有相当精彩的研究。例如，王小英、祝东的《论文学网站对网络文学的制约性影响》一文，就对网络文学的理解非常具体、深刻，几乎完全摆脱了从前抽象的研究倾向。[1] 很多硕士学位论文也提出了新颖的观点，找到了新角度，如王黎的《网络文学女性作者的创作倾向研究》从女性主义的角度去分析网络文学[2]；李馥华的《试析网络文学中的"挖坑"现象》注意到"挖坑""太监"等独特的网络现象[3]；张雨的《中外网络文学比较分析》则将研究视野扩大到整个互联网[4]；王剑的《韩国网络小说特征研究》介绍了韩国的情况[5]；等等。另外，对很多主要网络写手的作家论、对代表性文本的具体个案研究成果，也相当可观。

但总体上，这些研究比较零散，缺乏宏观的理论视野。大部分研究沿袭超文本、后现代主义等初期网络文学研究的理论框架，2000—2010年几乎没有理论方面的真正突破，研究的抽象化和理论先行倾向都很突出。

通过上面的分析，我们可以看到，截至 2010 年，中国网络文学研究积累了不少成果，但其局限和问题也很明显。我相信这些初期研究所形成的研究惯性及困境到现在（2021 年）也还没得到根本性的突破。

第一，西方理论的影响力过于强大。中国的主要研究通常以西方的理论为基本背景，但却忽略了中国网络文学自身的特殊性、独特性。21世纪的第一个十年，中国网络文学研究异口同声地强调"超文本""多媒

---

[1] 王小英、祝东：《论文学网站对网络文学的制约性影响》，《云南社会科学》2010 年第 1 期。
[2] 王黎：《网络文学女性作者的创作倾向研究》，山东大学硕士学位论文，2010 年。
[3] 李馥华：《试析网络文学中的"挖坑"现象》，华东师范大学硕士学位论文，2007 年。
[4] 张雨：《中外网络文学比较分析》，陕西师范大学硕士学位论文，2006 年。
[5] 王剑：《韩国网络小说特征研究》，山东大学硕士学位论文，2007 年。

体文本""后现代主义",认为这三个理论或文学形态是网络文学的最主要特征。他们简单地在网络文学与超文本、后现代文化之间画上了等号。当然,这些西方理论是意义深远的,具有很大的学术价值,但中国的网络文学具有与西方前卫的、实验性很强的网络文学不同的独特性,所以我们不能直接拿这些西方理论来分析中国的网络文学。2010年以后,"后人类""人工智能""IP产业"等一些新的术语流行起来,情况比起此前稍微有所不同,本书暂不探讨。

中国研究的主要对象是长篇网络小说,除了一些有关诗歌、批评、散文的研究以外,都以小说为中心,所涉及的写手也几乎都是写小说的。网络小说在整个中国网络文学当中的地位是压倒性的。问题在于,这些网络长篇小说当中,"超文本""多媒体文本""后现代主义"等网络文学的所谓"最主要的特征"并不显著。其实,脍炙人口的中国网络文学"作品"几乎都是很传统的大众、通俗小说。我认为,研究者之所以执拗于这些实际上并不显著的特征,是因为他们不加批判地接受了初期西方网络文学研究的理论成果,而没有去寻找独创的、更适合中国情况的理论工具或将西方理论"本土化"。西方的初期网络文学是实验性非常强的前卫文学、精英文学,与中国的情况有很大区别。21世纪的中国网络文学已大体上放弃了其实验性、前卫性,而走上商业化、大众化、产业化的道路。在这样的情况下,强调"超文本""多媒体文本""后现代主义"的理论角度不见得正确,而且很容易导致对现实的严重歪曲。

尤其是,在中国网络文学已发展到一定程度的2005—2010年间发表的研究,也不能从这些理论的影响里摆脱出来,仍然机械地沿用超文本、后现代主义理论来分析网络文学,这是一个很严重的问题。虽然一些学者也对此现象提出过批评意见,但理论上具有真正突破性价值的研究还没有出现。泰德·纳尔逊首次提出"超文本"的概念是1981年的事,已经过了四十年,后现代概念则拥有更漫长的历史。[①] 难道网络文学只能按照这些陈旧的西方理论的要求才能够正常地发展、成长吗?超文本、多

---

① T. Nelson, *Literary Machines*, self-published, 1981.

媒体、后现代也许是一部分网络文学的特征，甚至可能是最有理论价值的特征，但它绝不是衡量网络文学的绝对而唯一的标准。

第二，传统文学观念的影响力过于强大。当然我不是说，网络文学与传统文学是完全不同的。网络文学也是一种文学，所以网络文学研究者沿用各种文学观念和文学研究的方法，是无可厚非的。

但是，很多研究者自己也承认，网络文学与传统文学的区别不仅仅在于媒体的不同，还在于这一媒体嬗变和整个文化结构的急变所带来的文学本身的内部的差异。不过大部分网络文学研究还没有完全适应这一巨大变化，仍然从传统的、印刷文学的角度看待网络文学。这个问题最严重的，也最有代表性的例子，就是研究者对"作品"观念的执着。几乎所有的国内网络文学研究的结论都异口同声地指出，网络文学的商业化、功利化、产业化有害于网络文学"作品"的质量。这里的"作品"概念指的是作为艺术家的"作家"以他自己的艺术才华来生产的具有审美价值、文学价值的艺术品。大多数国内研究都要求网络文学的"写手"写出更优秀的"作品"，进而提高网络文学的"文学性"。

中国网络文学研究应该打破这些偏见。有的网络文学研究者对网络文学的看法基本上比较客观公正，他们对网络文学的独特性的理解相当深刻，但他们还是很难放下"作品"的概念，因此很难提出有突破性的结论。无论对网络文学的态度是肯定的还是否定的，中国网络文学研究对网络文学的最终评价基本上是一致的，即我们应该提高网络文学作品的质量，或者说，中国的网络文学还是"未成熟"的、处于"初步阶段"的，我们应该以学术理论和批评来"培养"优秀网络写手，"引导"网络文学的"健康发展"。这种评价的修辞性很强，反映出人们对网络文学的基本认识，很容易引发认同。如果我们仅以"作品"的角度去看当今的中国网络文学，我们所看到的只不过是低劣的"作品"。问题更加严重的是，在中国的研究中，法兰克福学派的大众文化批判论的影响力很大，这使得对网络文学的评价更消极、更悲观。

我并不认为在网络文学研究当中我们必须放弃对文学性的一切要求。网络文学也可以具有文学性，网络文学也可以是经典文学作品。我只是指出，除了这个"作品"所象征的"文学性"以外，网络文学还具有很多不同的文学、文化价值。比如说，通过"作品"概念，我们很难客观地评价网络文学的商业性、产业化倾向的文化含义。"点击率"不仅仅是读者对作品的"反应"，而是网络文学的不可或缺的组成因素，因为点击率是网络文学的所谓"互动性"的代表性例证。但"作品"概念阻碍了我们对网络文学的这一"互动性"的进一步理解。

"作品"概念所带来的问题不仅仅是这些。很多网络文学研究者都指出在网络文学当中"作者已死"，作者对作品的垄断地位受到破坏性打击。但是，他们对"作品"概念的执着与他们自己提出的这个"作者已死"的观点之间发生了严重的逻辑矛盾，因为"作品"概念本质上要求作者对作品的掌控。在西方和中国研究都提及的经典网络文学超文本"作品"当中，作者的地位和意图还是非常重要的。例如，迈克尔·乔伊斯的《下-午》已经变成"不朽之作"，因为在这样的高度超文本作品当中，作者的意图和他对文本的诸种操作以及作品对读者的影响力还是非常重要的。《下-午》被视作一部天才艺术家的艺术作品，在这里，作者不仅没"死"，反而还支配着读者的选择，因为所谓读者的自由，只能在作者已安排好的范围内才得以实现。在这个意义上，研究者越强调"作品"，他们提出的网络文学的超文本性、后现代性等诸多特征就越难以实现。

第三，中国网络文学研究都将着眼点放在网络文学的个别文本或"作品"内部，却忽略了发生在文本与文本之间的，更准确地说，发生在整个文学"网络"当中的重要文学现象。在中国网络文学的现实当中，很少有网络文学作品能够充分地发挥它们所具有的巨大理论可能性。除了语言、题材、叙述方式等一些方面的变化以外，我们很难从中国网络文学的具体文本当中发现根本的异质性。但如果我们将视野放大一点，去分析整个网络的广阔的新文学空间，网络文学的特征还是很明显的。对个别文本的具体分析也不是没有意义的，但这样的研究很难获得对网络文学的更宏观的视野。

总而言之，中国的网络文学研究还没有触摸到其研究对象的实际情况，理论空谈较多。当然也有一些非常具体深刻的研究，这些研究把握住了网络文学的实际生产机制，有很大意义，但当时这样的优秀研究并不多，而且它们对待研究对象的态度也往往不那么稳定，到最后还是摆脱不了"作品"和"文学性"所象征的那种思维模式。在下面的讨论当中，我将进一步分析中国网络文学研究的诸种问题，并试图寻找可能的突破口。

## 四、研究对象与研究方法

### （一）研究对象：主要概念及其定义

到此为止，我对几个重要概念还没下过具体定义。可是为了确定研究对象，我们需要一个比较稳定的定义，尽管这并不是一件容易的事。因为这些概念的比较短暂的历史中存在很多不同的解释，并且它们没有固定的实体。下面我要尽量努力明确地说明几个主要概念，但我提出的定义并不是最终的，它仅仅是本书中这些术语所拥有的大体内涵与外延。

#### 1. 超文本和赛博文本

纳尔逊首次提出了超文本概念，他对超文本的定义如下：

> 以"超文本"这一术语，我指的是非线性的书写——一个能分支的、允许读者选择的文本，最好在互动屏幕上阅读。正如人们普遍认为的那样，这是一系列的由链接（link）所连接的文本块（chunk），而这连接为读者提供不同的路径。[①]

兰道作为目前最重要的超文本研究者之一，是这么说的：

> 在本书中所使用的超文本这一术语，是指由文本块组成的文本——巴特所说的文字片段（lexia）——以及连接它们的电子链接

---

[①] T. Nelson, *Literary Machines*, self-published, 1981.

（link）。……（中略）……超文本表示连接语言的和非语言的信息的信息媒介。……（中略）……电子链接不但将一部作品内部的文字片段们互相联系，而且将文字片段连接到一部作品"外部"的别的文字片段——例如，另一作者对它的评论，或平行或反对的文本——从而创造出具有非线性或更恰当地说，是多线性的或多顺序的文本。①

这些定义基本上是可以接受的，而这个概念对于很多文学文本的分析来说确实很有意义。要注意的是，对兰道来说，超文本的范围局限于"电子"文本。在这一点上，兰道和亚瑟斯的意见发生了矛盾。前文已指出，亚瑟斯提出的赛博文本和遍历性文本这些概念的范围非常广泛，其中包括的不仅是这些电子文本，还包括《易经》、各种"传统"小说、电脑游戏等几乎所有的文本。例如，亚瑟斯对赛博文本的范围是这么说的：

> 网络文本的概念并不局限于对计算机驱动的（或"电子"）文本研究；这是一个任意性和非历史性的限制，就像只承认纸质文本的文学研究一样。②

下面是亚瑟斯对遍历性文本的定义：

> 在赛博文本的建构过程中，用户将产生一个符号性程序（semiotic sequence），而这种选择性操作是一种物理建构的工作，有关"阅读"的各种概念不能为这一工作提供解释。这种现象，我称之为遍历（ergodic）。这一术语来自物理学，源自希腊语单词"Ergon"和"Hodos"，分别意味着"工作"和"路径"。在遍历性文

---

① George Landow, *Hypertext 3.0: Critical Theory and New Media in An Era of Globalization*, Baltimore: The Johns Hopkins University Press, 2006, p.3.
② Espen Aarseth, *Cybertext: Perspectives on Ergodic Literature*, Baltimore: The Johns Hopkins University Press, 1997, p.1.

献中，读者需要进行非凡的努力才能到文本中旅行。①

他之所以反对超文本和互动性等概念，而提出赛博文本和遍历性文本概念，就是因为他反对超文本研究的"技术决定论"倾向。他认为，"超文本主义者"过于强调"媒体的物质技术条件"，而印刷文本与电脑文本之间并不存在什么根本性的区别。

为了支持这种主张，亚瑟斯提供了很多"传统"超文本的例子。例如，《易经》、阿波里奈尔（Guillaume Apollinaire）的《图形诗》（Calligrammes，1916）、格诺（Raymond Queneau）的《10兆首诗歌》（Cent Mille Milliards de Poemes，1961）、英国作家B. S. 约翰逊（B. S. Johnson）的《不幸者》（The Unfortunate，1961）、米洛拉德·帕维奇（Milorad Pavic）的《涂茶的风景》（Landscape Painted with Tea，1990），等等。这些"书本"都与网络技术无关，但它们却具有强烈的超文本性。由此可见，超文本性不局限于电子文本。

兰道对亚瑟斯的反驳也值得一提。兰道认为，亚瑟斯就是一位"反超文本研究的领导"（leading antihypertext theorist）。他们的意见在很多地方冲突，我们来不及逐一介绍，只看看兰道如下的批评：

> 也许我们的基本分歧点出现在他断言"没有证据表明电子文本和印刷文本有明显不同的属性"时……获取信息所需的质量——在这种情况下，主要是时间——是不是区分一种媒体和另一种媒体的一个重要因素？我还会说是的……亚瑟斯认为包含相同信息的信息技术之间完全没有什么区别，但为了保持这个看法，他必须忽略每种信息所经历的截然不同的方式。……在日常经验的层次上，超媒体和互联网的民主化效应（democratization effect）是有很大意义的。②

---

① Espen Aarseth, *Cybertext: Perspectives on Ergodic Literature*, Baltimore: The Johns Hopkins University Press, 1997, p.1.

② George Landow, *Hypertext 3.0: Critical Theory and New Media in An Era of Globalization*, Baltimore: The Johns Hopkins University Press, 2006, pp.328-330.

也许，我们会从这两种迥然不同的观点中都得到启发。亚瑟斯对技术决定论的批评、对将传统文学与超文本文学极端地对立起来的态度的批评是很有道理的，这些批评对中国网络文学研究的意义和影响也极大。另一方面，兰道所强调的媒体使用方式的根本差异也是非常重要的，并且他对"日常经验"的强调也有很大意义。

其实，这两位优秀学者之间的矛盾是可以被克服的，因为我们可以将其视作一个现象的两个不同的侧面。根据实际情况和脉络，对一个文本的态度当然会有所不同。总而言之，本书在使用超文本的概念时，大体上接受兰道等超文本主义者提示的定义，但同时也要积极考虑亚瑟斯的批评。

2. 网络文学

网络文学是什么？关于这一问题的讨论已经进行了一段不短的时间，下面我要提及的内容可能对很多读者来说相当熟悉。不过，理解网络文学的方式和角度在本书的论述当中可以说是最重要的问题，我还是再整理一下。

网络文学并不是一个固定的实体，其实它是依据不同的观点和角度而变化的一种假象的存在。所以对它的定义自然也不仅一个。欧阳友权将网络文学的众多不同定义区分为三个类型：（1）外延分类的定义；（2）内质上的定义；（3）从网上作品现状出发的，按分类认知的定义。[①]

先看（1）和（2）。这两个定义都面临着不同的困境。（1）外延分类的定义其实不是严格意义上的定义，而只是归纳和范畴化。而（2）内质上的定义往往"并不能表明网络文学与传统文学的区别，因而难以解释网络文学的特殊性"。

因此，欧阳友权接受了（3）网络文学层级划分的定义，他认为应从三个不同的层面去把握：

---

[①] 欧阳友权主编：《网络文学概论》，北京大学出版社，2008年，第2—3页。

从广义上看，网络文学是指经电子化处理后所有上网了的文学作品，即凡在互联网上传播的文学都是网络文学……；从本义上看，网络文学是指发布于互联网上的原创文学，即用电脑创作、在互联网上首发的文学作品……；从狭义看，网络文学是指那种只能在互联网上"数字化生存"的超文本链接和多媒介载体制作的作品，或者是借助特定的创作软件在电脑上自动生成的作品。①

这种"三分法"在中国的网络文学研究中广泛地被接受。除这些定义以外，当然还有稍微不同的看法，但基本上都摆脱不出上述三个范畴。可是这种三分法的狭义、本义、广义的区分本身很模糊。比如说，传统文学作品的电子化看似属于广义的网络文学领域，但如果我们考虑到整个电子书的"数据库"（database）化，这个电子化就属于狭义的网络文学，因为它在这个数据库中获得一种新的特征，而这个特征是离开了网络就不存在的。

另外，原本属于"本义"的网络文学的安妮宝贝的作品，被"出版"后就会丧失其大部分作为网络文学的特征，实际上不再属于网络文学的范畴。如果我们仅仅因为某一个作品曾经在网上发表过而将它看作网络文学，这就等于说这种网络文学的标签已没有任何实质意义。因为如果某一个作者在网上发表了一部作品，获得成功，然后再写了另一部风格完全一样的小说，但这次没有在网上发表，而是直接跟出版社签合同出版纸本书，那么，这两本小说之间存在实质区别吗？显然，一部"作品"的最初发表模式对其归属并没有决定性影响。传统文学和网络文学的区分应该有更加合理的根据。

总而言之，到目前为止还没有一个令人满意的"网络文学"的"定义"。在2010年是如此，在2021年也是如此，我相信十年、二十年后也同样是如此。网络文学还在生长发展，对它下定义的尝试本身也许是一种暴力。所以在本书当中，我将在上面几个定义的前提下，大胆地缩小

---

① 欧阳友权主编：《网络文学概论》，北京大学出版社，2008年，第3页。

和集中网络文学的范围。本书中的网络文学概念主要指的是，在实际的中国网络文学实践中影响力最大的网络长篇小说和有关话语被发表的网络空间及在其内发生的一切文学活动，更具体地说，指的是具有自己的网络文学生产—消费—批评体系的一些大型文学网站及其文学活动。

这不仅满足三分法定义中的本义和狭义的要求，而且可以通过传统纸本作品的批评、引用、戏仿、电子化等方式满足广义的要求。我们不仅可以讨论网络文学"作品"，而且可以讨论相关批评、推荐、欣赏、聊天、闲谈等多样的文学活动。这样一来，我们的研究就能够避免抽象化的危险，使更具体、更符合现实的网络文学研究成为可能。

有的人会批评说，这样的观点基本上是"外延性"的，在把握其内质特征方面可能有一定困难。可是在这里，研究对象（网站）的外延（网络性）与其内涵（网络文学的特征）是紧密地结合在一起的。正像麦克卢汉（McLuhan）的名言"媒介即信息"（Media is Message），"网站"就是"网络文学"。下面我要证明网络文学这一概念的外延和内涵已无法区分。

（二）研究方法

通过上面的讨论，本书的研究对象已缩小很多，但还是非常庞大。仅仅就起点中文网而言，其作品的总字数就多达100亿。所以，对中国网络文学的全面概括是绝对不可能一蹴而就的。那么，重要的问题是从哪个角度去看待这一广阔的文学空间。

本书是以对已有的网络文学研究的批判为出发点。这样一来，我们对要面对的问题会有更清楚的、比较踏实的把握。然后我们可以进一步探讨这一问题的原因和答案。

第二章集中地讨论中国网络文学研究初期的问题。我将证明，对网络文学的很多"常识"其实都是错误的，或不正确的。为了做到这一点，我选择扎根中国的现实，而不是依赖那些前卫的理论。因为很多西方理论和中国学者的主张都与中国网络文学的现实之间存在严重的脱节现象。

第三章提出一些理论上的突破口。在这里，我提出两个核心概念：

原生理论和网络性。这两个概念会帮我们克服已有网络文学研究的局限，使得扎根于中国现实的研究成为可能。现实与理论终于有了达成统一的可能性。

第四章将在前一章理论假设的基础上，对中国网络文学的现实进行具体分析。在这一章的分析当中，尽量多引用第一手资料，即实际网民在网络发表的文字，由此证明网民的文化实践是一种"原生理论"，具有深刻的文化意义，进而在学术理论与原生理论之间建立一种健康的辩证性关系。我还将证明中国网络文学具有实践性和时间性，进而解释网络文学的网络性的具体意义。本书的最终目标是将理论与现实两者统一起来，使得本书的研究尽量贴近于网络文学的现实，并揭示它的真面目。

最后，我在本书中使用的材料大体上都是起点中文网、红袖添香小说网、百度等2010年之前的主要大型网站上的内容，涉及的小说也基本上以受到热烈欢迎的著名写手的作品为主。① 当然，中国网络文学这一庞大的文学现象中还有很多值得认真讨论却没被注意到的有趣现象，但依我看，在网络文学中，读者反馈热烈、商业成功等因素都是非常重要的，甚至是其核心的、主要的组成因素。在某种意义上，点击率是网络文学作品的不可缺少的一部分。因此，本书所涉及的材料聚焦于比较著名的、有规模的网站及其文学活动。

---

① 网址分别为 http://www.qidian.com; http://www.hongxiu.com/; http://www.baidu.com。

# 第二章
## 网络文学研究的困境

下面我们就开始正式讨论网络文学的几个理论问题。在本章的论述当中,我要批判地考察一些网络文学的"常识"性研究倾向和先入为主的思考方式,并提出一些意见。

### 一、传统文学与网络文学

面对网络文学这个崭新的文学现象,很多学者似乎都觉得困惑不解。网络文学是一块与传统文学完全不同的新天地吗?它将要继承传统文学,还是完全替代它?它是传统文学概念的单纯扩大,还是独特变种?

强调某一个东西的最佳方案就是强调它与以前的版本之间的区别。对网络文学持支持态度的学者采取的手段大部分也是这一方案。他们强调说,网络文学是一个与传统文学完全不一样的新生儿,而这种强调赋予他们的研究一种合法性。可是无论你多么强调其革新意义，但基本上它还是一种文学（不然，我们为何说网络"文学"？），对它的评价还在传统文学研究的强烈影响之下。如果说网络文学具有真正的革新意义，这就等于说它与传统文学完全不一样，结果我们不得不面临以下两个难题：（1）它到底是不是"文学"？（2）既然所有的传统文学理论都失去合法性，那么我们应该以怎样的尺度来评价和理解它？

这简直是陷入了两头为难的困境。比如说，金振邦一方面认为网络文学是传统文学与电脑网络之间"碰撞"的结果，它即将"取代"传统文学在文学界的"主体地位"，但另一方面，他却突然本着浪漫的纯文学观点说："篇章结构的独特表现，对语言媒介的领悟和采用，不求实用的目的，以及突出的虚构性、创造性、想象性"等"文学的本质特征应该像基因那样植入网络文学的机体"。①

梁宁宁也这样谈道：

> 就文学发展的宏观历史分期而言，纸面文学以后来临的必然是网络文学时代。二者之间有替代性的关系，纸面文学的主导地位将渐渐让位给网络文学，从而开创了继口头文学、纸面文学之后的第三个文学时代。②

这些大胆的"预言"正确与否并不是我在这里要谈的问题，我注意到的是一些常用的"词汇群"。在中国的网络文学研究当中，我们会很普遍地发现"挑战""转变""革新""替代""取代""全面"等进取性相当强的词汇，我认为这些词汇折射出传统文学界面对网络文学这一新现象所感受到的一种焦虑。

首先，我将关于网络文学与传统文学的关系的（错误的）观点区分为两大类。第一，有些研究者过于强调其革新与不同。他们认为网络文

---

① 金振邦：《网络文学：新世纪文学的裂变》，《东北师大学报（哲学社会科学版）》2001年第1期，第75页。
② 王宏图等：《网络文学与当代文学发展笔谈》，《社会科学》2001年第8期，第75页。

学与传统文学完全不一样，着迷于网络文学的超文本特征，而且往往对传统文学持敌对的态度。例如，葛红兵持有非常明显的反精英主义态度，认为传统的纸面文学处于"过熟"状态，主张"自由、快捷、恣意"的网络文学会使得"过熟而衰退"的纸面文学"获得新的生命"。①

这种倾向并不局限于支持网络文学的阵营当中，有些批评网络文学的学者也基本上持同样的态度。比如说，在《网络文学对文学批评理论的挑战》一文中，刘俐俐和李玉平一方面批评网络文学，另一方面却写道："传统文学理论和批评中的表现、再现、艺术真实、生活真实、文类、主题等概念在超文本网络文学批评中已发生变异，有的甚至完全失去效力。"②

当然这并非正确的看法，因为她们强调的"变异"不能完全归因于网络技术或电子超文本技术的诞生。在德里达、巴特等"传统"文学理论家的著作里，还有很多"传统"的先锋派文学的实验里，我们很容易发现刘俐俐、李玉平所说的"变化"。她们认为"传统文学中，语言文字仅仅是一种符号"，而在人类进入网络文学时代之后，语言文字"本身也成为描写和表现的对象"，③但这样的文学实验在与网络技术完全无关的"传统"文学里已经存在，如果看过阿波里奈尔的《图形诗》就很容易理解这一点。

再举一个例子。杨梅写道，网络文学"是可以向四处蔓延的可以无限链接的非线性文本，它提供了文学表达的新的可能性"。④他相信纸本书受到线性的拘束，而只有具有超文本性的网络文学才能够实现"非线性"。但第一，这根本不是什么"新的可能性"；第二，传统纸本书也具有非线性。比如说，几千年以前写成的《易经》并不是线性文本。我们当然完全可以从头到尾阅读《易经》，但通读并不是享受它的唯一方式。

---

① 王宏图等：《网络文学与当代文学发展笔谈》，《社会科学》2001年第8期，第74页。
② 刘俐俐、李玉平：《网络文学对文学批评理论的挑战》，《兰州大学学报（社会科学版）》2004年第5期，第7页。
③ 刘俐俐、李玉平：《网络文学对文学批评理论的挑战》，《兰州大学学报（社会科学版）》2004年第5期，第7页。
④ 杨梅：《网络文学创新及其意义》，《东岳论丛》2005年第3期，第126页。

举个更加晚近的例子，阎连科的《受活》是名副其实的"传统"文学作品（它毕竟是通过传统的出版环节问世的），但其中出现的大量注释使得小说从线性叙事当中摆脱出来。这些注释使阅读行为不得不面临连续的分歧，作者甚至在注释上再加上另一些注释，使故事拥有更多不同的歧路。这样的结构完全符合超文本的核心定义。

其次，我来谈一谈过于强调传统文学和网络文学的"共性"，进而贬低网络文学的可能性、新颖性的研究倾向。余华曾经说过，"对于文学来说，无论是网上传播还是平面传播，只是传播的方式不同，而不是文学本质的不同"①。吴俊也说过类似的话，认为"作品的文学性取决于它自身的叙述和表现，同其他物化的载体媒体形式——不管是纸本书刊还是电脑网络——并无必然联系"。②

在某种意义上，也许他们的主张有一定的道理，也许有的时候传统文学与网络文学之别仅仅在于其媒体与传播方式的不同。但即便如此，这些看似微妙的变化对整个文学的影响也是不能低估的。在网络文学的现场那里，我们通过"点击率"这个非常明确的指数可以直接看到读者的反应，所以读者对写作的影响比以前任何时期都大。读者通过网络分享一部作品的方式，直接影响文学创作与文学的存在模式。对于这一问题，我将在以后的章节里更加仔细地讨论。

简言之，面对网络文学这一错综复杂的现实，学者、评论家及传统作家，还有不少网络写手都表现出很混乱的态度，都一时拿不定主意这到底是好的还是坏的。这个问题一方面与网络文学本身的模糊性有关，另一方面与人们对网络文学的错误的认识有关。下面我要对此问题进行一些批判性思考。

---

① 余华：《网络和文学》，《作家》2000年第5期，第7页。
② 吴俊：《网络文学：技术和商业的双驾车》，《上海文学》2000年第5期，第78页。

## 二、抽象化、观念化的研究倾向

张抗抗曾经表示过她对网络 2.0 文学的"失望"。在我看来，她下面的话正好反映出人们对网络文学持有的抽象观念与其实际情况之间的距离：

> （我）在进入评奖阅读之前，曾做了充分的心理准备，打算去迎候并接受网上任何稀奇古怪的另类文学样式。读完最后一篇稿时，似乎是有些小小的失望……
>
> 被初评挑选出来的 30 篇作品，纠正了我在此之前对于网络文学或是网络写作特质的某些预设，它们比我想象的要显得温和与理性。即便是一些"离经叛道"的实验性文本，同纯文学刊物上已发表的许多"前卫"作品相比，并没有"质"的区别。若是打印成纸稿，"网上"的和"网下"的，恐怕一时难以辨认。①

其实，她感到"有些小小的失望"是非常奇怪的，因为这里有一个"颠倒"：她没有从网络文学的实际情况出发，而是从对网络文学的一种观念，或者更准确地说，从一种"偏见"出发来对待它。她所遇见的网络文学作品距离她已接受的一些抽象观念很远，所以她才会感到失望。

可是，一些文学作品具有"温和与理性"的特征，这不是一件好事吗？如果我们考虑到网络文学的实际享受群体的特征的话，就可以理解网络文学的"温和与理性"是理所当然的。它基本上属于广泛的大众，而一般来说，大众热爱"温和与理性"，这是大众文化最基本的属性之一。对网络文学的这些偏见大部分来自盲目地接受观念化了的、抽象化了的网络文学话语。大家都赞扬网络文学的超文本性，但目前在文学网站上传播的网络小说究竟有多强的超文本性？

另外，不少学者将网络文学与后现代主义、后结构主义、解构主义等现代思潮联系起来。例如，我在上一章介绍的主要网络文学研究无一

---

① 张抗抗：《网络文学杂感》，《中华读书报》，2000 年 3 月 1 日。

例外地认为，后现代主义是网络文学的重要特征。何学威、蓝爱国在他们的著作《网络文学的民间视野》里说："古往今来，任何解构的目标都只有一个：自由。"在这个基础上，他们接着说："解构者就是要解构权利话语的霸权真理性，使话语由一元向多元扩展"，"解构性就是消解、去中心"。①

很显然，他们对解构主义的理解本身是很有局限的，因为作为学术概念的解构并不是什么单纯的"消解"或"自由"。②但更大的问题在于，他们错误地认为这种抽象的解构性就是网络文学的基本特征之一。不过，解构主义与后结构主义等西方理论与中国网络文学作品的关系没有那么直接、明显。网上很受欢迎的言情、武侠、幻想小说等代表性网络文学作品，与其说具有解构性，不如说具有很强烈的价值"建构性"。我们甚至可以说，网络文学与传统的（大众）文学理论的关系更加紧密。上述局限的根源则在于，研究者依靠先入为主的一些观念或"常识"来进行讨论，而不去面对中国网络文学的现实。这个抽象性和观念性，依我看，是中国网络文学研究面对的最严重的问题。到了2021年，这种倾向在一些研究中得到改善，不过整体来说这样的概念先行现象尚未得到根除。

下面，让我们分别分析一些有关网络文学的"常识"性误解。

## 三、网络文学的"自由"和"匿名"之局限性

很多人强调说，网络文学是自由的文学。理论上，这个主张是正确的。黄来明认为：

> 网络开放性和虚拟性的特点，使网络文学写作成为一种极度自由的创作，在这里，没有传统媒体的编辑守门把关，更没有书籍传播时代的出版、发行、销售环节的束缚，它面对的是一切有书写能

---

① 何学威、蓝爱国：《网络文学的民间视野》，中国文联出版社，2004年，第79页。
② 陈晓明：《德里达的底线：解构的要义与新人文学的到来》，北京大学出版社，2009年。

力的人，并且，写手们可以署名，也尽可以匿名登录，以虚拟的名字恣意神游。①

理论上，人们在网上可以自由地发表自己的意见。但实际情况并不那么理想，由中国网络文学的实际历史我们可见：（1）"出版、发行、销售环节的束缚"只存在于"书籍传播时代"的看法过于天真；（2）互联网上的匿名性并不绝对。

（1）比如说，我们假设一个人想要成为作家，且试图在代表性文学网站上发表自己的小说。他将要面对的第一个难关就是：为了成为网络写手，他必须给网站提供自己的名字等"一些个人真实信息"。②他当然完全可以到另一个更小、更自由的网站去，在保持他的匿名性的情况下发表他的作品，但这意味着他要放弃获得巨大成功或热烈反应的可能性，因为中国大型文学网站在整个市场中的地位是压倒性的。③所以，如果这位想做作家的人需要更大的效果和反应，那么实际上他除了注册这些巨大网站，提供他的个人信息以外，他就别无选择了。

我们还可以假设，他是一位遵守法律规定的人，提供一些真实信息的要求并不会对他造成困扰。但即使他同意提供他的信息，他的写作也很快就要面临下一个难关，因为网站有更多、更具体的要求。下面的引文稍长，但正因为长才值得引用。王小英和祝东对网络写手必须接受的"拘束"做了如下描述：

> 但在文学网站提供的平台上则必须按照操作系统提供的流程来进行写作，必须遵守平台规则。就文学网站提供的"平台语法"而言，是十分详细和繁复的，大部分文学网站都提供大致相似的写作

---

① 黄来明：《试论网络文学的"文本"特征》，《东华理工学院学报》2004年第4期，第38页。
② 王小英、祝东：《论文学网站对网络文学的制约性影响》，《云南社会科学》2010年第1期，第152页。
③ 欧阳友权主编：《网络文学发展史——汉语网络文学调查纪实》，中国广播电视出版社，2008年，第6页。

流程，以起点网为例，要在上面写作必须遵照以下程序操作：注册用户—申请作者—建立新作品。新作品必须确定作品性质，起点提供了3种性质（幻想类作品、现实类作品和女生频道作品）供作者选择，根据作品的字数（50万字为界）又确定了不同的分类标准，50万字以下的作品分类较为简单，有12种，50万字以上的作品分类十分精细，有50余种类型。同样，新浪网读书频道也提供了从属于8个大类的35个子类别供作者选择，新作品必须从属于其中的一种。①

第一次了解到这种现状的人一定会觉得惊讶，正像传统文学作家受审核、出版、市场等各种因素的制约，网络写手也有他们自己的制约因素。在主要网站发表作品，需要以牺牲很多"网络自由"为代价。

（2）网上的写作能够保证匿名性这一想法是很普遍的错误常识之一。人们一旦了解IP地址的概念，就可以非常理解网络提供的匿名性的局限。除非你通过相当复杂的、专门的操作来变更你的IP地址，你每次在网上发帖时这个IP地址会自动登记在那个网站中。而这些数字组合实际上相当于人类的指纹，因为每个IP地址都是唯一的。网站的管理员可以看到你的IP，所以对于拥有足够权力和技术的人来说，通过IP来进行"人肉搜索"并不是一件很难的事。

另外，正像我上面所说的那样，如果你想要在网络上做一些事，比如成为作家等，你往往必须提交你的真实名字。目前很多"平台与作者之间的交往是遵照着现实社会实名交往的原则"的。②

因此很明显，网络上的写作不见得是匿名性行为，总有人知道你是谁。

---

① 王小英、祝东：《论文学网站对网络文学的制约性影响》，《云南社会科学》2010年第1期，第152页。
② 王小英、祝东：《论文学网站对网络文学的制约性影响》，《云南社会科学》2010年第1期，第152页。

## 四、后现代的假象

### （一）已有网络文学研究中的后现代

"后现代"这个词汇，尽管其含义那么暧昧模糊，却在最近十几年的学术研究领域里非常频繁地出现。网络文学研究领域并不是例外，很多学者将网络文学与后现代性或后现代主义联系在一起进行讨论。例如，欧阳友权认为，"网络文学本身上也打上了后现代文化的深深烙印"[①]；安文军认为，"网络文学依附网络而产生、成长，先天就具备后现代主义的文化特征"[②]；金振邦主张，"网络文学从本质上讲，就是一种后现代文学"，"网络文学的个性表征就体现着后现代文学的重要特征"[③]。

那么，他们为什么认为"后现代性"与网络文学有如此紧密的关系呢？让我们先看欧阳友权是怎么理解这一问题的。他指出，这两者之间的共同点就在于"深度模式削平、历史意识消失、主体性丧失、距离感消失"等特点上。[④]安文军的文章提到，网络文学具有"去中心与自由、平面化与游戏、复制性与互文、消费性与狂欢"等四个后现代特征。[⑤]文彦波则提及审美交流的主体间性、文学接受的多维角度、娱乐游戏的审美本质等因素。[⑥]

这些研究当然不是没有根据的，很多西方后现代理论与超文本等实验性文学文本有着紧密的关系。因为后现代理论本身就是西方社会特殊的历史、文化脉络的产物，西方对它的研究理所当然地居于领先地位。这些先锋性理论对网络文学研究的贡献是不可低估的。但在中国的网络文学研究中，西方理论的简单"拿来主义"会导致不太理想的结果，因为"后现代"这一概念拥有的含义太复杂。

---

① 欧阳友权主编：《网络文学概论》，北京大学出版社，2008年，第119页。
② 安文军：《后现代主义与网络文学》，《兰州学刊》2008年第11期，第184页。
③ 金振邦：《新媒介视野中的网络文学》，东北师范大学出版社，2007年，第19页。
④ 欧阳友权主编：《网络文学概论》，北京大学出版社，2008年，第119页。
⑤ 安文军：《后现代主义与网络文学》，《兰州学刊》2008年第11期，第181页。
⑥ 文彦波：《网络文学：后现代的审美范式》，《井冈山学院学报（社会科学版）》2008年第5期，第38—39页。

我不否认"后现代"与网络文学之间存在相当紧密的关系。在中国网络文学研究，即使"后现代"并不是很严密的学术概念，它也确实能够指出网络文学的一些特征。所以，我们先谈一谈"后现代"概念对网络文学研究的贡献。

首先，"后现代"与"超文本"之间的关系非常紧密。博尔特认为：

> 这个版本的电子写作的比喻的终点不会是人工智能……而是一种支离破碎的临时身份认同，经常被描述为"后现代"。
>
> 超文本写作可以用来挑战这样的观念，即思想是一个透明的符号网络，并且笛卡尔式的自我是这个网络的作者。①

兰道强调超文本与后现代主义、后期结构主义文学理论之间的共同点更加积极。他在《超文本3.0》这本书中，用相当大的篇幅来指出两个阵营在理论方面的相似性。他认为，德里达、巴特、福柯等主要（后）现代思想家与泰德·纳尔逊、范·达姆（Andries van Dam）等电脑理论家之间有本质上的类似。②

这些主张，从理论的角度来看，都是没有问题的。如果我们可以说超文本的最大特征是开放性、流动性、零散性的话，那么超文本与后现代的一般特征具有惊人的相似性。超文本会通过"链接"无限地扩大，不断地变化，所以在超文本那里没有固定不变的实体。从哲学的意义上讲，这就意味着对"实体""真理""理性""起源"等核心的哲学概念的最根本的否定和攻击。超文本写作破坏了固定的、唯一的作者的概念。特别是作为一种先锋的文学实验的超文本，公然挑战了已有的文学传统和权威，它是反传统、反中心、反权威的写作，它是开放的、可弯曲的。先锋的超文本中已不存在传统的作者、作品。作为浪漫的天才的作者形

---

① David J. Bolter, *Writing Space: The Computer in the History of Literacy*, Earlbaum, 1990, p.197.

② George Landow, *Hypertext 3.0: Critical Theory and New Media in An Era of Globalization*, Baltimore: The Johns Hopkins University Press, 2006, p.14.

象已被毁灭，取而代之的就是流动的、复数的反－主体。这些特征的确显示很多后现代理论家指出的"后现代性"。正像博尔特所说的那样，超文本真正地实现了后现代理论的梦想。①

其次，网络或者互联网具有的相对匿名性、民主性、开放性、自由性等也与后现代性有关。当然，互联网的这些特征并不是全面的，而是相当局限的。但相对于以前的媒体来说，互联网在这些方面无疑有了巨大进步。在网络上，我们可以将自己的意见即时地发表，并获得同样即时的反应，这种即时性是以前的任何媒体都无法提供的。这不仅仅是媒体使用速度上的"量变"，而是给媒体沟通带来的"质变"。莱维强调说，赛博空间首次给人类提供了一个能够实现直接民主主义的工具。某一个特定的真理或道德、宗教价值能够垄断整个社会的时代已过去了。大众的力量并不产生于"超越"的空间，而产生于他们的"内在性"空间。②更具体地说，由很少的专家们所决定的"经典"已经被大众的点击率所代表的畅销书代替了。这样的变化确实与后现代理论所说的反传统、反中心、反权威等因素有关。

总的来说，中国网络文学研究者指出网络文学与后现代有关联，是有一定的根据和说服力的。在"后现代"的社会里，主体与中心已遭受致命的打击，"宏大叙事"逐渐消失，作者与读者之间的、大众文学与纯文学之间的区分越来越模糊。作为后现代文化的前卫，先锋的超文本或网络文学具有巨大的可能性，它会将后现代理论最极端的想象变成现实。

可是我们绝不能陶醉于这个"可能性"。少数的文学实验的存在，无论它们多么成功、多么有意义，并不能保证整个网络文学的革命性意义。依我看，在目前中国网络文学的现实下，直接使用西方的后现代理论来分析中国网络文学作品可能得不偿失，它会导致学术研究忽略实际研究对象的后果。目前，中国的主流网络文学并不是先锋的超文本，互联网

---

① David J. Bolter, *Writing Space: The Computer in the History of Literacy*, Earlbaum, 1990, p.143.

② 参见 Pierre Lévy, *Collective Intelligence: Mankind's Emerging World in Cyberspace*, trans. Robert Bononno, New York: Plenum Press, 1998, Chapter 11。

也不是万人享有自由平等的乌托邦。

## （二）国内学者对后现代的批判及其局限

国内学者当中也有人担心后现代理论的盲目接受。比如说，孙菲在《后现代的神话——当下网络文学的背后》一文中强烈批评西方理论与中国现实之间的脱节现象。她写道："中国文坛理论与实践不匹配，理论先行实践跟进的恶习在后现代的身上再次上演"，并主张"网络的后现代姿态不代表网络文学的后现代姿态，二者不该被混淆"。她还指出，"在地区发展差异大，社会阶层差距大，文化发展不均衡的当今中国，后现代文化只局限于一些有相当经济规模的大城市、一些物质生活富足，接受过高等教育的阶层中"，而且警告我们"拿来"西方后现代理论不得不面对一些危险。① 她的话很有道理，我们使用理论或概念时必须考虑其特定的历史脉络。

但是，孙菲对后现代的观点里存在着深刻的自相矛盾。对她来说"后现代"仿佛是一种道德命令：

> 对后现代的"模仿"只是形似而神不似。网络作品创作成了一种语言游戏，而网络文学也变成了一个情绪宣泄的垃圾场。
>
> 但刻意追求的背后我们看到的往往是些缺失后现代精神内核的语言游戏的垃圾，网络的后现代性给这些文字披上了后现代的外衣。②

我们很难理解，她所说的网络文学失去的"后现代精神内核"到底是指什么。难道所谓"后现代"的最主要特征之一不就是形式与内容、表面与深层、庸俗与高雅之间的区别的淡化或消失吗？没有"内核"的表层的

---

① 孙菲：《后现代的神话——当下网络文学的背后》，《重庆职业技术学院学报》2007年第1期，第139—141页。
② 孙菲：《后现代的神话——当下网络文学的背后》，《重庆职业技术学院学报》2007年第1期，第140页。

符号游戏，难道这不正是鲍德里亚和巴特所说的后现代的特征吗？

她还在一种进化论的时间观念下理解后现代。例如：

> 中国的社会经济还没有发展到人人可以在不愁温饱之余，去体验后现代情绪。另外，国民的素质也使这种后现代文化的泛化受到限制，中国的制度与文化结构现在还无法达到一种理性的制衡。①

这就等于说，只有"中国的社会经济"和"国民的素质"发展到某种程度以上，才能够实现真正的"后现代文化"。这是最典型的线性的、进化论的时间观念。可是众所周知，"后现代"要否定和放弃的恰恰是这种时间观念。孙菲的时间观念其实是非常"现代"的，而不是后现代的，我们甚至可以说它是"前现代"的，因为它的根源在于基督教的世界观、时间观。

最后，她依靠后现代的"精神内核"来批评中国网络文学的商业化倾向。但对一些后现代理论家来说，商业化是后现代与生俱来的特征。特别是因为她的后现代观念主要来自杰姆逊的后现代理论，问题就更加严重了。自从1985年杰姆逊向中国首次介绍"后现代"观念以来，中国学者往往忽略其间的复杂性，将杰姆逊理解为后现代主义的大师和提倡者。②杰姆逊对后现代的态度非常模糊和复杂，但有一点是毫无疑问的：他绝不是后现代文化的鼓吹者。他认为，因为后现代文化是后期资本主义的产物，所以不具有对资本主义精神的批判能力。他还令人意外地主张，"现代"文化（而不是"后现代"文化）才具有对资本主义的强烈批判性，才具有颠覆的、革命的力量。③但孙菲却依靠杰姆逊的后现代观念来批评中国网络文学的商业性，这简直是一种自相矛盾。

---

① 孙菲：《后现代的神话——当下网络文学的背后》，《重庆职业技术学院学报》2007年第1期，第141页。

② 陈晓明：《现代性有什么错？——从杰姆逊的现代性言说谈起》，中国作家网，http://www.chinawriter.com.cn，2007年1月9日。

③ ［美］马泰·卡林内斯库：《现代性的五副面孔》，顾爱彬、李瑞华译，商务印书馆，2002年，第316—317页。

孙菲的这些问题并不局限于她一个人。在网络文学研究里面，研究者往往将后现代性当作支持网络文学的理论根据，但他们只有在忽略它的复杂理论含义时才会这样做。从"后现代"非常广阔的含义当中，他们只取他们想要的那一部分，并放弃会伤害他们的逻辑的另一部分。有时问题更严重，比如金振邦在他的书里面列出14位西方后现代理论家及其后现代概念，但他根本说不清楚这些理论家之间有什么异同，或这些理论与网络文学到底有什么关系。难道利奥塔和桑塔格是可以同日而语的吗？①

让我再举一个例子。欧阳友权比孙菲和金振邦谨慎得多，他更为系统、详细地介绍了后现代的概念及其对网络文学的含义，但他的态度也不能令人十分满意。他为了强调网络文学和后现代概念的革命性，采取了极端的二项对立和夸张等手法，但在我看来，以二项对立的态度来解释后现代的意图本身是非常讽刺的。比如说，他将后现代哲学与"马克思主义与黑格尔哲学"对立起来，但这时他不得不忽略两者之间存在的跨过百年的哲学史历程。后现代距离马克思太远，距离黑格尔更远，其间还存在着诸多庞杂的哲学思想流派。后现代与其说是对马克思、黑格尔哲学的颠覆，不如说是对现代思想的一种反应。他还将弗洛伊德看作一位"反-后现代"理论家，认为弗洛伊德是依靠"明显/隐含"的二项对立的思想家，而后现代主义正好是否定这样的二项对立的。②这是一种对弗洛伊德理论简单粗暴化的理解。弗洛伊德的无意识概念没有欧阳友权说的那么简单，恰恰相反，弗洛伊德的理论给西方的理性、主体观念带来了破坏性影响，所以在这个意义上我们甚至可以说弗洛伊德是后现代的最早的先驱之一。

总的来说，后现代与以前的"现代"并不形成明显的二项对立关系，网络文学也不是对传统文学的全面否定。在网络文学与后现代概念之间，我们不能简单地画等号。两者之间的关系实在太复杂，我们应该持谨慎的态度。如果研究者忽略这种复杂性而片面地使用"后现代"概念，这

---

① 金振邦：《新媒介视野中的网络文学》，东北师范大学出版社，2007年，第一章。
② 欧阳友权主编：《网络文学概论》，北京大学出版社，2008年，第120页。

个概念就完全失去了作为学术理论工具的严谨性，而变成一个空洞的口号，只是一副妨碍正确认识现实的有色眼镜。

当然，我不想全面否定中国网络文学与后现代主义（后现代性、后现代文化）之间的关系，我只想指出这个关系是非常复杂的。下面，我将更加具体地考察中国网络文学的"后现代性"。

（三）网络文学的"后现代性"，或"反－后现代性"

"后现代"或"后现代性"这一概念在学术领域的影响力，现在看来有点不如从前了，不过初期网络文学的理论性研究当中它的重要性不亚于任何其他概念。后现代与网络文学之间的关系密不可分，2010年之前的研究基本上将后现代性看成中国网络文学的基本属性。在过了十多年之后的今天，情况和脉络出现了不少的变化，不过我觉得作为分析网络文学的理论工具，后现代概念还是很有意义，值得探讨。下面我梳理一下网络文学的"后现代性"。

为了正确地理解后现代是什么，我们首先要理解为什么学者们不用一个全新的词汇来命名这个概念，而使用"后"这个前缀。这里的"后"指的是一个东西与以前的另一个东西之间的关系。也就是说，"后现代"只有在它与"现代"之间的关系这一角度下才可以理解。依我看，问题的核心在于这里的"后"并不是简单的"反"或"脱"，"后现代"并不否定"现代"，它只能以对"现代"的一种反应而存在，它之所以被称为"后"现代的原因就在于此。不过中国很多网络文学研究者是在一种二项对立的思考模式下看待后现代：在他们看来，后现代是对以前的所有思想的彻底否定和颠覆。我们从他们用来描写网络文学的后现代性的词汇中很容易看出这一点来："去（中心）""削平""消失""丧失""解构"……按照他们的逻辑，一方面存在一个要由"后现代"理论去掉中心、理性、主体、宏大叙事的世界，另一方面则存在一个已经去掉了这些东西的后现代世界。这显然是一种夸大其词的粗暴逻辑。后现代不仅仅是现代的否定，而且往往是现代的继承和深化。

这其实是后现代和现代概念本身的复杂性、模糊性所导致的后果。

不仅后现代具有其复杂内涵，"现代"或"现代性"也有它的复杂性。很多人错误地认为"现代性"是执拗于中心、理性、主体、宏大叙事、进步、科学等概念的世界观，但现代性或现代主义所具有的实际含义和脉络远远比他们这种平面的理解复杂。让我举个简单的例子：作为艺术史上的、美学上的概念的"现代主义"一般以对线性的宏大叙事、单一固定的主体、理性中心主义的强烈怀疑为其主要特征。但看看乔伊斯（Joyce）、普鲁斯特（Proust）、毕加索（Picasso）等现代主义艺术的大师或先驱的作品：那里根本没有可以"去"掉的、"削平"的单一中心，他们的艺术活动其实离后现代主义并不远。"现代主义"不仅是对理性、科学的崇拜和信任，它同时也是对现代西方文明的厌恶和反抗。

在一部追溯"现代性"概念的历史根源的著作里，卡林内斯库将"现代性"概念分成两个不同的部分：

> 可以肯定的是，在19世纪前半期的某个时刻，在作为西方文明史一个阶段的现代性同作为美学概念的现代性之间发生了无法弥合的分裂。……它（作为美学概念的现代性——笔者注）厌恶中产阶级的价值标准，并通过极其多样的手段来表达这种厌恶……更能表明文化现代性的是它对资产阶级现代性的公开拒斥，以及它强烈的否定激情。①

换言之，现代性概念内部起码存在着两个不同的含义——资产阶级的现代性和作为对它的反抗以及讽刺的美学现代性。在这个意义上，我们可以将中国网络文学研究中往往出现的后现代概念理解为这个美学现代性的后裔，而不是对它的反抗。在文学艺术领域中，对现代物质文明的怀疑和否定具有漫长的历史脉络，所谓的"后现代"往往是在这样的"现代主义"艺术的影响下才产生出来的。后现代不否定现代，它离不开现代。

---

① ［美］马泰·卡林内斯库：《现代性的五副面孔》，顾爱彬、李瑞华译，商务印书馆，2002年，第47—48页。

但是，如果我们每次使用后现代概念时都要求这样的理论方面的严格性，后现代概念所具有的理论爆发力就会明显减少。为了强调网络文学的崭新和不同，学者们往往简化这些复杂脉络，反而取其作为宣传口号的力量。他们将后现代看成一个与现代形成全面对立的概念时，这个概念就会发挥最大的颠覆性：它否定西方资产阶级的世界观，也打击传统文学观念。这种态度虽然缺乏理论上的严密性，但作为一种修辞策略却是很成功、很有说服力的。特别是，因为很多西方理论家（如利奥塔、伊哈布·哈桑）也在这种二项对立的基础上展开他们的逻辑，所以我们不得不承认国内学者的这些修辞策略是无可厚非的。另外，如果我们要在后现代这个词汇中灌输它的整个哲学史脉络，这也显然难以实现，因为它的含义往往是自相矛盾的。

那么，我们到底要不要使用这个让人头痛的"后现代"概念？全面否定它是毫无利益的，所以我们不妨向卡林内斯库学习。他说：

> 为获致一个灵敏的后现代主义模式，就必须接受这样一种工作假定，即，后现代主义文本别出心裁地运用某些惯例、技巧和常见的结构与风格手段，即使个别地看它们要实现的意图、含义和美学结果大不相同。①

简而言之，很多不同的"后现代"概念之间，虽然从理论角度来看存在着非常复杂的内部脉络，但从其实际用法来看却有一定的统一性和相似性。从这个意义上，我可以接受中国网络文学研究里的后现代概念：后现代文化确实具有与以前不一样的一些特征。作为一种口号或修辞，后现代概念会非常明显地指出网络文学与传统文学的区别。可是我们还需要确认，中国网络文学的实践中，这些后现代性或后现代文化特征到底有多么显著？"后现代"能不能正确地解释中国网络文学的实际情况？

---

① ［美］马泰·卡林内斯库：《现代性的五副面孔》，顾爱彬、李瑞华译，商务印书馆，2002年，第324页。

如果从这样的一个角度去考察国内的一些使用后现代概念的网络文学研究，我们就会惊讶地发现：这些研究者的成果里几乎没有对中国网络文学作品的具体分析。比如说，上面我提到的几篇文章里，只有欧阳友权提及了具体的作品，但也只不过是很抽象地提及了两部小说的题目，即《第一次的亲密接触》《性感时代的小饭馆》。他认为，这两篇作品"都把传统的性爱道德规范作为反叛的对象"，所以它们"折射出了整个后现代文化的精神特质"。①依我看，这种断言的说服力并不大。因为如果我们将所有对传统的性爱道德规范持反叛态度的文学作品都看成"后现代"，那么连《金瓶梅》或《罗密欧与朱丽叶》，甚至所有黄色小说都变成后现代的了。对传统道德的反叛态度，在近现代文学中比比皆是，它并不是后现代文化独有的特征。其他学者们则根本没有提及具体作品，而是直接讲理论，对中国网络文学的现实持视而不见的态度。

原因何在？依我看，这不仅仅是举了一些不恰当的例子的问题。我猜测他们并非不愿意分析具体作品，而是做不到，因为中国网络文学作品当中我们很难找到符合后现代理论的作品。所以，当时的中国网络文学研究几乎完全缺乏对具体作品的分析这一现象，其实是顺理成章的。当时的中国网络文学几乎不存在零散化、碎片化，不存在"宏大叙事的消失""对中心、对传统价值系统的否定"等后现代特征。令人惊讶的是，我们很容易发现它不仅不具有后现代性，而且还往往具有完全相反的特征。"网络文学"可能是后现代的，但它也可能是反-后现代的，或是具有强烈的"资产阶级现代性"的。下面我从几个不同的角度出发更加仔细地讨论这一问题。

**1. 碎片化、零散化**

在中国的网络文学作品中，我们很难发现显著的碎片化、零散化现象。当然，作为依靠于"网络"的文化实践，我们不能完全否认它具有这些特征：它的统一性、完整性毕竟比纸本文学弱得多。它以一种流动的状态在网络当中存在，而不是以固定的、可以摸到的形式存在。但是，

---

① 欧阳友权主编：《网络文学概论》，北京大学出版社，2008年，第120页。

网络文学的使用者①内部却存在着对统一性、完整性的非常强烈的要求。其实，这往往是他们评价网络文学作品的最重要的标准之一。我们从他们对"太监"一词的厌恶中很容易看到这一点。②"公牛报告"（http://ox.icxo.com/）在选出"史上最可恨的十大网络太监小说"时写道：

>在网络小说界什么最让我们咬牙切齿而又无可奈何？不是主角面对敌手时的窝囊表现，也不是最喜欢美女角色的翩然离去，而是感觉正爽，渐入佳境之际，作者突然挥刀，戛然而止。从期盼、呼唤、恳求到失望、愤怒、谩骂，熬过一个个等待的夜晚，终于明白他再也不会回来了，无数的怨念只化作一句低幽的叹息：你这个没良心的……③

这意味着，与一些"后现代主义者"所猜测的不同，中国网络文学的实际使用者们并不喜欢零散化、碎片化的作品，而且他们对缺乏一定的连贯性、整体性的作品，或者不能提供令他们满意的结尾的作品评价很低。比如说，一位网民对陈东的《神墓》发表意见，认为作者将这部小说"写成了一部要搞不搞的荒诞剧"，"真的是看不下去了"。针对这位"楼主"的意见，下面马上就有两三个人反驳说，"你能看完了再发表意见吗""你没看完就乱放厥词"。④在他们看来，对一部小说的评价必须是对整个作品的，这样的态度都是以作品的"整体性""统一性"为前提的。

另外，大部分网络文学的"大作"都是以比较连贯、稳定的故事情节为基础的，而大众对实验性太强的作品一般不太感兴趣。例如，《第一次的亲密接触》所讲的是典型的恋爱故事；玄幻小说《小兵传奇》《诛

---

① 在网络文学中，由于种种原因，使用"读者"或"接受者"等常用术语不太恰当。本书将采用"使用者"这一术语，这样可以比较明显地表现出参与到网络文学实践当中的人们的主动性。

② 百度百科的"网络用语"这样解释"太监"一词：其来源同流行用语，指网络上一个直播帖，小说的作者半途而废，长时间不更新，就称楼主为太监。网络上常简称为TJ。参见http://baike.baidu.com/view/20035.htm#8。

③ 参见 http://ox.icxo.com/htmlnews/2009/06/26/1365757_0.htm。

④ 参见 http://forum.qidian.com/threaddetailnew.aspx?threadid=141652756。

仙》与都市小说《成都，今夜请将我遗忘》等当时最受欢迎的"经典小说"，都以一个比较简单的故事情节为其脊骨：完成爱情、报仇、打败敌人、实现梦想……当然，在最近的网络文学作品中我们经常会发现没完没了地添加一些很琐碎的情节的小说。2010年以后这种倾向愈加明显，连载的速度和节奏变得太快了，"写手"承担的压力也愈来愈重，程式化与公式化是写手们离不开的成功秘诀。但这个现象与后现代的零散化有明显的区别，这些看起来很"零散"的小说之所以写成这么"零散"，不是因为它们受到后现代文化的影响，而是因为作者有必要增加字数，进而取得金钱上的利益。① 他们并不是有意地否定主体、整体性、中心等概念，他们只是缺乏保持整体性的能力或必要而已。总的来说，中国网络文学大体上还是强烈地追求作品的整体性的。它与美学意义上的后现代主义艺术作品显然不一样，甚至比《尤利西斯》等现代主义作品还"传统"。网民对整体性的这种要求，暗示着中国网络文学还处于理性中心主义的、进化论的世界观的强烈影响下。

**2. 去中心**

所谓"去中心"现象也在中国网络文学中不那么显著。其实，在这里有几个"中心"都发挥着非常强大的影响力。其中最具有代表性的"中心"也许就是"作家"。这是令人难以相信的，特别是我们考虑到那些网络文学的"后现代"理论：很多学者都强调，在后现代文化里作者/读者之间的区别已消失，甚至"作者已死"。欧阳友权这么写道：

> 现代主义名噪一时的先锋色彩和个人魅力也不再成为关注的中心……它只表明主体性、自我、人格、风格的结束……后现代人都成了远离中心话语的边缘人。②

---

① "但是在网络玄幻武侠小说时代，作者创作和发表的初衷已经有着极大的逐利目的，追求上榜和点击率以及字数多少成为唯一目的，原本可以用一千字就可以形象地描绘出的场景现在却常常用三千字，甚至更多。如果说一开始，小说作者还有一种娱乐的心情，但是到了后来，网络玄幻武侠小说创作就更多的成为商业行为。"参见卫婷《网络传媒中的中国玄幻武侠文化》，苏州大学硕士学位论文，2008年。

② 欧阳友权主编：《网络文学概论》，北京大学出版社，2008年，第123页。

然而在中国网络文学的文学空间里，还存在着很多"作者"，并且有些作者在这个空间里的影响力和权威比以前任何时代的作者都有过之而无不及。网民管他们叫"大婶"（大神），对他们持有极其崇拜的态度。不仅他们的"作品"的点击率高得惊人，而且很多粉丝主动组织"俱乐部"来支持他们所喜爱的"大神"。据这些粉丝讲，大神具有其独特的"风格"和"个人魅力"。我们很难肯定地说网络文学"大神"具有"先锋色彩"，但却无法否认他们千真万确是中国网络文学的一种"中心"。一位网民开玩笑地说，"比如学生试卷：现代文学六大名家，答曰：唐家三少、跳舞、我吃西红柿……"。但在某种意义上，对于某些粉丝来说，这已不仅仅是个玩笑。① 2011年3月9日，我吃西红柿的《吞噬星空》的总点击率接近 2885 万次，总推荐超过 271 万次，考虑到当时网络文学用户数比现在少得多，这简直是令人惊讶的指数。到了 2021 年，网络文学用户增加了几十倍，起点中文网的总推荐榜上有不少作品的总推荐数超过几千万。这种超常的"人气"就是文学网站斥巨资与这些作家签约的理由。

很多作者和批评家都相信，作者应该只通过作品本身来说话。可当今的很多网络写手除了他们的作品以外，还具有很多可以表达自己的途径。盛大集团等一些当时影响力最大的大型文化企业使用各种各样的方式打造这些写手的形象，将他们装扮成文学"明星"。② 而这些明星就是中国网络文学网站的"中心"。他们几乎独占文学网站的"排行榜"，网站的主要收入也来自他们的作品的"付费阅读"。③ 理论上，网络（network）是互相平等的节点（node）之间的一种链接结构，但实

---

① "消费社会的文化产业通过其所提供的程式与趣味，对受众进行刻意的建构和定义。这些作家的写作风格、个人经历、生活习惯乃至隐私往往被大众传媒刻意夸大甚至扭曲，转变为具有特定内涵的符号，以吸引、建构并扩大稳定的受众消费群体。"参见邓伟《非理性文学消费与"粉丝"身份建构——以郭敬明、韩寒粉丝群体为个案》，《长江学术》2010 年第 4 期，第 175 页。

② 参见 http://bbs.qidian.com/show/119641_280399。

③ 傅其林：《网络文学的付费阅读现象》，《学习与探索》2010 年第 2 期，第 183—185 页。

际上，节点与节点之间也存在中心和边缘的差别。比如说，在一个文学网站中，通往"大神"作品的链接一般非常引人注目，它往往放在该网站的首页的主要位置。作为一种主要节点，"大神"的作品拥有更显眼的、更多的链接，这使得整个网络文学活动的力量越来越集中于这几个"中心"。

当然，人们越关注"大神"，人们对他们施加的压力也就越大。如果粉丝们不喜欢作者处理一个人物的方式，或者不同意故事情节的发展走向，这些读者群会采取各种各样的方式来"反抗"作者，而这种反抗与纸本印刷媒体时代的反抗不同，因为他们的反抗不仅更加直接，而且完全是开放的、所有人都可以看见的。比如说，在网站里对某一部作品的批评已与作品本身融合在一起，读者的意见以文字的形式附加于作品。所以网络文学的读者对写手的影响力是非常大的。但即使如此，读者愿意做到的一般不是否定作者的权威，恰恰相反，他们其实是在要求作者更加完美、更加充分地发挥作者自己的力量，因为他们不想操纵作者，而是期待作者能够出乎意料地写出读者完全想不到的结局。总而言之，中国网络文学里读者对作者/作品的影响还是间接的，因为读者要求作者去彻底掌握其作品。从这个角度去看，中国网络文学的"去中心"现象并不明显，作为一种"中心"的"大神"作者的力量反而越来越增强。

### 3. 宏大叙事

宏大叙事的消失和传统价值体系的崩溃是后现代理论常常谈到的特征，但中国网络文学里我们很难发现这种现象——即使有，也不过是以另一种宏大叙事或价值系统来替代它的攻击对象。换言之，中国网络文学倾向于建构和强化宏大叙事、价值系统，宏大叙事的意识形态力量在网络时代依然很强大。

当然，在最近的网络文学实践中，我们很难发现明显的政治意识形态色彩。所以从这个意义上讲，宏大叙事的力量已经减少很多。但是，一方面，这一现象并不局限于网络文学领域，而是发生在整个中国文学里的普遍现象，与网络文学并无直接因果关系；另一方面，替代政治意识形态的宏大叙事的，往往只是另一种宏大叙事。宏大叙事并不等于某种露骨的政治意识形态，正像意识形态并不等于特定的政治观念那样。其实，宏大叙事只不过是一种比较显而易见的意识形态。意识形态给我们的一切思考和行动一个背景，因此完全从意识形态摆脱出来是几乎不可能的。阿尔都塞将大写的"理论"区分于意识形态，但实际上他说的"科学的"马克思主义也只能是一种意识形态。其实，在某种意义上，所有的意识形态都是宏大叙事，因为它们总得依靠特定的价值体系，即使它们愿意完全放弃所有价值系统，这种态度本身也包含着一种价值观。要全面否定宏大叙事的后现代主义也已变成了另一种宏大叙事。①

尤其是作为一种大众文化的中国主流网络文学，不仅从宏大叙事的影响力中摆脱不了，而且它还扎根于宏大叙事，它需要宏大叙事。比如说，欧阳友权认为中国网络文学的代表作《第一次的亲密接触》折射了对传统道德观念的反抗，但其实这个反抗只是表面性的。这部小说所讲的确实是当时的年青一代具有个性的爱情故事，但它并不怀疑"爱情"本身的价值。

《第一次的亲密接触》基本上是一部"情节剧"（melodrama）。按照彼得·布鲁克斯（Peter Brooks）的定义，情节剧以"情感的过剩"（excess of emotion）和"道德的两极化"（moral bipolation）为其基本特征，它使得接受者能够重新建构已经被破坏的"道德宇宙"（moral universe）。②而这部小说中出现很多情节剧因素：一个不可抗拒的悲剧（女主角的不治之症）、超越生死的男女主角之间的浪漫爱情、对这一爱情的"迫害"（persecution），等等。在情节剧当中，对一个绝对价值的迫害并不破坏这个价值，恰恰相反，它强化和巩固这个价值的绝对性。《第一次的亲密接触》里发生的也是同样的现象：他们所经历的迂回曲折和女主角的死亡并不是对"爱情"的否定，它们反而将"爱情"神圣化、绝对化。对死

---

① 如果我们对宏大叙事概念要求太高的理论严密性，这个概念便失去所有意义。我们与其彻底放弃这概念，不如将它理解为一种相对性的概念：有的意识形态更加"宏观"，而有的意识形态不那么"宏观"。

② Peter Brooks, *The Melodramatic Imagination*, Yale University Press, 1976, pp.11-15.

者的爱情总是那么纯洁、那么完全。这部小说是对浪漫爱情这一价值系统的绝对肯定。

问题在于，浪漫爱情这一母题并不是纯粹自然的个人感情，而是具有特定的历史、文化脉络的一种意识形态。浪漫爱情的观念是资产阶级家庭以及其社会结构得以维持的关键的思想背景之一。① 所以，浪漫爱情的概念，即使它从表面上看是个人性质的，但事实上它还是一种强烈的意识形态，也就是说，它是一种宏大叙事。中国网络文学的情节剧元素并不局限于蔡智恒，"言情小说"在网络文学五花八门的类型当中很受欢迎，一般来说它们都是典型的情节剧。因此，不管它们多么具有"反抗性"，其实它们都在讲述一个"宏大叙事"——浪漫爱情的神话。

浪漫爱情并不是中国网络文学的独一无二的宏大叙事。相对于传统文学来说，很多学者期待网络文学能够破坏传统价值系统，但现实正好相反，它常常令人惊讶地执拗于某一种价值系统。例如，民族主义意识形态也是很常见的。例如，就算因其极端的暴力性、低劣性、非道德性而声名狼藉的网络小说《我就是流氓》，也不敢否定"民族"的价值。主人公杨伟是无恶不作的名副其实的"流氓"——殴打、杀人、强奸、毒品交易……从其表面看，一切道德价值在这部小说中都受到严重打击，剩余的只不过是个人欲望的毫无节制的发泄。但杨伟和他的黑社会大哥们并不是"后现代"人物，因为他们都拥有一个非常强烈的价值观——民族主义（或者更准确地说：种族主义）。总的来说，这部看似很"非道德"的书还是依靠一个显而易见的宏大叙事。除此之外，"侠义""家族""人性"等传统价值系统也是中国网络文学里常见的宏大叙事。例如，《仙路烟尘》的主人公的行为都是为了"家人"，很多"流氓小说"的主人公都相信"义气"，武侠小说则强调"侠义"。起点中文网对著名写手唐家三少的介绍是意味深长的："唐家三少作品题材多样，但是不管何种题材，其核心思想始终都是人性的光辉，生命的可贵，努力、奋斗、

---

① 参见贺清滨《论19世纪西方文学中爱情观念的变异与分化》，《许昌师专学报（社会科学版）》1991年第3期，第79—83页；陈文联《"五四"时期"自由恋爱"思潮述论》，《南昌大学学报（人文社会科学版）》2003年第6期，第89—93页；等等。

善良，是他作品的永不改变的中心思想。"①

当然，我不否认中国网络文学里蔓延着玩世不恭的色彩，它们常常对某些传统的价值系统持反叛态度。但这些态度与后现代主义的反本质主义之间的相似性只不过是表面性的。后现代主义的反叛不是对特定的某个或某些价值观的反叛，而是对这些特定价值观得以生存的基础、对作为价值本身的前提/背景的意识形态的根本怀疑。而中国网络文学里面的所谓"反叛"只是对特定的、个别的价值观的表面性否定和放弃，取而代之的是另一种价值观和宏大叙事。

最后，我还要指出，"网络文学失去历史性"之类的主张也不见得是正确的。比如说，《鬼吹灯》等所谓"盗墓"系列小说一般非常重视中国历史。②《鬼吹灯》不仅以中国从古到今的历史现实为背景，还往往故意模仿志怪、传奇小说等古代叙事文学的风格。另外，武侠、玄幻、穿越等"类型文学"也都积极接纳中国传统文化因素。虽然网络文学中所表现的历史有时是不正确的、夸张的，甚至是歪曲事实的，但我们不能否认，对"深度""传统""文化认同""连贯性"的追求是网络文学中普遍存在的冲动。苏晓芳这么写道：

> 事实上，这三类小说（玄幻小说、穿越小说、盗墓小说——笔者注）不仅在时空想象上有传统文学的基础，其小说题材更有传统文学的深厚底蕴与传承，玄幻小说中包含着中国古典志怪和神魔小说的质素，而穿越小说中的言情主题自然承袭着古典言情小说的深厚传统，就连盗墓小说也可追溯到魏晋南北朝时期那些"利用民间道教的信仰，编造出来的变形的掘墓故事"。③

简而言之，中国网络文学具有较强的后现代文化特征的主张是不正

---

① 参见 http://www.qidian.com/ploy_2010/20100921/index.html。
② 欧阳友权主编：《网络文学概论》，北京大学出版社，2008年，第124页。
③ 苏晓芳：《试论三种网络小说新类型》，《西南大学学报（社会科学版）》2010年第6期，第37页。

确的。根据网络文学在中国的实际发展路线，我们可以断言，"后现代"只不过是一个空洞的口号。如果我们要赋予它更大的现实意义，首先应该对它和中国网络文学现实进行更具体、更细心的研究。

## 五、传统的阴影

### （一）传统文学的影响：网络文学的精神分析

中国很多关于网络文学的研究在评价网络文学时，都直接借用传统文学理论的价值系统。这在某种程度上是不可避免的，但还是很危险。亚瑟斯对这一现象表示过强烈不满，他将盲目套用叙事学、超文本理论等文学理论的新媒体研究看成一种理论上的"帝国主义"。面对网络文学这块新领域，我们必须认真寻找一种恰当的方法论来把握其特殊性。很显然，着迷于一些18、19世纪的欧洲式的陈旧的（但仍然有其价值和影响力的）纯文学观念，对我们的研究没有多大意义，反而会阻碍我们准确地把握网络文学的现实。

文学是一种始终处于变动状态的存在，也许我们面临的只不过是在它的漫长历史上的另一次急变。作为研究者，我们有义务认真地考察和应对这次变化。但很可惜，网络文学研究在整个文学研究当中还没成为一个有足够力量的流派，它没有从传统文学研究的强烈影响下完全摆脱出来。有的人甚至说传统文学与网络文学将要合而为一。例如，杨梅这样写道："一种良好的局面正在形成，这就是网络媒体与传统媒体的双向互动。"[①] 传统作家在网上发表作品，或网络写手走入"纯文学"，都不是罕见的现象：宁肯的网络小说2002年获得了第二届"老舍文学奖"；2010年1月，第二批网络写手从鲁迅文学院的培训班结业。[②]

---

① 杨梅：《网络文学创新及其意义》，《东岳论丛》2005年第3期，第127页。
② 张贺：《跨越"数字鸿沟"的合作：网络作家走进鲁迅文学院》，《人民日报》，2010年2月5日。

或许，这种互动诚然是一种"良好"的局面。从乐观的角度看，它会提高网络文学的"落后"的文学性，同时也会提供经历过严格训练的传统作家在网络这个广阔空间里能够发挥才华的机会。

传统文学与网络文学的"融合"的另一个征候是网络文学作品的陆续出版，以及它们所获得的巨大商业成功。在主要书店的畅销书排行榜里，我们经常发现一些"明星级"网络写手的名字，而大多数的"新手"们也向他们学习，出版作品已成为他们的主要目标和梦想。在某种意义上，某部网络文学作品被出版这一事实是对那部作品的认可和表扬。

上述的两个局面，即（1）传统文学界对网络文学的"认可"和（2）网络文学的出版及商业化，对网络文学造成的影响非常复杂。一方面，促进网络文学的成长发展。网络写手们从已积累几千年的创作经验的传统文学那里会得到很多写作方面的帮助；另一方面，网络文学的出版和商业化会给网络写手提供更强的写作动机和推动力。

任何事情都具有两面性，这里当然也有负面影响。依我看，这两种机制都有"压抑"网络文学的实在界（the real）的可能性。当然我不能确定，拉康的精神分析学是否会被完全套用于网络文学的发展史，但我认为作为一种比喻，它还是可以成立的。简言之，"认可"和"商业化"这两个机制都是一种压抑过程。"压抑"一词听起来有些负面，但在拉康的理论当中，它并不是贬义词，而是极其"正常"的、一个"主体"必须经历的过程。换言之，主体的发生过程是从想象界到象征界的转移过程，而在这一过程当中必然发生"阉割"。

如果说"认可"和"商业化"是作为象征界（传统文学？整个社会？）的"大写的他者"的召唤，那么网络文学只有呼应这个召唤才能够成功地进入象征界的秩序之内，成为一个正常的"主体"（网络文学的价值被广大研究者和一般大众所接受）。但是，这个作为主体的网络文学与留在想象界的网络文学之间，会不会产生一定的缝隙？主体的生产过程对网络文学的"阉割"行为到底会删除它的哪些部分？这个被阉割的部分，即网络文学的"实在界"，是不是更有意义的部分？当然，按照拉康的理论，我们永远无法接触实在界，因为我们已经是一个长大了的主体。我们永远离不开传统文学的秩序，也永远离不开文学理论。

如果我们暂时将这个"比喻"继续下去，那么我们可以说，目前网络文学还是一个孩子。他还没有自己的形象。传统文学和整个社会就是大写的他者，他们的秩序是严格的文学理论和经济逻辑。我们的孩子已听到了大他者的呼唤，他的主体正在形成。结果会怎么样？我们还不知道。我只希望，这次成长的代价不会太大。

### （二）网络文学研究的"失语症"：善与恶的二项对立

下面，我将从不同的角度去讨论这个问题。很多将网络文学与传统文学进行比较的文章中，特别是支持传统文学而批评网络文学的文章里，我们往往面对如下一套词汇群：（1）本质、深刻、辩证、复杂、深度、精神、创造……另外，我们还会抽出另一套词汇群：（2）浅薄、轻松、单调、无深度、游戏、没有艺术追求、模仿……

这两套词汇群分别服务于什么样的目的是不言而喻的，（1）强调传统文学的价值，而（2）则贬低网络文学。问题在于，这些词汇群不仅是客观的学术术语，而且是拥有强烈意识形态的价值判断的工具。简而言之，这两套词汇群的背后存在着一种善与恶、是与非、对与错的二项对立的思维。

例如，某一文章会批评说，传统文学强调文学的本质和精神追求，而网络文学是浅薄、轻松、单调、没有深度、只追求娱乐性的文学。其实，这样的文章比比皆是。但面对这样的主张，我们必须保持非常谨慎的态度。因为不仅像我这样的文学研究者，而且一般的读者大都已经沉溺于传统学术的术语当中，我们离不开它们，因此，我们自己就很难意识到这些术语本身的意识形态性。但如果我们相信学术理论的力量来自对"前提"、对自然而然的东西的怀疑[①]，那我们同样应该怀疑什么才叫"本质""深刻""文学性"。虽然我们的思考本身已与这些术语融合在一起，但我们还拥有能够反省自己的思想工具。

---

[①] Thomas McLaughlin, *Street Smart and Critical Theory – Listening to the Vernacular*, The University of Wisconsin Press, 1996, p.6.

具体来说，我们应该对这些价值判断的术语进行福柯式的谱系学或考古学研究。在我们的学术环境里，我们一旦离开"深度""精神""辩证"等一些词汇群，就很难给文学赋予肯定的、积极的价值。我敢说，这其实是当代文学研究的"失语症"。在某种意义上，后现代理论已解构掉这些肯定性词汇群的肯定性，但除了这些已经显得陈旧的学术术语，我们便不具有别的话语。问题更加复杂的是，网络文学的主要特征是很难通过这些肯定性的话语来抓住的。它也许缺乏深刻，缺乏精神高度，但这并不意味着它就是垃圾文学，而只是意味着它的意义不能以这些语言来表述而已。不过二项对立的思维影响力太大，我们很难从中摆脱出来。很多网络文学研究者之所以最后变成陈腐的传统文学的"卫道者"，原因就在于此。杨新敏对此的批评是值得一提的：

> 可见，用"思想的深刻性"作为标准，是足以把大多数名著打翻在地。至于说像必须"浅些，再浅些"的儿童文学，就根本无法从中遴选名著了。事实上，这一标准即使在西方也是启蒙思潮兴起之后建立的标准，不能作为一种普遍法则来衡定文学作品的价值。这一标准还是文学概念化的理论根源所在。①

杨新敏的话没有错，词汇群（1）具有历史性，并不具有永恒不变的价值。我们的价值只属于我们，世界上没有什么绝对的文学价值。但我们毕竟离不开这些现有的价值，因为我们总得说话。杨新敏对这些词汇和概念虽然试图保持历史性的、谨慎的态度，但最终也不得不依靠另一种历史性的概念：他写到"衡定文学作品价值的标尺是借语言对世界的审美把握的能力与水平"时，这里的"审美把握的能力与水平"与他所批评的"思想的深刻性"之间其实并不存在根本的区别。"审美"和"深刻性"同样是拥有历史性和意识形态性的概念。

看来，我处于两头为难的困境。既然我想讨论文学、评价文学，我

---

① 杨新敏：《网络文学：与谁交流？交流什么？怎么交流？》，《社会科学辑刊》2004年第5期，第138页。

就无法完全放弃已有的文学概念和思维工具。我强调词汇群（1）具有历史性，但当我们说某种东西具有历史性时并不意味着它是假的、没有任何价值的。其实，如果被恰当地使用的话，这些概念和术语对我们的文学研究来说还是会很有效的。我只想指出，"舶来"这些词汇来评价网络文学这一崭新的文学活动时，我们应该警惕它会产生的学术"帝国主义"的影响。词汇群（1）对某一特定历史环境中的文学确实有效，但不见得对网络文学也同样有效。我还不能肯定地说，网络文学与传统文学完全不一样，或两者分别属于不同的两个时代，但这一点却是肯定的：已有的、我们熟悉的很多学术概念和术语与网络文学的实践之间，已发生比较严重的脱节现象。在这样的情况下，文学研究的失语症会越来越严重。我们不仅应该尽量谨慎地使用已有的词汇，而且应该去发掘并造出一些新的术语。如果我们执拗于"传统文学"的价值观及其词汇群，我们从网络文学当中能够看得到的就只不过是与传统文学脱节的，甚至比传统文学低劣的（亚）文学。关于这一点，我将在第三、第四章的有关原生理论的部分更仔细地加以讨论。

## （三）法兰克福学派的后裔：大众文化批判论

网络文学还没上场时，所谓"传统文学"或"纯文学"阵营的主要攻击对象便是"大众文学"。前文涉及的传统文学与网络文学之间的消耗性对立及其善与恶的二项对立结构，其实几乎完全是承袭旧制的，是继承了纯文学与大众文学之间的陈腐斗争结构。

下面，我再一次集成另一套词汇群。一般来说，大众文学批判论里，肯定的词汇群与上面的词汇群（1）几乎一致。但对大众文学（化）批判论略有理解的人会觉得对网络文学持有批判性的下一个词汇群令人惊讶地熟悉：（3）成规、套路、千篇一律、低级、娱乐性、逃避现实、商业主义……

依我看，这些术语在网络文学研究领域中能够发挥的效率不高，即使它们从表面上看往往与现实符合，但它们却不能改善这个不佳现实或促进我们对网络文学的理解。最严重的问题在于，这些术语的价值判断大体上基于一种偏见，而不是基于客观公正的现实评价。举个例子：

> 从总体上看，当前网络文学作品的题材极度狭窄……比如网恋故事，多沿袭《第一次的亲密接触》的体式，千篇一律的网上邂逅，两情相悦；网下相聚，悲欢离合。"写来写去都绕不开痞子蔡的网恋套路、宁财神的幻想套路、邢育森的侠义套路、安妮宝贝的情感迷离套路。"①

对传统形式的文学观念很熟悉的人，如果读起当时最受欢迎的主流网络文学时，十有八九便会同意上面的观点。但依我看，这个观点其实是一种误解，而这一误解的原因就在于他们对网络文学内在的"游戏规则"理解不够。目前中国的网络文学确实是商业性、通俗性很强且积极重视并迎合读者要求的文学。这一点是不争的事实。但说它是千篇一律的、格式化了的文学是不太正确的。

我们不妨做一个比喻：象棋这个游戏具有很严格的、既定的游戏规则，棋子的安排、走棋的方式都必须遵守这个规则。对门外汉来说，每次象棋对弈看上去都很相似，几乎千篇一律。如果我们将成千上万的对弈场面同时摆在一个空间里，并给这位门外汉看，他的感受是可想而知的：他从中根本看不到任何有意义的不同点。但我们绝不能说象棋是一个千篇一律的游戏。

简言之，一个活动拥有既定的规则是一回事，至于它是不是"千篇一律"却又是另一回事。某一活动中存在必须遵守的规则的事实，并不意味着它便是陈腐的、囿于成规的、没有创意的。规则确实限制游戏的很多方面，但它不是已死的俗套，而是一种"形式"。形式与自由不是矛盾的，同一个形式会产生无数的变奏。象棋虽然具有既定的规则，但每次对弈都是不一样的。网络文学也同样拥有既定的游戏规则，但每一次的文学实践会具有独特性。对于熟知其内在规则的人来说，众多网络文

---

① 杨志芳：《书友争鸣——网络文学走入死胡同》，《福建日报》，2001年9月7日。

学作品之间存在的微不足道的差异也会有意义。另外，网络文学实践当中常用的一些俗套和套路，与其说是令它乏味的陈腐因素，不如说是一种作者有意使用的、读者也乐意接受的共同的形式因素。在这个意义上，我们可以说网络文学的"千篇一律"并不会证明文学力量的缺乏，它反而是读者和作者之间博弈和妥协的产物。

当然，我并不否定中国网络文学中存在千篇一律的低劣文本。但这些低劣文本的存在并不是网络文学的固有特征，而是所有文化现象当中都存在的普遍现象。所谓的"纯文学"领域中也不是没有令人反感的垃圾文学。我只想指出，网络文学所显示的较强的格式化倾向本身是无可厚非的，甚至有助于建立其独特风格和形式美学。

我们还可以从另一个角度为网络文学的"千篇一律"性进行辩护。韩国学者朴成奉（Park·Sung-bong）试图将这种熟悉的、通俗的快感提升到美学的高度。据他的理论，高级文化与大众文化所引起的快感是不同的，但两者之间并不存在优劣关系，而大众文化的健康的、坦率的快感本身拥有充分的美学价值。[①]他还认为自己的理论是第一次试图在严格的美学理论层面上肯定整个大众文化的美学价值。至于他的这个主张正确与否我们暂时不谈，但他的理论却给网络文学的千篇一律性赋予了积极的美学价值：它是健康的、坦率的、快乐的美学。

可是，我们还是无法否认中国网络文学实践当中的格式化倾向确实有一定的负面影响。这一点，我们从大型文学网站的非常复杂的类型分类中很容易看到。在那里，除了言情、武侠、玄幻、科幻等比较有名的类型以外，还有很多五花八门的类型，而且这些类型的分类并未形成完美的系统，它们往往重叠，而且实际上很难区别。但像我上面阐述的那样，网站要求作者必须选择其中的某一个（或几个）类型进行写作。所以目前中国大型网站里发生的小说写作，从其出发点便已是格式化了的。这些类型不仅影响写作，而且还影响阅读欣赏，因为很多读者已熟知这些类型的特征，他们的阅读要求也往往根据特定的类型展开。比如

---

① ［韩］朴成奉：《大众艺术的美学》，东然出版社，2001年。

说，有的人会喜欢读玄幻小说，但却嫌恶言情小说。网络文学对"类型"的依赖便是有些学者将网络文学看作"千篇一律"的文学之原因。看来，网站似乎是结构主义者的理想已实现了的空间。在这个空间里，一个"帖子"（网络文学的基本构成元素）的位置和帖子之间的关系往往比帖子的内容本身更加重要。网站里的所有"作品"都身处一个明显的分类结构当中。使用者常常要求看一些"武侠"小说，而不要求"特定的"武侠小说。使用者在网站选择某一部小说时，"武侠"这个类型也许比小说内容更重要。也就是，结构优先于内容。在这个意义上，对网络文学的格式化倾向的批判便是一种结构主义的批判。

但对网络文学的这种结构主义批判，也无法避免结构主义本身必须面对的逻辑困难，即"起源"的问题。按照德里达的说法，"起源"是不可能的。这么强有力的，乃至让人无法从中摆脱的这个结构到底是什么时候出现的？怎么出现的？出现之前它就完全不存在吗？为了突破这个困境，结构主义的开山鼻祖列维-施特劳斯强辩说，（语言和意味的）起源只能是"突然诞生的"。①

那么，网络文学的"结构"的"起源"在何处？这个庞大的分类系统是怎么形成的？什么时候开始有此系统？如果它是从一个具体的时间点开始的，那之前就没有网络文学吗？这个问题的答案，也许已包含在我上面引用的杨志芳的批评当中。我们可以从完全不同的角度去解释他的那一段话：他批评"痞子蔡的网恋套路、宁财神的幻想套路、邢育森的侠义套路、安妮宝贝的情感迷离套路"等都是网络文学无法逃脱的结构，但反过来，这些结构是通过这些网络写手的写作行为"突然诞生的"，这意味着他们的写作一方面束缚着网络文学，但另一方面他们又"创造"了这些结构本身。他们的作品是网络文学的"起源"。在这个意义上，我很乐意同意列维-施特劳斯的话。

但是，如果痞子蔡能够"创造"网恋套路，宁财神能够"创造"幻

---

① "无论语言在动物生活中出现的时刻与环境是什么，它只能是突然诞生的。事物不可能逐渐开始示意。"参见［法］雅克·德里达《书写与差异》，张宁译，生活·读书·新知三联书店，2001年，第522页。

想套路，那么另外的套路就可以无限添加，网络文学的结构也可以无限地扩大。《鬼吹灯》开辟了盗墓这一新小说类型，《梦回大清》则创造了穿越小说的新套路。我要指出的是，批评网络文学的套路化倾向的人，应该注意到他们所批评的那些"套路"本身具有历史性，而且网络文学的结构具有很多（或者，不具有任何）"起源"。文学网站的分类结构看似很完整，甚至令人错误地认为该结构是永恒的，但其实这一结构在不断地变化着。某一天，以已有的类型分类无法处理的大作会登场，独树一帜，这个分类结构会发生变化。二十年前，网络文学的结构没有今天这样复杂；2010年的网络与2020年的网络有天壤之别。随着每次先驱性作品的登场，一个新的网络文学的套路，即"结构"也登场了。"千篇一律"的结构面临着不断地被"解构"。

大众文化批判论所留给我们的另一个遗产，就是由如下的一些词汇构成的价值判断："低级""娱乐""逃避现实"，等等。这些词汇也具有既定的批判性效果，但会引起严重的误会。其中最具有代表性的就是"逃避现实"之类的，它往往与另外一些批评性词汇结合起来，给对大众文化最强烈、最常见的否定性价值判断提供思想背景。它有比较漫长的思想史脉络：从奥特加·伊·加塞特（José Ortega y Gasset）、阿多诺、阿诺德·豪塞尔（Arnold Hauser），一直到当今的很多大众文化批判论者都采取极其相似的观点。简言之，这个逻辑由两个极端之间的对立构成：一方面有高级艺术，它让接受者动荡不安，进而鼓吹对现实的批判意识；另一方面有大众或通俗艺术，这个浅薄的假艺术让你觉得非常舒服，它具有一种麻醉效果，最终使得接受者放弃一切抵抗能力。当然，阿多诺和豪塞尔等这方面的大师之说没有我说的这般简单，但他们的逻辑当中确实存在着高级艺术与其他艺术之间的不可逾越的区分。

其实，看似粗暴的这种二项对立逻辑，具有极强的说服力。它符合人类的基本思考方式，给人们提供了一个非常简单好用的判断根据。目前的大部分网络文学批判论也在很大程度上依据此逻辑。例如，我们常常面对这样的批判："YY情结中包含的，也就是读者固定爱吃的那几道菜。YY本身无罪，做梦也确实有理，但这种自我宠溺的写作竟成为网络文学压倒性的'主旋律',以致于原本百花齐放的网络文学很快被类型小说格式化,背后不仅有'我时代'意识形态的支持,更是文化工业的运作结果。""今天,能够与资本对抗的只有政治,文学自身的力量已经相当微弱。"①

邵燕君的这个逻辑并非不成立,而且是具有相当的说服力的,但法兰克福学派的影响太明显了,她不知不觉地将真正的文学局限于具有"与资本对抗"的能力的文化活动。因此,在她看来,YY文学或"主旋律"的网络文学毕竟是逊色于高级传统文学的。②

这样的研究角度,虽然具有较强的批判性,但对实际网络文学的客观分析不太管用,因为它把过于明显的价值判断当作其前提。它只能再一次重复阿多诺式的大众文化批判的结论,对目前的中国网络文学研究来说其创新意义并不大。为了摆脱这样的困境,有的学者试图给所谓的"娱乐性"或"逃避现实"赋予肯定的、积极的评价。美国的主流文化研究,中国以范伯群、孔庆东等为代表的通俗文学研究,以及前文提到的朴成奉的大众美学理论等,都可以看作肯定娱乐性本身价值的看法。③我们能不能进一步地说,整个文学活动本身都必须需要某种"娱乐性"或者"快感"?特别是小说等较长的叙事类文学能不能完全离开"快感"?为什么中国的众多现代经典小说一边讲革命,但另一边还讲"恋爱"?革命经典与武侠小说之间的密切关系又意味着什么?最后,我们能不能说所有的文学都是对一种"假象"的描写(因为不管它多么"现实",它毕竟不是现实本身),进而是一种"现实逃避"?当然,文学具有娱乐性

---

① 邵燕君:《传统文学生产机制的危机和新型机制的生成》,《文艺争鸣》2009年第12期,第21页。

② 邵燕君将"YY"概括为:"YY即意淫,并非单指性上的纵欲淫乱,而是一切放纵想象的白日梦。YY小说,讲究无限制地夸大个人实力,把一切不合理变成合理,把一切不实际变成实际,这就是它最大的魅力所在。网络小说的所有热门类型,无论是玄幻、架空,还是盗墓、后宫,还是同人、耽美,YY都是中心的主题。"(参见邵燕君《传统文学生产机制的危机和新型机制的生成》,《文艺争鸣》2009年第12期,第19页)但该术语的意义并不仅仅局限于邵文的概括,因为其实际用法实在太广泛,还可以参考"百度百科"的比较详细的介绍(http://baike.baidu.com/view/27746.htm)。

③ 参见孔庆东《超越雅俗》,重庆出版社,2008年;范伯群、孔庆东主编《通俗文学十五讲》,北京大学出版社,2003年。

和逃避现实的特征,这本身并不意味着罪恶或堕落,而是文学最基本的功能之一。

另外,我们从中国现当代文学史上的各种"大众文学"实验中会得到非常珍贵的启发。虽然当时的"大众"与目前的"大众"之间的共同点只不过是能指层面上的,但很多网络文学研究者却从网络文学的"民间性"中发现能够恢复"大众"起初曾拥有过的积极含义的可能性。"人人皆可以成为诗人"的"妄想",正在再一次进行。① 当然这一次的实验也很难令人十分满意,因为它具有很多局限,但无论如何都比以前有了不少的进步。相对于先锋派小说或朦胧诗来说,目前的网络文学显然更加"民间"、更加"大众"。

不过,依我看,上面我介绍的这些看法都有其局限,因为它们往往太简单地肯定文学的娱乐性和逃避现实特征。某种意义上,这只不过是大众文化批评论的"颠倒"。对大众文化的盲目肯定,与盲目的否定一样,是非常危险的。因为大众往往发挥深刻的洞察力和智慧,但同时也有愚昧的、保守的,甚至反动的、排他的一面。为了肯定大众文化的娱乐性本身,这些立场常常放弃作为学术研究的批判性。"民间性"或"大众性"等词汇本身也包含着一种价值判断,至于这种判断的正确与否,我们还得保持谨慎的态度。在中国网络文学研究当中,我们不能将"大众"这个关键词当成一个本身具有肯定/否定价值的词汇,而应该将它看作一个具有分析功能的严格的理论性概念。

那么,"大众"到底是好的还是坏的?显然,这样的问题本身很难成立,而且没有意义。"大众"的意义是只能在对中国网络文学的实践的具体分析当中才能够把握的。我希望,通过后面第三、第四章的讨论,我会得出进一步的答案。

(四)商业性的二律背反

中国很多网络文学研究的开端都拥有着一个惊人的共同点:它们都

---

① 谭德晶:《网络文学批评论》,中国文联出版社,2004 年,第 251 页。

强调中国网络文学的宏大规模及其巨大的商业成功。在这个意义上，我们可以说网络文学的商业成功给网络文学研究提供了一个重要的动机和背景，中国网络文学及其研究均依靠于网络文学的商业成功。但研究者对网络文学的商业性持有什么样的态度呢？令人困惑不解的是，他们一般给予它一种悲观的、否定的评价。可到了 2021 年，我不得不承认这样的研究趋势发生了不少变化。我认为这变化在 2010 年代后半期以后比较明显，目前人们已把网络文学的商业化、产业化当作天经地义的事情，因此最近的研究比较集中于 IP 产业和 OSMU（one source multi-use）、网站和企业的运作模式、盈利模式、个别作品的成功原因分析等网络文学的文化"产业"方面。这确实是一种很大的变化，值得我们关注和进一步研究。

依我看，这种态度是二律背反的。因为他们既以网络文学的商业成功为其研究背景，但又对它进行否定的价值判断，最终破坏了其研究对象的研究价值本身。他们既然批评网络文学的商业性，为什么不去分析没有得到商业成功的一些前卫的、实验性较强的网络文学作品呢？

成为"畅销书"的一些主流网络文学作品，自然而然具有较强的商业性和格式化倾向，因为为了得到稳定的商业成果，积极参考或甚至模仿已有的"成功公式"是一个很好的、很安全的方案。这种"商业性"恰恰是这些作品之所以得到如此热烈欢迎和关注的原因。但网络文学并不是一个均质的整体，这里也有边缘与主流之分，它的多样性其实是其最大的特征之一。除了这些畅销书之类的主流网络文学，还有"另类"的网络文学，比如说中国的网络诗歌运动、北美的华文网络文学活动等。① 虽然这些运动没得到充分的商业成功或学界的关注，但它们确实具有网络文学研究者梦寐以求的"文学性"。

简言之，网络文学的研究者应该将他们对商业性的态度弄清楚。一方面将网络文学的商业成功当作其研究背景，另一方面否定获得商业成功的作品的价值，这是站不住脚的逻辑悖论。如果认为网络文学的巨大

---

① 参见蒙星宇《北美华文网络文学二十年研究（1988—2008）》，暨南大学博士学位论文，2010 年；张晓卉《网络诗歌论纲》，苏州大学博士学位论文，2007 年；等等。

商业成功是一个值得关注的文化现象，就要客观地分析和探讨其意义，而不能对其进行简单的价值判断；如果认为商业性本身是破坏性的，与其批评一些畅销书，不如去分析一些具有文学性的边缘网络文学文本。对商业性本身持有批判立场的研究者在目前的中国主流网络文学当中得出的结论简直是太简单的：它是商业性的，所以它是不好的。很显然，这不是一个谨慎的学术研究所需要的有意义的结论。

　　文学作品的成就原本是很难衡量的，将它数量化更难，但作为网络的具体载体的网站却提供一个完全数量化了的文学环境。目前，一个网络文学作品的成就可以通过以点击率为代表的一些数据来测定。当然，前网络时期的文学中也有畅销书，出版社是积极地利用其销售量来进一步推动销售。但网络环境里的点击率与纸本书的销售量不同：销售量是在一般的情况下比较不容易把握的，而且很不可靠的，因为销售量是有关一本书的相当专业的信息，除了出版社的报告以外几乎没有另外的信息源。但点击率是非常引人注目的，而且看似比较可靠。网络上存在的文本的点击率一般显示在该文本的题目旁边，它是读者在选择文本时的重要标准之一。它实时地反映一个文本的关注热度和重要性，所以我们甚至可以说，它已不是外在于文本的次要信息，而是包含在文本之内的信息，是该文本的一部分。网络上的阅读行为常常与一种群众心理或从众现象有关，因为网络并不是固定的，而是实时地变化着的，这一变化便意味着"他者"的存在：阅读不再是一个孤独的、个人的活动。所以，一个"帖子"的点击率越高，关注该帖子的人也越多。当然，点击率并不是评价网络文学作品的唯一标准，但这一事实是不可否认的：网络或网站提供的数量化功能，给予了人们可以评价网络文学作品的一个可见到的、看似很客观的标准。比如说，起点中文网等大型文学网站一般以VIP月票得票、热评、会员点击、书友推荐、书友收藏、总字数等几十项标准，实时发布很多排行榜（2010年起点中文网的排行榜多达20个以上，现在更多）。我们不能说这些数字是评价其"文学性"的绝对标准，但也不可否认它们作为评价的标准所具有的意义和影响力。在这样的一个环境里，文学作品之间的优劣之分是非常明显的，因为它们的成就都被数量化了。也就是说,在中国网络文学的现实当中,所谓的文学性与商业性之间的关系已不再是矛盾的,有时它们甚至是融合在一起的,很难加以区分。对很多网络写手来说,推荐数与点击率是最大的创作动机之一,没有大众的积极参与,便没有网络文学。在这个意义上,"商业性"就是网络文学的"文学性"。我将在后面再一次探讨这一问题,但简言之,很多网络文学的使用者对商业主义和商业性持有肯定的态度。他们厌恶的不是商业性的文学,而是"不爽"的因而商业性"不够"的作品。在这里,大众性、商业性和文学性、作品性之间的关系是非常复杂的。我们只有从这样的复杂现实出发,才能够对网络文学及其商业性进行有意义的、进一步的讨论。

# 第三章
## 两个突破口："原生理论"和"网络性"

前文，我们探讨了中国网络文学研究初期的种种问题。在这一章，我要提出两个突破口，即"原生理论"和"网络性"概念。这两个概念分别在理论上、实践上具有重大的意义。但其实两者有一个共同点，即它们均追求理论与现实的融合。原生理论重视日常生活本身的理论性，而网络性强调理论与实践的统一。这两个概念会使得我们克服网络文学研究的抽象性、观念性，进而获得敞开具体的、现实的研究的可能性。

## 一、原生理论和介入分析

### （一）原生理论与介入分析的概念

麦克劳克林本人和他所提出的原生理论概念在中国都很少被介绍和受到关注。本书的前身（我的博士学位论文）已经诞生十多年了，很可惜，麦克劳克林和原生理论目前面临的情况还是一样。但依我看，在文化研究领域内，他的研究具有非常重要的意义。他从已有的文化研究理论和批评理论（critical theory）的基础出发，进一步探讨所谓"日常生活"或"大众文化"的含义。他的原生理论给我们提供了一个能够将理论与日常生活融合在一起的思想工具。他的理论尤其有助于本书核心主张的展开，因为我相信它能够帮我们克服理论和实际情况之间的脱节现象，而正像我前面说过的那样，这是中国网络文学研究最严重的问题。

原生理论是麦克劳克林的研究当中最核心的概念。下面我将深入探讨其意义，但首先，我要谈一谈其脉络和翻译的问题。据麦克劳克林自述，首次提出这个概念的人不是他，而是贝克（Houston Baker）。贝克在题为《蓝调音乐、意识形态和非洲裔美国人文学：一个原生理论》的文章中首次使用原生理论的概念。① 他用这个概念来分析作为美国黑人文化精髓的布鲁斯（Blues）音乐。对贝克的文章，中国已有学者进行过简单的介绍。习传进在《论贝克的布鲁斯本土理论》一文中比较详细地分析并介绍了贝克的原生理论概念及其意义，值得参考。② 习传进将"vernacular theory"译成"本土理论"，但依我看有点不妥当，"原生"比"本土"更接近"vernacular"的学术本意，特别是麦克劳克林的"vernacular"概念。因为在麦克劳克林的脉络当中，"vernacular"不是地理概念而是文化概念，并且麦克劳克林还强调"vernacular"和"学术"（academic）之间的区别。"本土"一词拥有比较强的地理、空间、领域的含义，不能呈现出"vernacular"和"academic"的区别。另外，"vernacular"还有"方言"的意思，麦克劳克林也往往以"vernacular"来表示"方言"，但如果我们直接将"vernacular"译成"方言"，那它就很容易被误解为语言学的概念。所以，我将"vernacular theory"均译为

---

① Houston A. Baker, *Blues, Ideology, and Afro-American Literature: A Vernacular Theory*, The University of Chicago, 1984.
② 习传进：《论贝克的布鲁斯本土理论》，《华中师范大学学报（人文社会科学版）》2003年第2期，第91—96页。

"原生理论"。

那么，原生理论到底是什么？它对中国网络文学研究会做出什么样的贡献？首先我们要对它下个定义。麦克劳克林说，贝克曾经对"原生"下了这样的定义：

> 它指的是某些人的实践，他们缺乏文化权威，却用一种基于当地关切的批判性语言说话，而不用学术知识精英所说的语言。①

比起贝克，麦克劳克林的原生理论概念更加"抽象"，更接近于"批评的文化研究的脉络"。② 贝克的概念只局限在黑人文化的具体脉络中，而麦克劳克林将这一概念扩展到日常生活中的所有文化行为。对麦克劳克林来说，原生理论就是非精英、非学术的研究者在日常生活当中进行的一种文化批评活动。他认为这样的批评活动在所有文化中都很普遍地存在，不论是高雅文化，还是大众文化、民俗文化。如果我们要正确地理解他的原生理论概念，我们首先就要理解他对"（批评）理论（critical theory）"所下的比较特殊的定义。他认为：

> 对我来说，批判理论的意义在于，出于对范式（paradigm）本身的不信任，它对主流范式提出质疑这一点上。③
>
> 理论与"想当然"正好相反。④

简言之，麦克劳克林将理论定义为对前提（premise）、范式（paradigm）和意识形态（ideology）的怀疑和洞察。这个定义对于强调理论的

---

① Thomas McLaughlin, *Street Smart and Critical Theory – Listening to the Vernacular*, The University of Wisconsin Press, 1996, pp.5-6.
② Thomas McLaughlin, *Street Smart and Critical Theory – Listening to the Vernacular*, The University of Wisconsin Press, 1996, p.5.
③ Thomas McLaughlin, *Street Smart and Critical Theory – Listening to the Vernacular*, The University of Wisconsin Press, 1996, p.6.
④ Thomas McLaughlin, *Street Smart and Critical Theory – Listening to the Vernacular*, The University of Wisconsin Press, 1996, p.160.

体系性、严格性的人来说显然太广泛；而如果我们考虑很多理论实际上都只有依靠某种意识形态才能够生存的话，这个定义又太狭窄，因为很多理论的根本目的并不在于对意识形态的怀疑。但他对理论的这个定义其实是具有比较稳定的哲学、思想背景的。麦克劳克林也直接依靠阿尔都塞的意识形态理论、福柯的"被隶属的知识"（subjugated knowledge）、阿多诺的（大众）艺术批判理论而展开他的论述。[①] 这些理论和概念都具有对已有的前提和意识形态的强烈批评性，麦克劳克林则将他的原生理论概念放在这些理论脉络当中。总的来说，我认为作为自我反省的体系（self-reflective system）或对意识形态的反抗的理论概念是能够成立的，并且是有根据的。

如果我们接受麦克劳克林的"理论"定义，我们就能够理解他为何主张在日常生活当中"理论"行为相当普遍且广泛。在他看来，文化的享受者具有一种直观性的洞察，享受者能够看透主流文化生产者要强加给他们的种种意识形态。其实，麦克劳克林看待"原生人"的态度也是有历史脉络的。一方面，被动的大众形象不断地被很多学者提出，特别是从奥特加·伊·加塞特、阿多诺等精英主义者对大众做出悲观的评价以后更是如此。但另一方面，对大众力量的积极评价也不断地被提出。很多接受理论家、文化研究者均认为大众并不是被动的接受者，而是具有主动力量的实践者。麦克劳克林则更加激进地肯定大众的力量，他认为这些实践者便是（大众）文化的原生人（native），他们对该文化的前提和意识形态拥有深刻的、不亚于任何学者的洞察力。对麦克劳克林来说，这些洞察完全符合于他对理论的定义，这就是"原生理论"。

当然，我们不必不折不扣地接受麦克劳克林对理论的观点，这一点我在上面已经讲过。但无论如何我们也不能否认，文化的享受者拥有一种力量，有时他们能够看透文化现象的表层，进而把握其运作方式和结构。虽然这些洞察往往只是本能的、直观的、经验性的，并且因而往往

---

① Thomas McLaughlin, *Street Smart and Critical Theory – Listening to the Vernacular*, The University of Wisconsin Press, 1996, Chapter 1.

是不成系统的、零散的，但它们是从该文化的实践当中产生出来的。我觉得麦克劳克林为这些洞察力赋予"理论"的资格并不过分。

原生理论概念的直接思想渊源是 20 世纪中后期在欧美非常流行的文化研究，其中两位学者对麦克劳克林的影响非常明显：米歇尔·德·塞尔托、约翰·费斯克。塞尔托的"盗取"（poaching）、"假发"（la perruque）、"战略/战术"（stratege/tactic）概念，以及费斯克的"大众怀疑"（popular skepticism）、"大众知识"（popular knowledge）等概念，对麦克劳克林的影响是显而易见的。[①] 这两位学者对文化研究的贡献是巨大的：他们的研究为我们提供了一个能够把握大众在日常生活当中所发挥的力量的理论工具。大众一直被认为是被动的接受者，但塞尔托和费斯克的研究让我们看到大众所具有的反抗能力。他们都注意到大众的抵抗性、反抗性阅读行为，都相信大众是通过这种阅读来反抗大众文化的主流意识形态的。统治阶级一直想要通过大众媒体或文化产业给大众灌输主流意识形态，这其实是法兰克福学派和他们的后裔一直倡导的核心主张，也是对大众（文化）的根深蒂固的敌视。但这种操纵不一定获得成功，它往往面对大众的反抗而失败。大众不仅接受文化产品，他们也"盗取"这些产品，进而按他们的需求扭曲这些产品原本具有的主流意识形态。

这已经是很大的进步了，但在麦克劳克林看来还不够充分。因为塞尔托和费斯克虽然肯定大众具有反抗主流文化的力量，但他们认为大众的抵抗性阅读达不到理论的水平。例如，费斯克认为大众的抵抗性阅读是零碎的、片段的行为：

> 这些"日常生活的抵抗"不是"一种系统性战略，它的目的不在于对体制宣布全面战争而得到胜利"。通俗知识"不想超越其眼前

---

[①] Thomas McLaughlin, *Street Smart and Critical Theory – Listening to the Vernacular*, The University of Wisconsin Press, 1996, Chapter 1.

的条件，而是用来建立和控制局部（locale）"。①

对费斯克来说，日常生活的抵抗仅仅是"局部性"（locale）的，而它同巨大文化产业的"帝国性"（imperializing）主流文化形成明显的对比。它是非-系统的，不能超越眼前的条件（immediate conditions），所以它不是"理论"。可是麦克劳克林反对的恰恰是这一观点。依他看，将理论的概念局限于系统的、总体性的体系是太狭窄的定义。他提出，如果某一种思维活动是以对其前提的怀疑为基础的，那么，即使它缺乏系统性、总体性，我们仍然能够将它当作理论。

麦克劳克林与两位文化研究大师之间的区别明显地表现在麦克劳克林对费斯克的批判上。费斯克在分析好莱坞电影《龙胆虎威》（Die Hard）时曾说，这部电影的意识形态目的很明显。他写道，该电影的"意识形态目的在于将一个勇敢的、孤独的个体同传统的权力结构连接起来"。按照这部文化产品生产者的意图，受众看完这部电影后应当进一步接受警察机构的权威。但费斯克指出，一个"流浪汉"（homeless）欣赏这部电影的方式会与主流意识形态所企图的完全不一样，他会拒绝原本的意识形态。他将自己认同于恐怖分子，而不认同于英雄般的警察，所以当故事进行到警察抹掉这些恐怖分子的地点的时候，他拒绝接受电影所提供的意识形态操纵：他干脆把播放器关掉。② 费斯克认为这就是典型的抵抗性阅读，但它毕竟是零碎的抵抗，不能彻底地、系统地颠覆它所要抵抗的对象——主流意识形态本身。

麦克劳克林正面反驳了费斯克的主张：

> 对我来说，这是一种抵抗的阅读，而这种阅读是通过原生模式的理论洞察才成为可能的。关掉播放器的行为暗示着对情节结构的

---

① Thomas McLaughlin, *Street Smart and Critical Theory – Listening to the Vernacular*, The University of Wisconsin Press, 1996, p.18.
② Thomas McLaughlin, *Street Smart and Critical Theory – Listening to the Vernacular*, The University of Wisconsin Press, 1996, p.18.

深刻理解——一切最终都会通过重申社会规则的方式来解决——以及它在社会条件化中的含义。①

我们可以说，麦克劳克林既继承又进化了已有的文化研究成果，在他的理论当中，大众在日常生活中的文化批评活动第一次被赋予了"理论"的资格。由此，学术理论已不再是超越的、绝对的、客观的、唯一的"大写的理论"。在麦克劳克林看来，学术理论本身只不过是一种比较特殊的"方言"（vernacular），而大众的文化洞察力与学术理论同样重要。

麦克劳克林将原生理论的意义概括为如下三个方面：

第一，它可以解决传统马克思主义理论的一个难题，即大众（民众）能不能主动地形成对自己处境的批判性意识（critical consciousness）。第二，在（大众）文化研究方面，我们通过它可以更加正确地把握粉丝（fan）的实际情况。第三，在身份政治（identity politics）方面，它会帮助我们理解学术研究与原生文化之间存在的错综复杂的关系。②

他的主张具有相当大的说服力，而依我看他对我们的网络文学研究最大的启发就在于，他的理论使我们能够正确地把握大众文化的使用者或实践者所具有的力量。但一定要注意，我所使用的"正确"这个词绝不意味着对这种力量的盲目肯定。恰恰相反，原生理论概念使我们明确地看到文化享受者（大众）的局限。他们确实拥有巨大的力量，但同时他们也有不少的局限。作为一位学术理论专家，麦克劳克林自己已经深刻地体会到，任何理论（无论是学术理论还是原生理论）都无法摆脱意识形态的牢笼。理论只有在特定的历史脉络当中才得以生存和运作，这就是它的宿命，任何理论都不能完全独立于意识形态，它总是需要一种自己能够依靠的意识形态。原生理论也不例外，它一方面具有颠覆和反抗主流意识形态的革命性力量，但另一方面它也会支持和巩固它所属的

---

① Thomas McLaughlin, *Street Smart and Critical Theory – Listening to the Vernacular*, The University of Wisconsin Press, 1996, p.18.

② Thomas McLaughlin, *Street Smart and Critical Theory – Listening to the Vernacular*, The University of Wisconsin Press, 1996, p.7.

或隐或显的意识形态。原生理论不是被压抑的少数人才拥有的特权，它也绝不担保革命和解放。不过这并不影响它作为理论的资格，因为理论的最终目的并不在于意识形态的破坏。麦克劳克林写道：

> 它（原生理论）可能不是解放的；它可能是保守的，甚至是反动的……
>
> 理论可能令人不安，甚至是破坏性的，但它的目标并不在于实践（practice）的破坏或前提本身的拒绝。它的功能是质疑前提，确认另外的思维方式是可能的，并创造一种变化的修辞。①

总的来说，麦克劳克林的原生理论概念对于我们的研究有两个显著的帮助：第一，它给我们一个能够把握大众的实际情况的强有力的理论工具；第二，它使得我们能够维持一种均衡感——大众文化研究往往太倾向于"唯大众主义"或民粹主义（populism）的立场，而原生理论则不一样：它不贬低大众的力量，但它也不犯夸大其词的错误。再加上，麦克劳克林十分肯定学术理论本身的力量，他这样的态度是意味深长的，因为只有这样的态度才能够摆脱已有的大众文化研究的两头为难的困境。依我看，一般的大众文化研究往往本着二元对立的思维，它要么站在精英主义的立场去批评大众文化的浅薄，要么站在大众那边盲目地维护大众的所有行为。但我觉得原生理论概念却能够提供给我们一个突破口，它既充分地肯定大众的力量，同时又使得我们能够保持更加客观的态度。

那么，我们如何具体使用这个理论工具呢？有没有可参考的样板？在这一问题上，亨利·詹金斯的研究具有很大的启发性，因为他可能是原生理论的最好的实践者之一。他将自己叫作"学术粉丝"（aca-fan）②，作为学者（MIT教授）兼大众文化的粉丝，他的研究活动自然而然包括

---

① Thomas McLaughlin, *Street Smart and Critical Theory – Listening to the Vernacular*, The University of Wisconsin Press, 1996, p.152.
② 学术粉丝是指将自己认同于粉丝的学术研究者，或将自己认同于学术研究者的粉丝。

大量的对大众文化粉丝的具体活动的分析。当然我不是说詹金斯和麦克劳克林之间存在一种师承关系，因为他们的研究具有独立性，他们的关系不如说是互补性的、异曲同工的。麦克劳克林在他的书里提到詹金斯，而詹金斯也表扬原生理论概念的效用。① 詹金斯认为"粉丝们自发地产生并发展的理论和术语"能够"使解释大众文化的学术词汇更加丰富"，他的这一观点相当接近于原生理论概念。② 当然，他们的态度也有不同的地方。麦克劳克林是地地道道的学术研究者，但詹金斯的身份认同更复杂一些：在他的研究中作为研究者的他和作为粉丝的他很难加以区分，所以他与他的研究对象往往融为一体。在某种意义上，我们甚至可以说詹金斯是一位麦克劳克林所说的"精英粉丝"，而他的活动本身则是一种特殊的原生理论。

詹金斯还提及了"介入分析"（intervention analysis）这一重要概念。据詹金斯自述，这个概念是哈特利（John Hartley）首次提出的。③ 它与其说是一个严格意义上的概念，不如说是一种研究态度或者文化实践，即一种更加接近和参与研究对象的态度。詹金斯的研究态度比麦克劳克林或哈特利更加激进，他几乎完全放弃已有的学术研究的所谓"客观的"和"分离的"（detached）研究方式，而直接进入他的研究对象之内部——实际的文化活动之内部。比如说，他在《从壁橱到宇宙：酷儿和星际迷航》（*Out of the closet and into the Universe: Queers and Star Trek*）等文章里不仅引用大量的第一手资料（粉丝们自己写的文章），还直接参与有关讨论。就这篇文章而言，他与其说是"作者"，不如说是一位"编辑"，因为这些文章都是粉丝们内部的对话，而詹金斯也是其中一员。④

---

① Thomas McLaughlin, *Street Smart and Critical Theory – Listening to the Vernacular*, The University of Wisconsin Press, 1996, p.55.

② Henry Jenkins, *Fans, Bloggers, and Gamers: Exploring Participatory Culture*, New York: New York University Press, 2006, p.52.

③ Henry Jenkins, *Fans, Bloggers, and Gamers: Exploring Participatory Culture*, New York: New York University Press, 2006, p.89; John Hartley, *Popular Reality: Journalism, Modernity, Popular Culture*, Arnold, 1996.

④ Henry Jenkins, *Fans, Bloggers, and Gamers: Exploring Participatory Culture*, New York: New York University Press, 2006, pp.89–144.

作为粉丝同人社会（fan community）的成员，他自己可以提出问题、表达意见、参与讨论，但他的见解在同人社会里未必具有一般学术研究者所享有的权威。更何况参与到这次讨论中的其他粉丝的意见也非常深刻，逻辑性很强，很会表现自己，这方面他们一点都不逊色于詹金斯。依我看，这些都是典型的"原生理论"活动。

这样的"介入分析"在大众文化研究领域中有很大的意义，特别是对我们的网络文学研究具有的意义更大，因为在这一领域，研究者与研究对象之间的距离缩小到前所未有的程度。研究者可以即时参与实际的网络文学活动，与其文化享受者展开对话。当然，介入分析也不是没有问题的，因为很多学者会批评其很难保持研究的客观性。有些学者之所以坚持分离的研究态度，不是因为他们保守，而是因为这样的态度确实保证了一定的客观性。比如说，如果研究者自己提出问题并参与有关讨论的话，研究者的主观性很可能会影响讨论的正常展开，甚至会扭曲它。

但是，传统学术研究真的那么客观吗？分离的研究态度是通往客观真理的唯一途径吗？"分离的"态度是可能的吗？对这些问题，我们不得不持保留的、谨慎的态度。其实，无论是人文科学还是自然科学，研究者或观察者的存在本身对其研究对象施加的影响力都是被相当普遍地认可的。1926年物理学上的测不准原理被提出来以后，纯粹客观的、分离的研究就不再是可能的了。比如说，无论某一个网络文学研究多么客观，它毕竟是网络文学话语的一部分，所以当它被发表后，就会反过来影响网络文学本身。换言之，多了有关网络文学的这一份研究，整个"网络文学"已经跟以前不一样了，即使其影响力多么微不足道。

另一个维度的问题就是，传统意义上的客观研究能够以什么样的方法把握"网民"的实际意识结构和网络文学的真相？对文本本身的分析首先被排除，它其实是主观性最强的行为之一。除非是最天真的新批评主义者，我们很难否定这一点，因为无论是文本的选择、研究手法和理论的应用、评价和结论，这些都不能说是百分之百客观的，而且都离不开或显或隐的主观性。我们还可以使用问卷调查、深谈调查等方法，但这些方法真的比"介入分析"更加客观吗？如果我们考虑到这些调查本身隐含的特定的问题意识及其意识形态，我们不得不承认调查也具有一定的主观性。在某种程度上，"问题"决定"答案"，因为我们无法回答未曾被问过的问题。因此，我们不能天真地肯定传统学术研究是百分之百客观的、分离的。

那怎么办？原生理论与介入分析都是很有效的答案，但它们也不是绝对正确的。对客观性本身的根本性怀疑是很有理论价值的，按照麦克劳克林的理论概念，这也许是批判理论最重要的目的。但这些怀疑的目的却不是灭绝怀疑的对象。如果我们完全放弃客观性，我们还可以说什么？还可以研究什么？其实，詹金斯和麦克劳克林都已认识到了这个问题，并且提出了各自的答案。他们并不主张原生理论比学术理论更加重要，或者介入分析能够替代"客观"的学术理论，恰恰相反，他们都强调两者之间的互补性关系。原生理论不是学者要去发掘出来的，而是早已存在着。网络文学的使用者拥有他们自己的原生理论。他们不断地说话，提供我们有关网络文学的珍贵的洞察。直接去参与到这个文学活动里面，倾听他们的声音，这对网络文学研究至关重要，因为这些经验可以提供难得的资料。而这些资料是在一般的学术理论和研究方式的视野里很难被捕捉到的。

但是，原生理论不能替代学术理论。学术理论的研究者应该追求的也许是原生理论与学术理论的辩证的对话关系。学术理论会给予原生文化的原住民（网络文学的使用者）更加准确犀利的语言。反过来，原生理论家会给我们这些学术研究者提供更加贴近网络文学现实的洞察力和我们经常缺乏的"局内人知识"（insider knowledge）。[1]"介入分析"使得我们能够切入实际的原生文化现实之内，进而把握网络文学的原生理论。原生理论的概念既让我们能够利用这些介入分析的成果，同时也让我们能够保持学术研究者的严密性和相对的客观性。总而言之，原生理论与介入分析这两个概念对中国网络文学研究有巨大的启发性。

---

[1] Thomas McLaughlin, *Street Smart and Critical Theory – Listening to the Vernacular*, The University of Wisconsin Press, 1996, p.24.

但在本书当中，我还是比较谨慎地使用"介入分析"的研究方法。我不会在文学网站发帖、提出问题或参加讨论，因为这样的研究态度虽然具有很大的启发性和实验性，但它的危险也太大。作为一种学术实验，詹金斯的研究具有重大意义，可是中国网络文学的现实环境当中已经存在很多第一手材料，所以我认为没必要再去亲身积极"介入"。换言之，我只需要尽量贴近网络，引用大量的第一手材料，却不必直接参与其中。下面，我将探讨一下原生理论概念的优点和给我们提供的帮助。

（二）原生理论与介入分析概念对网络文学研究的价值

### 1. 实践性地组成的知识

首先，原生理论使我们看到实际的网络文学领域到底发生着什么样的事情。前文我已屡次强调远离现实的、以理论为主的研究的危险。由西方的最新理论或传统文学理论来分析中国网络文学的尝试，基本上触摸不到中国的现实。因为它们只能依靠西方的先锋超文本作品或极其罕见的国内文学实验来论证自己的结论，很难从这种循环中摆脱出来，而那些既有的理论限制了它们的视野和认知范围。

原生理论则不一样。当然它也是一种理论，但它是一个反对客观研究的理论。它依靠的不是学者从研究对象外部进行的分析或观察，而是依靠生活在该研究对象内部的实践者、使用者自发形成的心得。所以，原生理论不是与研究对象"分离"的，而是与它融合在一起的。原生理论是实践者的理论。

因此，原生理论在大众文化研究领域中非常重要。学术理论很难直接去把握大众文化，因为它总是在该文化的外部进行研究，缺乏能够理解其内部的、第一手材料的感受性。当然我们还得注意，我们绝不能简单地把网络文学与大众文学等同看待。西方的超文本、中国实验性较强的网络文学作品等都具有强烈的精英主义特征，它们与大众性几乎无关。但就中国的主流网络文学而言，我们可以肯定地说它是一种典型的大众文学（文化），因为目前的中国网络文学不仅是参与人数几亿的来自不同阶层、年龄、性别的人群的大众活动，而且还是由几个大型媒体企业垄断的商业性极强的活动。

相对于其他国家来说，中国网络文学活动的最大特征也许就是其规模。在2010年左右的早期大型文学网站里，受欢迎的作品的总点击率一般都能达到几千万次，一个星期的点击率则有10万次左右，这确实是惊人的数字。参与网络文学活动的网民如此之多，却一般对学术理论家提出的"网络文学理论"不感兴趣，甚至持嗤之以鼻的态度。他们有他们自己的逻辑和看法，他们的活动与学术理论之间的关系相对薄弱。对他们来说，依赖于已有文学权威和理论的主张几乎是没有任何意义的。当然，学术理论也许可能揭示一些网民自己也还没体会到的深奥真理，但这个真理越深奥，学术理论与实际网络文学实践之间的距离就会越遥远。我认为，研究这么一个庞大复杂且对学者们来说非常陌生的文学现象（网络文学）时，使用一个"外部"的、"超越"的研究工具是不太理想的做法，因为这样的研究很容易导致一种封闭的循环论——学者只看得到他们想要看到的。反之，使用原生理论概念来研究网络文学的话，我们可以切入中国网络文学的实际情况，从它的"内部"去把握其现实。在这样的研究视野下，网络文学使用者的"实践"与网络文学"理论"才可以融合在一起。

应该注意的是，我并不认为我们要放弃作为学术研究者的身份认同，盲目地听从"大众"的声音。大众绝不是均质的集团，它的最大特征也许是它的成员之间没有一个固定不变的共同点，所以"大众的声音"其实并不存在。大众从根本上是一个自相矛盾的群体。

因此，认可大众的力量并不意味着认可大众是理性的、具有自己的统一理论的单一主体。尤其是年龄较小的网络文学参与者往往表现出盲目的、过于激情的态度，这种毫无批判的态度与原生理论是不一样的。因为理论以对其自身的反省为前提，但这些盲目性中没有任何反省。换言之，原生理论需要对自己的文化前提/意识形态的深刻理解，而这种理解不是所有"大众"与生俱来的天赋。

所以，麦克劳克林将"精英粉丝"与一般的粉丝区分开来。有人会觉得大众文化的"粉丝"和"精英"这两个词汇不能结合在一起，但如果我们去具体考察这些"精英粉丝"所产生的文本,就很容易理解麦克劳克林为什么固执地使用这么一个有点别扭的概念。这一表述显示出对原生文化的非常精彩的、无比深刻的洞察。麦克劳克林写道:

> 我认为,粉丝——尤其是"精英粉丝"——在媒体文化中的角色确实让这种理论反思行为成为可能,尽管它很难做到。①

> 有时这种知识(粉丝们的知识——笔者注)会导致对大众文化本身的理论性质疑。我稍后将论证,虽然很多人认为"粉丝"应当痴迷于产品,但其实是同人杂志痴迷于这项产业。②

涵盖了网络文学实践者在内的大众文化粉丝知道大众文化并不是那么纯粹的,他们看透了媒体企业对它采取的策略。这些精英粉丝的知识也非常博大精深,例如,摇滚乐的粉丝对他们所喜欢的歌手和乐队拥有非常丰富的信息和专业的知识。这些"局内人知识"主要以历史学、谱系学的形式存在。某一个演唱组合上市新的专辑时,精英粉丝会去分析这一专辑与它以前所发的其他专辑之间的关系(历史学知识),这个演唱团体及其音乐受到哪些既有演唱组合的影响,它属于哪种音乐流派(谱系学知识);等等。这种知识常常会产生一种非常复杂而精致的分类系统。③

中国网络文学的现实也几乎同样。虽然中国网络文学进入稳定发展态势仅仅二十年左右,但它所积累的文字数量远超我们的想象。仅就起点中文网这一个网站而言,2007年已拥有80亿字的作品,一天平均更新多达3000部小说,而目前这些数据又增加了不知道多少倍。④所以,单

---

① Thomas McLaughlin, *Street Smart and Critical Theory – Listening to the Vernacular*, The University of Wisconsin Press, 1996, p.57.
② Thomas McLaughlin, *Street Smart and Critical Theory – Listening to the Vernacular*, The University of Wisconsin Press, 1996, p.58.
③ 参见 Thomas McLaughlin, *Street Smart and Critical Theory – Listening to the Vernacular*, The University of Wisconsin Press, 1996, Chapter 3, "Criticism in the Zines – Vernacular Theory and Popular Culture".
④ 《起点中文网:网络文学商业化》,《中国商业评论》2007年第10期,第99页。

个的研究者根本无法通读中国网络文学，这根本是不可能完成的任务。当然，一位网民也同样无法通读所有网络文学作品，但网民以群体的形式参与网络文学活动，他们的活动也许是莱维所说的"集体智慧"[①]的最好例子。单个人不能通读所有文本，但作为读者群体的网民能够做到这一点。不管多么边缘的、不起眼的作品，也总是有一些读者。一个人能够获得的信息量是有限的，但"网络"所拥有的信息几乎是无限的。长期活动在一个或一些文学网站的"网虫"们——他们往往是网络文学的原生理论家、网络文学的精英粉丝——对网络文学的理解之深刻是难以想象的。有时他们甚至拥有非常正确的历史学、谱系学知识，并且能够透视整个网络文学的运作机构——他们会很周到地考虑媒体企业对文学网站的影响、作者的个人情况、作为经济活动的网络文学特征等社会经济因素。因此，在中国网络文学的研究中，参考这些精英粉丝的知识是至关重要的。超文本理论、后现代理论等西方的先锋学术理论也许会将网络文学的理论可能性扩展到极致，但它们离中国网络文学的现实太远。要尽量缩小这个距离，我们首先必须注意精英粉丝的原生理论活动。

对于这个时代的年青一代在文化研究领域所具有的力量，麦克劳克林给予很高评价：他们虽然没受到正式训练，但作为"后现代文化"的"原住民"（native），他们拥有对该文化的几乎本能的感受力。[②] 对他们来说，鲍德里亚的"超真实"概念并不是费解的，因为他们每天生活在形象（image）广告的世界当中。他们觉得用鼠标点击、发送手机短信比用笔手写都更自然、更顺手。他们出生于并生活在一个超文本的世界里。很多学者绞尽脑汁提出的最新概念，对他们来说却只不过是日常生活中每天面对的现实、每次活动的潜规则。他们对这一现实拥有独特的知识，这种知识与学术知识不一样，因为它是"实践性地组成的知识"

---

[①] Pierre Lévy, *Collective Intelligence: Mankind's Emerging World in Cyberspace*, trans. Robert Bononno, New York: Plenum Press, 1998.

[②] Thomas McLaughlin, *Street Smart and Critical Theory – Listening to the Vernacular*, The University of Wisconsin Press, 1996, p.153.

(performatively constituted knowledge)。① 到目前为止，这种知识被看作一种"被隶属的知识"，在知识的等级制度当中占据很低的地位。但在大众的力量和影响力越来越增加的今天，我们学者应该将这种另类知识纳入我们的学术视野当中。尤其是，要理解叫作网络文学的这个崭新的、陌生的文学空间，我们必须参考这一空间的网络原住民的知识。

### 2. 原生理论与学术理论的辩证对话

必须注意的是，原生理论与学术理论之间的关系并不是单向的。上面我基本上强调原生理论对学术理论的启发，但反过来，学术理论也能够给原生理论或网络文学实践本身带来不少贡献。两者之间可能也应该形成一种互补关系。网络文学的原生理论家所生产出来的理论，作为一种"实践性地组成的知识"，不仅具有对网络文学活动的深刻洞察力，同时也与网络文学活动融为一体。但从严格的学术要求上看，这些原生理论往往缺乏系统的研究，它们太碎片化、太零散了。另外，这些原生理论家不一定拥有能够表达他们想要言说的内容的语言工具：因为语言的系统的、严格的、正确的使用是只有通过长期训练才能够获得的，但原生理论家一般缺乏这种训练和培养。也就是说，为了有效地展开理论活动，一些专业术语和概念，或者更一般地说，一种特殊的"语言"是必须的，可是原生理论不善于"制造"自己的理论语言。在这一点上，学术理论会给它提供帮助：学术理论家会建构出一些严密的理论语言系统，并将这个语言还给原生理论家。

实际上，这种辩证对话已经在发生，比如说，文学网站上的很多"业余"评论都常常采取一些从学术理论当中借过来的概念。一些评论甚至要求网络文学具有高度"文学性"。他们所使用的分析框架或角度也距离传统文学批评不远：主题、语言、文笔、表现、人物、情节……但我认为，这种简单地模仿学术文学批评的网络文学批评，正如模仿网络文学批评的学术文学批评没有多少意义一样，是有其局限的。两者之间的关系应该是更加互动的、复杂的，而且重要的是要在两者之间建立起一

---

① Thomas McLaughlin, *Street Smart and Critical Theory – Listening to the Vernacular*, The University of Wisconsin Press, 1996, p.154.

种循环性的、辩证的关系。

但是，这种"对话"从哪里开始呢？我认为有关网络文学的学术研究大体上太"学术"了，所以我们不妨先去关注原生理论，以原生理论为这一辩证法的出发点。也就是说，在研究中国网络文学时，我们首先必须暂时有意停止我们的已有文学（研究）"前提"。因为目前很难找到一个能够把握中国网络文学现实的学术理论，一般通用的那些理论的效率并不高，所以作为研究的出发点，原生理论比学术理论更加合适。其次，我们要去向网络文学的实践者，特别是其精英粉丝学习，倾听他们几乎本能地使用着的原生理论。有时，这些原生理论同我们已经熟知的学术理论很相似，甚至是其初步的、粗略的形态，它们有可能给我们提供关于中国网络文学现实的宝贵洞察。而这种与现实融合在一起的知识是很难通过学术理论获得的。至于具体的研究方法，我认为詹金斯式的介入分析值得参考。虽然我不想像他那样直接参与到网络文学活动当中，但我会在下面的分析当中尽量贴近网络文学的现实。同时我们得保持对这些实践者的尊重态度：在网络文学的领域当中，他们，而不是我们，才是真正的专家，所以在研究的初步阶段我们只能，也应该向他们"拜师"。

接下来的阶段也非常重要，我们必须以严密的学术语言"再加工"这些原生理论。原生理论家虽然在日常生活中本能地使用着原生理论，但往往缺乏宏大的理论视野，因为他们的主要兴趣往往局限于比较狭窄的一个（亚）文化里面。他们也缺乏系统的语言，所以他们的表达显然是零散的、片面的。如果说原生理论是一种"方言"，那么作为学术理论的实践者的我们能够将它"翻译"成我们所熟悉的另一种方言，即学术语言。只有我们做到这一点时，我们才可以说原生理论获得了真正的学术意义。然后，我们才可以通过这一新的学术理论恰当地分析网络文学，进而对它的健康发展做出一些贡献。这就是我所说的循环性的、辩证的关系。

但是，正如我上面已指出的那样，原生理论与学术理论的关系不是单向的。虽然原生理论家一般有轻视学术理论的倾向，认为所谓的"专家"并不是真正的专家，觉得这些"专家"离实际文化活动太遥远，但原生理论也不能完全离开学术理论。除了学术理论能够提供语言工具这一点以外，它还可以使原生理论家能够从更宏观的角度看待问题。例如，原生理论往往持非常保守的姿态，强化人们的特定的身份认同感，这种特征会导致一种封闭的，甚至排斥的态度。因为原生理论家虽然怀疑前提和价值判断，却又不愿意全面破坏它们，反而积极地去跟那些持有共同的态度和爱好的人构成一个强烈的纽带。封闭性和排斥性就是这个纽带的另一副面孔。

激进的批评理论则会提供进一步的视角，帮他们意识到自己的保守性会引起的消极影响。另外，作为基本上追求"快感"的娱乐媒体，网络文学很难避免法兰克福学派式的大众文学批评论的强烈攻击。这一点上，我认为学术理论会给原生理论一些突破口，因为有的学术理论显然更加激进，也具有更加根本的批判精神。当然，大多数的原生理论家对这些"根本性"不太感兴趣，不过他们的兴趣也不是网络文学研究的唯一的标准。

简言之，学术理论可以从原生理论那里借用一些重要的但原始的理论、概念、洞察力等，然后将它们再加工（或翻译）成严密的学术语言和学术理论，最后将这个辩证的学术理论还给网络文学。这样的"善循环"结构一旦形成，就不会再发生理论与实践之间的脱节现象，网络文学的学术研究者与网络文学的实践者就会共有一种互补性的、可沟通的语言。而这种沟通是对双方都有益的。通过原生理论这一有效媒介，我们会将过于先锋的学术理论与过于保守的现实之间的冲突调和起来。它使得我们能够克服无秩序的自然状态，同时克服过于深刻的学术理论的抽象性。

最后，原生理论的存在会让我们意识到，学术理论并不是通往真理的唯一通道，而是很多原生理论当中的一种特殊形式而已。意识到这一点之后，我们才有可能从学术理论本身具有的"意识形态"效果中摆脱出来。学术理论应该抛弃比其他知识形态高出一等的傲慢，与现实文化的实践者生产出的原生理论进行平等对话。

### 3. 网络文学评价之自相矛盾及其突破

最后，原生理论和介入分析概念会帮助我们恰当地处理网络文学的极端两面性。上面我已指出，学者们对网络文学的评价是非常令人糊涂的。网络文学这一文学空间太庞大，所以研究者的视角不同，他们得出的结论也各不相同。有时，这些不同的结论之间的关系几乎是自相矛盾的。支持网络文学的一方热烈表扬其革命性、民间性、自由性，但另一方则批评它的低劣性、商业性、粗劣性；网络文学一方面是解放的文学，另一方面是极其保守的，甚至是压抑性的文学。超文本理论强调的后现代文化特征与中国网络文学的传统价值观（如民族主义、浪漫爱情、男权主义）形成明显对比：它既是最先锋的文学实验，又是最浅薄的欲望发泄；它既是没有读者/作者区分的最民主的文学活动，又是作者盲目迎合读者要求的拜金主义的象征；它既是对宏大叙事和意识形态的最根本的怀疑和反抗，又是对它的执着。

我们怎样处理这种极端的两面性？依我看，通过已有的文学理论很难解决这一问题。某种意义上，我甚至认为这些文学理论绝不是这个问题的答案，而是它产生的主要原因之一：文学理论对急变的文学环境的不适应导致了这种尴尬的困境。如果说提问的方式一定程度上决定了答案的内容，那么对网络文学的这些极端的两面性评价则是来自错误的，最起码不恰当的视角。举个例子说，有人会以纯粹的"文学性"或"先锋性"概念批评网络文学的商业性。在这一视角下，中国的大部分网络文学就会变成已失去西方超文本文学曾拥有过的深奥实验性的、堕落成一种浅薄的利润追求活动的三流文学。作为一个"分离"的研究和对它的客观观察，这样的结论也许是成立的。

如果我们进入网络文学的现场，这个问题便不那么简单了。因为实际的网络文学实践当中，写作与利润追求是不可分离的。网络上发表作品的行为非常花时间，机会成本（opportunity cost）很大。目前大型文学网站的作家一般一天更新一两次，有时三四次，每次更新字数一般 3000~5000 字。所以，每天写 5000~10000 字不算写得快的，读者还会觉得作者更新得慢。这样的工作量不是另有全职工作的人能够承担得了的。当然作者完全可以将写作当成一种业余活动，按照他自己的时间安排慢慢更新。但今天的网络文学读者对更新速度的要求非常高，而且阅读节奏也非常快。相对于其他的更新很快的职业写手的作品来说，这些业余性作品很难引人注目，竞争力脆弱。在对作品的反应以直接可看到的数字形式存在的网络环境里，不受欢迎的作品很难满足作者的所谓"自我实现"欲望，反而很容易让他绝望。

这些事情可以说是一种"局内人知识"，在中国网络文学的实践者当中属于广为人知的常识，因为在网络环境当中作者的门槛确实降低了，很多人拥有亲自写作的经验，他们对作者情况的了解自然相当深刻。他们知道正规写作要求作者付出多大的代价，所以金钱方面的考虑是不可或缺的。换言之，原生理论在这方面的考虑比学术理论更加现实、更加具体。所以从原生理论的立场来看，那种认为网络文学只追求利润、只在乎点击率的观点是不合乎实际的。在中国网络文学实践里，点击率以及它所带来的经济利益是网络文学顺利运转的核心前提。

当然，原生理论家也警惕过多的商业性，有时还对其商业主义进行激烈批评。但这些批评也是以对商业性的基本肯定为基础的，他们并不否定网络文学的力量是从人气和商业性那里涌动出来的。一些急于追求金钱利益的作品之所以受到批评，是因为批评家已看透作者所采取的无用的技巧使作品徒具商业性之名。换言之，这些作品不是因为太商业化，而是因为不够商业化才受到批评。在这里，商业性和"文学性"是非常复杂地交缠在一起的。

让我再举一个例子。先锋的后现代理论与几乎"封建性"的网络文学作品之间的矛盾，看起来似乎是调解不了的。网络文学一方面很"封建"或"前现代"，但另一方面它确实具有后现代的因素。后现代理论主张的"作者的死亡"也与拥有几百万粉丝的"大婶"的存在形成严重的逻辑矛盾。只有我们理解实际网络文学使用者的复杂心理结构和行为逻辑时，这些矛盾才能得到调解，而依我看，原生理论是通往这种理解的最佳途径。

从上面的例子我们可以得知，关于网络文学的一些"理论"之间的极端对立，还有"理论"与"现实"之间的严重脱节，是通过原生理论得以调解的。原生理论的贴近性使它能够同时把握网络文学的看似矛盾的极端两面性。不过值得注意的是，倾听原生理论并不意味着否定已有的学术理论。虽然学术理论与现实往往脱节，但学术理论也有它的优势。我们不能只依靠学术理论扭曲现实，但同样也不能只依靠现实而放弃学术理论。作为一种"理论"，原生理论会在看似矛盾的学术理论之间，还有理论与现实之间建设一座桥梁，进而使得我们的研究拥有更多的均衡感。依我看，原生理论是解释网络文学的两面性的最好的切入点。

再值得一提的是，网络文学一方面极其堕落、非道德，但另一方面非常执拗于特定的道德、价值观。我们可以在原生理论具有的"身份政治"功能的角度下解决这一矛盾。对某种道德秩序的反抗本身赋予反抗者们一种作为新一代人的认同感，所以网络文学的实践自然具有建设/破坏的两面性。他们通过破坏一种价值系统的行为来树立他们的另一种价值系统，表达他们自己的认同感。

这一点，在理解中国的网络文学采取的反抗态度为什么总是不彻底的问题上，是至关重要的。网络文学确实具有矛盾的两面性，但对生活在该文化当中的人们来说，这个矛盾并不形成严重的障碍，因为生活本身就是充满矛盾的，网络文学的矛盾性便是生活的矛盾性的反映。学术理论一般需要跟研究对象保持一定的距离，这个距离赋予它一定的客观性，但同时也阻碍它向现实生活本身的贴近。而网络文学恰恰是一种日常生活、一种文化实践，它与它的使用者的生活融合在一起，所以我们只有从整个生活实践的视角出发才能达到正确的理解。任何将网络文学看作一种独立的、固定的研究对象的学术理论和研究，都把握不了网络文学的实践性及其极端的两面性。但原生理论，因为与它的研究对象结合在一起，则能够抓住网络文学作为日常生活的特征，进而理解其复杂性。在这个意义上，原生理论与我下面将要探讨的网络文学的另一个重要特征——"网络性"有密切关联。

## 二、从"作品"到"网络":网络文学的"网络性"

### (一)网络文学=网络

到目前为止,很多学者,包括笔者在内,常常使用网络文学"作品""超文本作品"等术语。不过这样的术语恰当与否,仍然是需要谨慎思考的问题。特别是在严格的意义上讲,"超文本"和"作品"两个概念几乎是互相矛盾的,所以我们将二者放在一起时会引起严重的误会。如果说"超文本"意味着由无限的链接构成一种离心的倾向,那么"作品"便意味着正好相反的一种倾向,即向往一个中心的向心力,二者的结合则仿佛是一种自相矛盾的修饰。

当然,网络文学的范围里也存在很多"作品",我们甚至可以说,"超文本文学作品"确实存在。比如,迈克尔·乔伊斯的《下-午》是一部非常优秀的超文本作品,超文本理论家们几乎无一例外地提及他和他的"作品"。但是,将超文本网络文学称为"作品"时,我们就不知不觉地给超文本概念施加了一种束缚。简单地说,"作品"概念不断地限制着"超文本"概念的无限扩展运动。依我看,在网络文学研究当中,"作品"这一概念带来的对研究视野的束缚是不可忽视的。它往往阻碍我们正确地意识到网络文学的现实。

在这里,我将提出一种比较果断的理论主张。研究网络文学时,简单地拿(超)文本概念来替代用在这里有问题的"作品"概念显然还不足够,因为(超)文本概念已经被作品概念深刻地污染了。所以,我认为网络文学研究的主要研究对象应该扩展为整个"网络",而不应该局限于对个别超文本"作品"的研究。这样就可以摆脱以作品或超文本概念为主的狭窄研究视野。

但是,"整个网络"到底意味着什么?(超)文本本身是一种网络,我的主张是不是同义反复?所谓的互文性(intertextuality)或超文本就是一种众多节点之间的网状连接结构,这与我说的"网络"有什么不同之处?

理论上,这样的批评确实有道理,但我们还得考虑更具体的、更实践性的问题。例如，一个超文本的范围到何处为止？如果说它是无限的，那我们如何去"分析"这一无限的东西？如果说一个文本只能在与其他文本之间的关系中才能够存在，那"文本"到底是什么？我们能够分析的还有什么？实际上，学者所面对的任何互文性文本或超文本都具有一定的范围。如果不是这样，那对它的研究本身就根本不成立，因为真正的无限是不允许分析的。实际上，"分析"或"研究"超文本时，我们总得分析个别的、有界限的超文本。

在这种意义上，"超文本作品"这个奇怪的概念是成立的，也是有必要的。但我要指出的是，在这样的一个研究视野或框架下，我们会错过很多有意义的文学现象。已有的网络文学研究一般以个别的超文本为其研究对象，可是这样的研究不能把握网络文学的"离心力"。网络文学中当然也存在"作品"，但"作品"的外部还有很多文学活动值得我们认真关注。我之所以主张将研究范围扩大到整个网络，即包括作品在内的所有文字片段的网状结构，原因就在于此。相对于常用的超文本概念来说，我说的"网络"概念是更加广泛的，没有作品内部与外部之别。

当然，我的研究也是一种"分析"，因此我的"网络"概念只是在理论上是无限的，而实际上它则是有一定的界限的。尽管它是有着众多个别超文本或作品构成的网状结构，但实际上它不是无限的，而是具有一定的、但不确定的、流动的界限。上面我已指出，我的网络文学定义是外延性的，大型文学网站就是我的"网络"概念的代表性例子，也是我的主要研究对象。那里有很多超文本"作品"，并且网站每天正在以令人惊恐的速度扩展着，但我们很容易区分一个网站的内部和外部：这个区分几乎是物质性的，因为在最基本的层面上，"网站"以比特信息的形式存在于该网站的服务器的硬盘里。虽然这个界限是不确定的、流动的，但它还是存在的。

下面，我将更仔细地探讨如下几个问题，例如，"作品"概念到底有什么样的局限性；"文本"或"超文本"概念为什么应该被"网络"概念替代；以"网络"为主的研究，与已有的网络文学研究相比有何优势；等等。

### 1. "作品"概念及其局限和"文本"概念

在我们的研究脉络当中"作品"概念所具有的意义，是很难通过对它本身的分析能够把握的，而是只能在与"文本"和"超文本"等其他有关概念的历史性比较视野下才能够弄清楚。

让我先从"作品"本身的历史脉络开始讨论。自从艺术获得相对的独立性以后，"作品"这一概念几乎变成艺术的同义词。文学也不例外，它与"作品"之间存在着不可分离的关系。在一般的意义上，文学类型（genre）的区分便是文学作品的形式或特征的区分。虽然最近很多学者认为文学批评也是文学的类型之一，但文学批评毕竟离不开文学作品，而我们也可以说优秀的文学批评本身是一种优秀的文学作品。也就是说，在一般的意义上，文学就是文学"作品"。

近现代文学的"作品"概念，基本上是以浪漫主义或唯美主义的"艺术家"的形象为背景的。在这样的观念下，艺术家被视作一个孤独的天才，不受任何外部因素的影响，而只依靠他自己的才华和灵感来创造艺术作品。特里·伊格尔顿（Terry Eagleton）也曾说过类似的话，虽然在词汇的使用上与我的观点有些出入：

> 对它的信仰愈加减少的情况下，神学的自我目的主义不得不再从后门走私进来。这就是所谓的美学。至此，完全将其目的和基础都隐藏在自己内部的不是万能的上帝，而是人为的作品（artifact）。[1]

换言之，在宗教或神已失去支配性社会影响力的现代社会里，有效地对其取而代之的便是"artifact"，即艺术作品（work of art）的美学价值。艺术作品的最终目的是它本身，艺术家也自然而然地替代了曾经属于"神"的那个位置。当然还有别的文学观念，例如艾略特（T. S. Eliot）为代表的新批评运动以及俄罗斯结构主义批评等都否定了作者的绝对的垄断地位，但是他们也并不否认"作品"观念本身的重要性，反而让它

---

[1] Terry Eagleton, "God, the Universe, Art, and Communism," *New Literary History*, Vol.32, No.1, p.28.

变成更加神圣的、更加绝对的东西。"作品"是一个完整的"世界",读者或批评者的任务只是探索其中隐藏着的真理而已。

随着时代的变化,一些很难以这样的"作品"观念来处理的文学现象越来越引起人们的关注。文学作品的读者或研究者们一直在"解释"它,而他们逐渐开始意识到,这种"解释"行为不仅仅是被动地接受或探索,也可能是一种能够创造新意义的积极行为。阅读不再是被动的,而是变成主动的行为。随之,作者曾拥有过的垄断地位被摇动,艺术行为的权力中心也开始向读者那边转移。伽达默尔(Gadamer)的诠释学便是这一倾向的代表性研究成果之一,伊格尔顿将它概括为:

> 对于伽达默尔来说,文学作品的意义永远不会被作者的意图耗尽;当作品从一种文化或历史背景转移到另一种文化或历史背景时,从中其作者或当时受众从未预料到的新意义会被发现。
> ……这种不稳定性是作品本身的属性之一部分。所有的解释都是相对的,是由特定文化中的历史性标准所塑造和制约的。①

然而,伽达默尔的诠释学给读者的权力并不是绝对的。他不断地强调"过去与现在之间的对话"(dialogue between past and present),并且很重视读者所属的特定时代的传统,即"特定文化的历史性标准"(the historically relative criteria of a particular culture)的影响力。在他看来,我们虽然不能去把握作为"物自身"(Ding an sich)的文学作品本身,但文学作品总是作为一个"对话"的对象而存在。"诠释"能够创造出作者都意想不到的新的意义,但它毕竟不能摆脱"传统"的,即"作品"的束缚。

对"作品"概念的最激烈的,也是最彻底的破坏者,也许是罗兰·巴特。他在著名文章《从作品到文本》中试图以文本概念突破作品

---

① Terry Eagleton, *Literary Theory: An Introduction*, The University of Minnesota Press, 2008, pp.61–62.

概念的局限。① 他认为，意指行为比该行为的结果更重要，能指的游戏比固定的所指更重要。所以对他来说，"作品"概念显然是太狭窄了。像伽达默尔一样，巴特也致力于否定作者对作品及其解释的垄断性地位，但比伽达默尔更彻底、更激进。他提出的"文本"概念已经摆脱"作品"的拘束，指的是没有任何束缚的能指的自由运动和游戏。张祎星将其概括为："文本就是将具有确定意义的封闭实体转为一个永远不能被固定到单一的中心、本质或意义上的无限的能指游戏。"该文还认为，巴特"指出传统的作品是意指的结果（意指的作用），而文本则是意指活动"。② 这里，巴特与伽达默尔的区别已经很明显。读者不再与固定的作品进行"对话"，而是在无限的能指空间中自由地活动。文本是触摸不到的、没有实体的。在文本的世界当中，作品完全失去其意义，作者也丧失对其作品的所有控制力。

当然，巴特并不完全否定作品的存在本身，因为他明确指出，作品和文本是两个不同的东西，两者之间的关系不是替代性的。他只是认为，一个固定的作品总是面对着被文本的波浪吞没的可能。这个文本／作品之分，在巴特的《S/Z》等后期著作中还发展到了"可读性文本"和"可写性文本"之分。③

很可惜的是，巴特所提出的"文本"概念实际上从未充分地实现过其理论上的可能性。最近几十年，文本这个概念在很多不同的学术研究领域中被广泛地使用，它的使用频率实在太高了。因此，在巴特的理论当中的非常明显的文本与作品之分，在后来的语用论的意义上越来越模糊。其实，目前的语用学脉络当中，文本和作品之间的距离并不遥远，甚至它们之间有时构成互相替代性的关系。李里正确地指出了这一点：

> 然而可惜的是，巴特的文本观自身存在着一定的局限性，文本

---

① ［法］罗兰·巴特：《从作品到文本》，杨扬译，《文艺理论研究》1988年第5期，第86—89页。
② 张祎星：《罗兰·巴特的文本理论》，《浙江师范大学学报（社会科学版）》2006年第1期，第26—27页。
③ ［法］罗兰·巴特：《S/Z》，屠友祥译，上海人民出版社，2000年。

这个概念并没有在巴特的意义上被使用，对文本的大规模消耗使文本重新返回了作品的意义。①

一般来说，我们进行"文本分析"时，这里的"文本"很少意味着巴特所说的严格意义上的无限的"意指活动"。"分析"便是"分"和"析"某一对象的行为，但我们怎么"分/析"一个"无限的"、没有固定实体的东西？毫无疑问，巴特的文本概念有重大的理论性意义。例如，它使得我们意识到作品概念的狭窄性；它提出一个理想的文学空间的可能性；它将文学研究的范围扩展到整个文化领域（电影、漫画、广告、时装、汽车、食品……）；等等。但在目前的语用学视角下，它已失去了作为激进的先锋理论概念的冲击力，它越来越接近作品，同时作品也越来越接近它。不过，自从文本概念被提出并广泛地使用之后，艺术家及其产物的至高无上的地位已经受到严重的打击，文本这一概念不再隐含着神圣的光环，读者或研究者获得了前所未有的自由。

### 2. 文本和超文本概念的局限性

如果说文本概念是在一般文学理论领域中对作品概念的局限的突破，那么（电子）超文本概念则是网络文学领域中的类似的或者进一步的尝试。上面已指出，这个概念在理论方面的贡献是巨大的。一般来说，超文本是由"节点—链接"的"网络"构成的，所以超文本本身已包含个别作品/文字片段（巴特）/组块文本（兰道）之间的链接，即关系。因此，它远远比作品概念更加开放。理论上，超文本可以拥有无限的链接，而这种链接有时是通往内部的，有时是通往外部的。一个"链接"的目的地可能是一个超文本内部的某一个位置，但也可能是另一个超文本。

超文本的另一个特征就是它的"流动性"。与以纸本形式存在的传统文学不一样，电子超文本以一种电子信息（比特）的形式存在，随时可以被改变。其实，我们在电子屏幕上所看到的信息都是通过每一秒几十、几百次（有些高级显示器的刷新率高达240Hz，也就是说屏幕上的信息

---

① 李里：《论罗兰·巴特在〈从作品到文本〉中的文本观》，《广州大学学报（社会科学版）》2010年第3期，第94页。

是一秒钟被更新240次）的更新来传达的。从技术上说，超文本是"永远不能被固定到单一的中心、本质或意义上的"：它可以不断地、无限地被修改、扩展、补充、删除。

在这种意义上，超文本与巴特所说的文本概念几乎完全一致。由此可见，超文本文学是不能以作品概念去完全把握或理解的。因为超文本总是在"活动"，并没有固定的实体，所以重要的不是作者或作品的固定的"意图"，而是读者或接受者的具体实践。每一次阅读都会产生独特的、不同的效果。至于文本和超文本概念之间存在的显著的类似性，很多超文本理论家都曾经强调过。兰道认为：

> 罗兰·巴特描述了一种理想的文本，它完全符合后来被称为计算机超文本的文本——这种文本由复数的单词（或图像）块组成，它们是被多条路径、链或踪迹以电子的形式链接的，而链接（link）、节点（node）、网络（network）和路径（path）等一些术语描述了这一开放式的、人们的感知中永无终结的文本性（textuality）。①

另外，博尔特认为，电子超文本与巴特所说的文本概念的关系非常密切。前者可以被看作后者的可触摸到的、可看到的版本：

> 印刷物中反常的东西在电子媒体上变得很正常，很快它就不再需要多提了，因为人们可以看到它。②

博尔特和兰道的意思是说，超文本，特别是电子超文本，就是巴特等后期结构主义者（post-structuralist）只能抽象地提出的文本概念的实例。他们的观点有扎实的根据，因为严格意义上的文本概念与电子超文本之间的相似性是非常显而易见的。在"网络"里，一个作品不能以一

---

① George Landow, *Hypertext 3.0: Critical Theory and New Media in An Era of Globalization*, Baltimore: The Johns Hopkins University Press, 2006, p.2.
② David J. Bolter, *Writing Space: The Computer in the History of Literacy*, Earlbaum, 1990, p.143.

个固定的、完整的形式存在，它通过电子技术所提供的复制、链接功能而融入无限的运动当中。它与其说是拥有一个固定的所指，不如说是拥有能指的无限的重新配置。如果文本概念还能够保持巴特的严格的理论要求的话，文本概念和超文本概念实际上就很难加以区分。

可惜的是，正像文本概念逐渐失去了其严格理论意义那样，在实际的具体研究当中，超文本概念也往往不能在严格的理论意义上被使用。因为真正的"无限"的超文本实际上是没有任何意义的：它能，也应该包罗万象，但这就等于说它是无法处理的。太大的概念是没有意义的，因为它起不到任何分析性效果。① 因此，在网络文学研究的语用学层面上，"超文本"一般指的是相对封闭的、个别的超文本系统。我们在这里可以提出"超文本作品"概念，但这有点讽刺，因为从严格的意义上讲，"超文本"和"作品"这两个概念很难放在一起。到目前为止，很多研究者都忽略了"超文本（文学）作品"这一古怪概念的内部矛盾。例如，作为超文本理论的教科书级的研究，兰道的《超文本3.0》也在对《下-午》等超文本进行分析时有意无意地将它看成"作品"。他写道：

> 虽然我们在讲故事或编故事方面的帮助并不是完全或特别偶然性的，因为乔伊斯提供了许多可以抓住我们思考的钩子（hook），但我们确实成为读者－作者，帮助讲述我们在读的那个故事。②

虽然读者对作品的影响或操作确实比前超文本时代变得更强，不过还是作家的意图在这里起决定性作用。正如上面的引文中所说的，通过精心准备的"钩子"，艺术家—作家乔伊斯限制了我们的思考与选择。这里也没有绝对的自由。博尔特在讨论斯图尔特·莫尔斯罗普（Stuart Maulthrop）的《胜利花园》（*Victory Garden*）时直接将它看成"作品"，

---

① Terry Eagleton, "Base and Superstructure Revisited," *New Literary History*, Vol.31, No.2, Spring 2000, p.240.

② George Landow, *Hypertext 3.0: Critical Theory and New Media in An Era of Globalization*, Baltimore: The Johns Hopkins University Press, 2006, p.232.

并对其作者所采取的复杂技巧以及这些技巧对读者的影响进行了精彩的分析。① 在这里我们目击的是一个非常反讽的情况：文本和超文本概念原本要否定掉的"作者及其意图"，在"超文本作品"当中得以重新恢复。一个超文本作品采取的技巧是按照作者的意图来安排的。这样的超文本当中，读者的自由当然远远比以前的传统艺术作品扩大了，但还是仅仅局限于"作者"所精致地设计并给读者提供的超文本空间之内。读者拥有的"选择"也只不过是作者已经安排好的。一个超文本具有的实验性或文学性越高，它的"作品性"也越高。实验性较高的超文本作者对其作品采取的细心的操纵，绝不逊色于传统文学的作者们。"作者的意图"还是非常重要，即使这个意图是给读者更多的权力。换言之，西方的先驱性超文本实验是对原有的作品概念以及它所隐含的艺术观念的有效反抗，但恰恰因此，它本身很反讽地变成另一种艺术、另一种"作品"。"超文本作品"是其作者依靠他自己的天才和独特的艺术见解而创造的艺术作品。

这主要是就西方的超文本概念及其实践而言的。中国的情况稍有不同，因为中国网络文学的"作品"的超文本性并不强。不过，中国的网络文学研究受到西方超文本理论的强烈影响，它的研究视野大体上都集中于网络文学"作品"，特别是网络长篇小说作品。也许这是理所当然的，因为长篇小说在中国的网络文学环境中占据垄断性地位。

问题在于，在研究长篇小说时，我们很难避免"作品"概念带来的种种局限。在文学研究的学术脉络当中，"小说"和"作品"之间存在着非常密切的关系，实际上在大部分情况下可以互相替代。比如说，"安妮宝贝的小说"和"安妮宝贝的作品"的所指实际上是一致的。当然，在其内涵和说话者的态度等方面可能存在不同点，不过为了凸显这一不同点，说话者需要付出不寻常的努力。问题更加严重的是，"作品"概念不仅在研究一般意义上的文学时具有局限性，而且在分析中国网络文学这一特殊的文学活动时，这一局限性变得更加突出。中国的网络文学，起

---

① David J. Bolter, *Writing Space: The Computer in the History of Literacy*, Earlbaum, 1990, pp.182–185.

码在其技术性意义上，是一种超文本，因为它一般以 HTML（Hyper Text Mark-up Language，超文本标记语言）的形式存在于 WWW（World Wide Web，环球信息网）上。那么，作为超文本的中国网络文学，也具有一些巴特所说的文本性：中国网络文学不是固定的，而是一直在变化着的文本。一个看似比较整全的、固定的超文本系统（网络）也总是处于一种随时被改变、被加以扩展的情况。例如，人们随时可以在已完结的小说"作品"上添加更多的链接：小说的阅读者可以在小说的下面发表点评，或者在自己的博客上建立通往那部小说的链接。他们的阅读行为本身也会引起该小说的点击率的增加，而点击率是关于一部网络小说的非常重要的信息之一。总的来说，只要一部小说在网上存在，它绝不能被固定，所以它也不是巴特所说的"作品"。

但是，很多研究者还将网络文学看作一种"书"，即已完结的、固定的、有可分析的实体的"作品"。比如，已被出版为纸本书的，因此变成一个巴特所说的"作品"的网络文学，并不是严格意义上的"网络文学"，但很多研究者在探讨具体文本时却往往以这些纸本书为标准。这一现象明显地表现在各种有关研究的注释和参考文献当中：学术研究提及一部已出版的网络小说时一般很少直接标示它的网址，大部分都是标示纸本书的信息。[①]这一倾向暗示着作品概念对文学研究的强大的影响力。

这样的研究所能够得出的结论大体上是大同小异的：它们一般对中国网络文学"作品"的质量表示不满。这是理所当然的，因为作为文学"作品"，目前大部分网络文学，特别是网络长篇小说都达不到一个令人满意的水平。它们不仅不是巴特意义上的"作品"，也不是传统意义上的"作品"，因为它们的"作品性"太低。这是由于"作品"概念在其基本

---

① 其实，我自己也不例外。我在提及一些已出版的网络小说时，在注释上都标示了纸本书的信息。这是令人尴尬的技术性问题，因为一部网络小说被出版以后，由于著作权以及经济上的原因，该小说一般不能在网上继续自由地阅读：有时被删除，有时转换为收费阅读。所以，直接标示网址并不保证拥有通往该小说的正确途径。但无论如何，纸本书和网络小说是不一样的。我们需要一个可以正确地表示随时变化着的网上信息的标准。（超）链接和网址并不是永恒的，网址也寿命有限，因为它总是在变化。到了 2021 年，引用网络资料的方式基本上有了一个新的标准，不过再过十年后的情况会怎样？谁也说不准。

定义上要求有才华的作家发挥艺术力量。依靠此概念，我们从中国网络文学的现实里能够得出的结论必然是非常狭窄的、局限的。如果说"作品"是一个孤独的艺术家凭借他自己的艺术灵感生产出来的、具有独特审美价值的艺术品，那么中国的网络小说当中有几部能够满足这一要求呢？它们一般不像西方超文本文学那样追求对其媒体本身或超文本性的自我反省，也不像传统文学作品那样追求审美艺术价值的文字实验。

另外，很多中国网络小说成功地被出版并销售得非常红火这一事实，也不无反讽地使我们意识到一个重要的结论：中国网络小说的内部几乎不存在所谓的超文本性。如果那里存在较强的超文本性，在出版的过程当中，其超文本性（起码是电子超文本性）也不得不被去除掉，而这部小说会变得不再那么受欢迎，因为它已失去了它曾经拥有过的"较强的超文本性"。如果超文本性是网络小说的核心要素，那么出版行为是对它的严重破坏。但实际上，已出版的"作品"和网上存在的其"原本"之间的区别，起码对一般读者来说不具有很大意义。在某种意义上，这是不争的事实：大部分的网络小说的内部，即作为一部比较完整的系统的网络小说，我们很难发现显著的超文本性。那里没有链接，没有节点，没有网络。因此它可以很容易地转换为纸本书，而这一"再媒介"（remediation）过程对这一小说本身所引起的损失微乎其微。① 从"作品"或小说内部的角度看，《第一次的亲密接触》和《鬼吹灯》这些"作品"中不存在任何节点或链接，它们不是超文本。恰恰相反，乔伊斯的《下-午》根本不能印刷在纸本上，即使勉强把它制成纸本书，这本书同超文本作品《下-午》也是完全不一样的。相对于实验性较强的超文本来说，中国的经典网络文学"作品"只不过是将传统的"线性"（linear）故事情节切成一定数量的"帖子"，并将它们上传到网络上。从艺术和审美的要求看，它们达不到一定的标准；从"超文本"的角度看，它们又不具有对媒体本身或超文本性的深刻探究和实验精神。

简言之，在研究中国网络文学时，无论"作品"概念，还是"文本"

---

① David J. Bolter & Richard Grusin, *Remediation: Understanding New Media*, MIT Press, 2000.

或"超文本"概念，都有其局限性。当然，在中国的网络文学实践当中也不乏一些达到艺术作品的水平的优秀作品，而"（超）文本"概念也不是完全没有意义的。我只想指出，如果我们将研究视野只局限于网络长篇小说"作品"、个别的超文本"作品"，有可能错过很多有意义的网络文学现象，甚至会得出错误的结论。

### 3. 从"作品"到"网络"

那可怎么办？我认为，我们不妨从另一个角度看这个问题。刚才我说过，在中国网络小说的内部，我们很难发现所谓的"超文本性"。这是一个不争的事实，但如果我们考虑一下这些网络小说在网上的存在模式及其实际接受过程，事情就大不一样了。我们一般用电脑或手机等网络机器去阅读这些网络小说。而在这些机器的屏幕上，已不存在将小说的"内部"和"外部"区分开的物质界限，因为我们看到的只是一种颜色上的区分而已，我们用鼠标或手指触摸可以很轻松地跨越这些界限。这么一来，我们会很快发现这些看起来很孤立的、个别的小说文本其实包含着很多"（超）链接"。

这一点很重要，我们更仔细地谈一下。举个例子（这是 2010 年的情况，与现在有一点出入，不过其结构是基本上相同的）：我打开浏览器，到"起点中文网"去，进行登陆。我想看一些最近比较受欢迎的小说，所以我点击首页上面的"排行榜"栏目，然后随手选了一篇叫作《九鼎记》的小说，开始阅读。读完正文第一章后，我在正文的下面发现有几个"超链接"，例如"上一章""下一章""回目录"等。这些链接点相当于纸本书的目录，但比它方便得多，于是我们的阅读途径立即获得了"非线性"和"超文本性"。

不仅如此，这个网页里还存在更多链接点。我可以点击"下一章"，继续进行"线性"阅读，也可以点击"本书作家隆重推荐"，通往《星峰传说》《寸芒》《星辰变》《盘龙》等其他小说的链接。屏幕右侧有"最新评论"栏目，在这里我可以阅读其他读者的自发性评论。我也可以自己去发表评论，与"书友"及时交流。我还可以点击"回首页"，然后会发现还有很多小说体裁等待我点击阅读：玄幻·奇幻、武侠·仙侠、都市·言情、历史·军事、游戏·竞技、科幻·灵异、美文·同人、全本·剧本……文学网站的"超链接"简直无处不在、无孔不入。

这意味着，网络文学的网络特征，即"网络性"和超文本性是只有我们考虑整个网络的结构时才能够看到的。网络文学的超文本性或网络特征主要不在于个别小说作品或超文本之内。从内部出发，我们很难看到网络文学的真相。例如，蔡智恒的《第一次的亲密接触》本身不具有很强的超文本性，但它在网上存在时所经历的一系列过程当中是有的，而只有在这个过程当中，它才是一部名副其实的网络文学。

简言之，中国网络文学研究的主要对象不应该是个别作品（或文本，或超文本），而应该是整个网络本身。我这里所说的"整个网络"指的并不是世界上的所有互联网或万维网，而是一些比较有规模的，但还是具有一定界限的具体文学网站。文学网站就是网络使用者的实际写作、发布、享受等各种各样的文学活动发生的具体空间，我认为这些文学活动就是网络文学。

安德森在《想象的共同体——民族主义的起源与散布》中强调报纸对人类世界观和时间观起到的重大影响。简言之，安德森认为报纸将在不同的空间里发生的、原本互相无关的事情都纳入同一个平面（即报纸纸面），使个别的事情进入一个均质的时空中。正因为如此，个别事件曾经具有的"超越性"或"神圣性"被消除。①

依我看，我们在网络文学网站里所遇见的情况与安德森的分析之间有一些共同点。一个网站里存在着数不胜数的个别文本或超文本。网站就是由这些节点和它们之间的超链接构成的网状结构。面对这个庞大的结构，使用者看到的便是另一个"均质"的空间，而在这个空间里，众多个别（超）文本已经被安排得分门别类，每个文本看似都乖乖地属于某个栏目。一篇特定的网络文学作品不再是孤独的、唯一的存在，它

---

① ［美］本尼迪克特·安德森：《想象的共同体——民族主义的起源与散布》，吴叡人译，上海人民出版社，2005年。

只不过是每天每时每刻持续被生产出来的众多文本之一。网站提供给这些"作品"一个统一的、共同的文学空间。因此，文学"作品"的"超越性"或"神圣性"受到严重的打击。当然传统文学期刊也会引起类似的效果，但目前大型文学网站的文学生产和传播功能在其规模和数量上远远超过了传统文学机制能够做到的地步，而这一变化并不仅仅是"量变"，而是"质变"。

在这样的一个文学环境里，网络文学使用者想读的未必是一部特定的作品。作品的分类和体裁往往比其具体内容更加重要。这与我们看报纸的态度很相似：每天看报纸的人关注的与其说是具体的个别事件，不如说是报纸的新闻报道行为本身。例如，我们选择政治、经济、社会等各种栏目，然后才阅读个别报道。所以我们可以说，报纸的结构优先于个别文本。在这个意义上，在文学网站里，网站的结构或网络本身优先于个别作品。

如果我们将网络（文学网站）看作一个数据库（database），那么我们就可以用列夫·马诺维奇（Lev Manovich）的术语来重新解释上面的内容：他强调传统媒体的"叙事"（narrative）与新媒体（new media）的"数据库"之区分，认为叙事与数据库是两种不同的"象征形式"。[①]在传统媒体当中，线性的叙事占据主导位置，但在新媒体中，数据库的力量越来越强。两者之间的不同点在于，在一个数据库里，组合段（paradigm）与系统（syntagm）这两种最基本的思维方式，前者变成实体的、明显的（in praessentia），而后者作为在叙事中占据绝对垄断地位的系统，则变成隐含的、暂时的（in absintia）。更具体地说，在文学网站里，每一个人的阅读行为形成一个独特的，但并不唯一的个别系统，即叙事。因为它不是阅读行为之前以固定的形式存在的，而只有在阅读的过程当中才得以形成，所以这里（数据库里）的系统只不过是一次性的、暂时的、隐含的、潜在的。反之，网站，即以众多的组成片段（lexia）

---

[①] Lev Manovich, *Database as A Symbolic Form*, Cambridge: MIT Press, 1998. http://transcriptions.english.ucsb.edu/archive/courses/warner/english197/Schedule_files/Manovich/Database_as_symbolic_form.htm.

及其目录的链接结构构成的巨大的数据库本身，变成一个显在的实体。比如说，在文学网站里，一部小说不是以一贯的、线性的从头到尾的叙事而存在，而是从根本上以由该小说的无数碎片和通往（或不通往）这些碎片的链接构成的结构而存在。因此，这些碎片的结构，即网站，优先于个别的阅读行为。在文学网站里，我们总是面对一个优先于我们的阅读行为存在的小说目录，或者是众多小说的组合段，即数据库。当然，个人的阅读行为也未必是纯粹的叙事。因为在数据库里，每次阅读行为虽然不得不形成一个线性的系统，但这个系统未必是遵照叙事的逻辑的。我们也完全可以并不"系统"地在数据库里进行自由的、恣意的"游戏"。这一游戏可能是（索绪尔所说的）隐喻性的，也可能是换喻性的，甚至也可以是没有任何秩序的。①

另一个值得一提的问题是，在网站里的阅读行为赋予我们一种空间感。大部分的网站提供一个"网站地图"（site map）功能，这使得读者很容易意识到他在该网站内的"位置"。在阅读一个个别的片段时，读者知道自己正在阅读的并不是唯一的，因为这只不过是众多片段之一，它的上下左右还有很多他未去探险过的新链接。数据库所提供的实际的组合段，使得网站变成一个文学空间，而网络文学的使用者在该空间当中可以自由地、恣意地进行他自己的游戏。因此，在这个意义上，一个网站里被上传的所有文本，无论是原创网络文学，还是传统古典文学，都变成这个数据库的一部分，进而被赋予一种"网络性"。同一部文学"作品"可以以很多不同的形式存在：它可以以纸本书的形式存在，也可以以比特信息的形式在网站中存在。虽然在这些形式的转换过程当中，该"作品"的内部也许不会发生重大变化，但它在对使用者的意义或者实际享受方式上会发生根本性变化。

换言之，一旦我们将着眼点从个别作品、（超）文本转换到整个网络

---

① 应该注意的是，中国的网络长篇小说不仅具有作为"数据库"的特征，还具有较强的"叙事性"。特别是因为中国网络小说的接受途径不局限于官方网站，还包括手机、纸本书等，而这些不同的阅读方式会引起"数据库"与"叙事"之间关系的决定性变化。比如说，你可以下载一部正在连载着的小说，这时它的网络性几乎消失。用手机的阅读经验也与用电脑的阅读经验不同，因为由于屏幕大小和界面的局限等原因，手机上的阅读一般是单向的、比较被动的。

或网站，就会发现一种发生在庞大文学空间中的网络性。它不是局限于作品内部的狭窄的超文本性或后现代性，而是在更大意义上的独特的网络文学现象。这个着眼点的转变便是本书最核心的主张之一。中国网络文学"是"网络，或者更具体地说，"是"文学网站。它是一个流动的文学空间，发生在该空间的所有活动都是网络文学。我希望，通过上面的分析，我在第二章提出的网络文学的定义会变得更加清楚。

但我们要注意，以网络为中心的网络文学研究，并不排斥传统的"作品"研究或超文本理论。它们之间的关系并不是矛盾的，而是可以和谐共存的。作为一个网络或数据库，文学网站里的所有文本都拥有一定的"网络性"，但个人的具体享受行为并不等于马诺维奇所说的数据库的使用行为。他们完全可以在这一空间里进行线性的、叙事性的阅读，进而形成他们自己的"作品"。实际上，网络文学的使用者一般不嫌弃"作品"概念，他们往往有意追求它。因为我对网络文学的定义指的是发生在文学网站里的所有活动，以"作品"为主的传统意义上的文学活动当然也可以包括在网络文学的范围之内。对作品的分析及欣赏，或者对超文本理论的探索及实践，都可能在文学网站这一新空间里发生。这里发生的不是文学的放弃，而是它的扩展。

我还要指出，以网络为中心的研究会开辟一种新的可能性：通过它，我们可以积极地探讨那些很难以作品或（超）文本概念来分析的中国网络文学现象及其意义。但我们要注意，这个"意义"本身不是积极的，也不是消极的。我所使用的"网络"或"网络性"概念与其说是一个价值判断的工具，不如说是一个客观分析的工具。当然，我已指出绝对的客观是不可能的，我只想强调"网络性"本身并不保证一个积极的、肯定的意义，它只是网络文学的一个很重要的特征之一。一部网络性较强的文本，未必比网络性很弱的文本更好，反之亦然。

另外，"网络性"不是网络"文学"独有的、固有的特征，也不是判别一个文本是否是网络文学的唯一标准。如果我们将它看作网络文学的排他性的、唯一的核心特征，我们就很容易掉进一种技术决定论的陷阱。"网络"与"文学"之间的关系毕竟不是本质性的。网络、互联网以及其他信息技术给人类文化带来了很大变化，但它们对文化的影响不是单向的，也不是决定性的。网络或网络性并不是制约文学活动的决定性因素，恰恰相反，它只给文学提供一个更加广阔的空间而已。网络不仅不排斥作品，还给予它一个前所未有的活动空间和可能性。

毫无疑问，网络性是中国网络文学一个很重要的特征，但它绝不是评价或判别网络文学的唯一标准。有人会认为，一般文学中根本找不到网络性，或者缺乏网络性的文学就不是"真正的"网络文学，但依我看，这些主张非常危险。因为我们都知道，在一个特定的艺术/文化形式当中非得发现一个固有的、必需的、唯一的、纯粹的特征的态度，很容易堕落成排他性的、自以为是的，甚至极权主义的态度。丹托指出：

> 这就意味着从每种艺术中消除了"可能令人信服地从其他任何艺术的媒介借用来、或有任何其他艺术的媒介所借用的全部效果"……现代主义的历史就是大清洗的历史，或就是种类清洗（generic cleansing）的历史，即去掉艺术中任何与艺术没有本质关系的东西。要想不听到这种纯粹性与大清洗的含义的政治回音是困难的，无论格林伯格的政治学实际上是什么。……如果承认现代主义在艺术中的政治类似性是极权主义，它特有种族纯粹性观念，而且还有清除掉任何可看见的污染物的计划，这是一点都不奇怪的，仅仅令人吃惊而已。①

有人会觉得，在这些"本质主义"的热潮似乎已经过时的"后现代"时代里，我的担忧只是杞人忧天。但令我惊讶的是，在21世纪生产的很多有关网络文学的研究当中，我常常发现同样的本质主义态度：将网络文学与非-网络文学极端地对立起来，或者将超文本性看作电子信息技术的排他性特征，进而主张电子超文本与"传统文学"之间存在"根本"

---

① ［美］阿瑟·C. 丹托：《艺术的终结之后：当代艺术与历史的界限》，王春辰译，江苏人民出版社，2007年，第76页。

性区别。面对网络文学这一陌生的文学现象,人们对网络文学表示的本质主义的态度——不论是对网络文学的本质性排斥,还是对传统文学的本质性排斥——并不是罕见的。这简直是向丹托所说的"宣言的时代"的回归。我们必须摆脱这种单纯的本质主义。网络和网络性确实是很重要的理论工具,但以网络为中心的网络文学研究绝不排斥其他研究角度。

当然,网络性不是网络"文学"独有的特征,它在任何以网络技术为背景的社会活动当中都能够存在。我们可以将网络文学的网络性看作在整个人类文化史、文明史的宏大脉络上正在发生的一次宏大变化中的一个分支,但这个主题太大了,显然不是本书所能够解决的,而且也不是文学研究的主要任务。[①] 我要谈的不是简单的电子信息技术,而是在这一特定技术使其成为可能的新空间中发生的"文学"活动。

## (二)"网络"研究的优势

### 1. 突破作品、文本、超文本等概念的局限性

我现在概括一下以网络为中心的研究的优势。

上面我已指出,以网络为中心的研究使得我们能够突破作品、文本、超文本等概念的局限。以这些概念为主要理论背景的研究,其实已精疲力竭,它所能够导出的结论几乎都被彻底地探讨过了:要么批评网络文学的"堕落",要么强调"健康发展",以及对理论支持或制度完善的需求,这些研究都无法从狭窄的文学观念的束缚中摆脱出来。观念和概念绝不是答案,而是问题,所以观念决定可能的结论之范围。这样的研究认为网络文学应该产生优秀的文学"作品",进而提高其文学价值。当然,发掘优秀作品是重要的,培养有才华的作家也是重要的。但"作品性"的过度强调会使得我们忽略网络文学与非-网络文学之间的不同点。在网络文学中,"网络"或"网站"优先于"作品",因为它使"作品"在网络中的存在成为可能。它给网络文学活动提供一个空间,而这一空间并不是空洞的,因为这个空间本身是一种数据库、一个有意义的形式。

---

① Pierre Lévy, *Collective Intelligence: Mankind's Emerging World in Cyberspace,* trans. Robert Bononno, New York: Plenum Press, 1998.

"（超）文本"概念其实在严密的理论意义上已经包含与我所说的"网络性"相似的意义，但现实中它只不过是"作品"这一词语的替身。网络则不一样。它本身与"作品"之间几乎不存在任何本质性关系。它优先于作品、文本、超文本。为了准确地理解这一文学空间的动力学，我们首先必须暂时放下这些对我们来说已经非常熟悉的理论工具。这当然不意味着我们必须彻底放弃这些工具，因为网络并不排斥它们。比如，超文本概念对我们理解整个网络或网站的结构以及它的具体运作机制有很大帮助，因为网站本身其实是一种被扩大的超文本。但网站并不是超文本"作品"，因为它不是几个艺术家或"设计者"有意创造的艺术产品，而是相对自发的、流动的、开放的、没有中心的、由众多成员的积极参与构成的文学空间。

### 2. 把握网络文学"民间性"的意义

很多研究者指出，网络文学具有民间性。他们都给予读者的积极参与等一些民主因素肯定性的评价，认为在网络文学中已不存在作者与读者之分。但我认为，如果我们不放下"作品"概念，就很难把握网络文学中的民间性的真正含义。因为作品概念本身排斥读者的积极参与，而"超文本作品"其实也相差不远。它虽然使读者的一定参与成为可能，但这种参与毕竟只能在"作者"已安排好的范围内发生。"作品"概念总是将接受者的行为看作是次要的、被动的，作品是优先的，因此，读者的任何行为都只是对作品的"反应"而已。但网络概念不一样。从整个网络的角度看，作品不具有任何优先权。起码在理论上，网站里的所有文字片段（lexia）都是平等的，因为网络是没有中心的。每个超链接的长度都是一样的，所以在这里，距离感失去了意义。也就是说，不论一个节点是一部伟大的艺术作品的片段，还是没有实际意义的恶搞帖子，它们都是网络的一部分，也都是以网络为中心的网络文学研究的合法研究对象。网络不仅可以包括作品在内，也可以包括其他有关作品的，甚至与作品无关的活动。在网站中发生的一些文学活动，已离作品概念很远。在文学网站中，读者不仅阅读"作品"，他还形成他自己所喜爱的作品的目录（书架），即数据库。他对一个或一些作品，甚至对整个网络文学现象发表意见，推荐优秀作品，反驳他人的评论，讲闲话，"坐沙发"（抢第一回帖的竞争行为）……这些活动不再是以"作品"为中心的叙事性活动，而是马诺维奇所说的"数据库"活动。在文学网络里，读者并不是神圣的"作品"的被动接受者。他们"生活"在这个空间里，他们的活动本身就构成"网络"。

  依我看，在网络时代里，读者与作者的区分还没有完全消失，只是两者之间的权力关系发生了根本变化。读者的评论、推荐、收藏等行为实时地反映在系统里，并对大众公开。在中国的网络文学现实中，这些附加的信息构成一部"作品"很重要的组成部分。当然，作者在不在乎这些读者反应，是由作者自己决定的。他可以完全忽视点击率以及评论、推荐等外部因素，坚持作者"只能通过作品发言"的传统文学观念。但即使作者的创作活动并没受到任何读者反应的影响，他所写出来的每个节点也都只能作为网络的一部分而存在，在他对自己的文章所施加的一些技术性操作面前，他不具有任何控制力：当有人对他的"作品"发表意见时，这些意见就会变成这部"作品"的一部分。简言之，以作品为主的研究当中，读者的活动总是在作品的"外部"，但以网络为主的研究当中，读者的活动已包含在网络文学的定义当中，作者的写作和读者活动之间没有本质的区别。这就是网络文学的民间性。我们甚至可以说，网络文学就是民间在网络中的文学活动的总体。

  以网络为主的研究还能够解决网络文学的所谓"开放性"的难题，即网络文学的开放性越大，它作为一部"作品"的完整性就越低，开放性和文学性之间似乎构成矛盾关系。但是，在"网络"当中，一部以完整的作者意图为基础的"作品"也能够获得"开放性"，因为网络性会使得这个似乎固定的、已死的作品重新获得流动性。在网络中，"作品"变成一系列的节点，而节点总是可以被操作的。节点只是更大的超文本的一部分，而读者可以利用作者提供的节点形成他自己的超文本。这么一来，开放性与作品性不再是互相矛盾的了。

  这里要再一次强调，网络文学的"民间性"不是网络文学与生俱来的积极价值，网络只是提供民间性能够被发挥出来的空间背景，它并不保证民间性的实现。民间性本身也不是绝对的"善"。当然，大众在公开的场所能够发表自己的意见，这一事实本身已是民主意义上的很大发展，但这一发展还远远达不到莱维所描写的乌托邦。①参与网络文学的庞大人群可以发展为民主的、具有创新力量的"无名"（multitude），但也可以成为被大型文化企业的经商之术操纵的"大众"，甚至也可以变成不可控制的、没有任何秩序的盲目的"乌合之众"。②这是一个不容乐观的问题，在急变的全球文化背景下，"民间性"的具体实现方向是难以断定的。不过，我相信在这里我的首要任务不是对这一变化给予断然的价值判断，而是保持冷静谨慎的态度，对急变的现实进行尽量客观的分析。而"网络"概念可以提供一个很有效的分析工具。

### 3. 理解作为"过程"的网络文学

网络文学不是固定的实体，而是不断的变化，是一种运动。而作品概念不能解释网络文学的运动性，封闭的超文本（作品）概念同样无法抓住中国网络文学的实际运动过程，因为超文本作品中的"运动"是由作者的意图限制的。我认为，网络文学是在文学网站里发生的运动及其整个过程。作品及超文本等概念虽然不是完全没有意义的，但它将我们的注意力不必要地集中在个别的节点或一系列的节点上，由此阻碍了我们看到整个网络本身的运行机制。

这一点，在理解中国网络文学的特征时特别重要。中国网络文学实践的最主要形式是长篇连载小说。目前，在中国大型网站里受欢迎的小说的篇幅倾向于越来越大，连载期也随之越来越长。经过连续几年的时间，一些网络小说的总连载字数多达几百万，甚至超过几千万。③参与到这一漫长的连载过程中的感受，与买一本或几本纸本书来一下子通读的经验完全不同。况且，这一"参与"不仅指单纯的阅读行为，还包括对

---

① Pierre Lévy, *Collective Intelligence: Mankind's Emerging World in Cyberspace,* trans. Robert Bononno, New York: Plenum Press, 1998.

② Michael Hardt & Antonio Negri, *Multitude*, Penguin, 2005.

③ 比如，当时（2011年3月）字数最多的网络小说就是起点中文网上连载的《从零开始》，超过1000万字。2011年，有些作品字数已超过3000万。参见 https://www.bilibili.com/read/cv5282251/。

小说的评价与讨论、参与粉丝俱乐部活动、推荐竞争等一系列行为。与其他书友一起在书评区里等待小说更新时的情感因素，也是享受连载小说的重要乐趣之一。这一系列的过程只能通过比较漫长的时间才能够实现。要理解中国网络文学的实践，就应该理解这样的"实践性"和"时间性"。

当然，"实践性"和"时间性"并不是网络文学独有的特征，长期连载叙事文学的行为毕竟不是进入网络时代后才发生的。例如，新闻连载小说，起码在形式上，似乎与网络连载小说大同小异。但电子技术确实使一个根本变化成为可能：网络提供的超链接功能与纸质新闻里存在的连续性相比，在速度、方便程度等层面上完全不同。正如兰道所说的那样，接触到某一项信息所需要的时间、方式等一些质量因素是区分不同媒体的非常重要的因素。[1] 新闻连载小说的读者也可以聚在一起对该小说进行讨论，也可以将每一次小说文本从新闻纸面剪出来，编成他自己的剪贴簿。但这些读者反应毕竟是个人性的。它们对作品本身没有任何影响，读者的个人意见对作者或对整个受众群体来说几乎是毫无影响的。

网络则不一样。它与以前的任何媒体都不同，它第一次使实时的、公开的沟通成为可能。一个读者在"楼主"的帖子下面发表的"跟帖"，就是这个帖子的一部分，实时地对所有其他读者公开。这是新闻等前电子媒体无法做到的。网络深刻地改变了人们享受文学的方式。

在某种意义上，网络文学永远不会完结。虽然作者已写完一部"作品"，但读者会对它继续发表意见，提出新的评价，添加有关作品或作家的信息。这时，作品只不过是提供给读者可以从中活动的空间背景而已。围绕连载的过程发生的，甚至围绕已完结的小说发生的整个活动，即写作/阅读小说、发表点评或评论、猜测之后的故事发展、评价主角的性格、与书友聊天、等待更新……这些时间性活动的整体才是网络文学。

很显然，我们很难以已有的主要文学观念，诸如作品、文本、超文本等，来准确地把握这一运动的过程。当然，中国的网络文学实践中，

---

[1] George Landow, *Hypertext 3.0: Critical Theory and New Media in An Era of Globalization*, Baltimore: The Johns Hopkins University Press, 2006, pp.328–330.

作品还是占据相对主导的位置，因为大部分网络文学活动实际上是围绕作品发生的。但这并不意味着作品是网络文学的唯一中心，或作品比读者的活动更加重要。当然我们也不能说读者的点评比小说本身更加重要。我要指出的是，在网络环境中，它们之间的关系不再是以"主动／被动"的二分法可以理解的。网络中发生的所有文学活动都是网络文学的不可或缺的一部分。

另外，还有一个问题值得注意，我提出的网络概念虽然强调过程和运动，但这并不意味着网络当中不存在任何固定的实体。我在第二章已指出，很多网络长篇小说"作品"以线性的、完整的叙事结构为基础，并且很多网民的心理上也存在追求固定的、完结的实体的强烈倾向。网络具有一些崭新的特征，但它毕竟是在以前的人类文化传统的背景下才能够存在的。电子网络这一新技术，只是提供崭新的文学实践的可能性及其活动的空间。这里的实际文学活动未必达到了网络所具有的理论可能性的极致。因为网络文学可能是激进的，可能是民间性的，但也可能是反动的、保守的。

中国的网络文学仅有约三十年的较短的历史，目前对它进行全面的价值判断还是为时过早，因为它是一个"实践性"的存在。网络文学，在我们的面前，正在活泼地被创作、被享受。理解它的最佳方案，就是直接参与到其实际过程当中，亲自体验它的"网络性"。网络文学研究的焦点应该集中在网络文学的过程，而不是其结果，因为对其结果的研究不会让我们清楚地看到其过程与运动。阅读已出版的网络文学"作品"，即已被删除所有跟帖、点评、评论、作者自己的闲话的"结果"的感受，与直接参与连载的整个过程才能够获得的文学经验是完全不同的。读者对他们喜爱的作家的热烈支持，当然与他们对作品的认可与欣赏有关，但也与他们的这些参与"经验"有关。他们的日常生活与网络文学紧密地结合在一起。网络文学的感动不仅是文学作品所给予的感动，而且也是日常参与者所给予的感动。

# 第四章
# 网络文学的真相
## ——对网络文学实践的具体分析

在本章，我将运用第三章中探讨的原生理论和网络性这两个概念，对中国网络文学的现实进行具体分析。其中，第一部分以原生理论概念为主，第二、三部分以网络性为主。最后两个部分则分别以网络性的两个重要侧面——实践性和时间性为基本理论背景。

当然，原生理论和网络性并不是完全独立的两个概念，而是在现实和理论的统一这一点上一脉相承的。通过本章的具体分析，我希望能够揭示中国网络文学作为一种日常生活的真相。当然，中国网络文学这一研究对象显然太庞大了，我的分析绝不能是全面的、充分的。但作为使用两个新概念的一种实验，我还是希望下面的分析会达成有意义的结论。大家请注意，下面我介绍的情况是十多年前网络文学的初始状态，跟现在当然会有些出入。请将下面的内容与您自已所理解的网络现状做比较，进行一下批判性阅读。

## 一、网络文学的原生理论

### （一）"方言"：原生理论家的术语

为了理解网络文学对其使用者所拥有的实际意义，我们可以采取很多不同的方法。但既然网络文学也是一种"文学"，最方便且最有意义的方法之一便是去分析网络文学现场的常用词。借用麦克劳克林的原生理论概念来说，我们要分析网络文学使用者的"方言"。

当然，这项任务说起来容易做起来难，因为这些"方言"与我们所熟悉的"标准语"之间有相当大的距离。面对大型文学网站上以惊人的速度被更新的海量帖子的语言，只熟悉于比较传统的纸本书的读者会觉得困惑，因为这里的"方言"实在太陌生了，很难看得懂。一种"黑话"很快就占领了网络空间，网络上的语言已不再是一般人通过正常的体制教育和教科书能学会的。

很多学者对此现象表示忧虑，但是这种"方言化"现象越严重，对这一现象的冷静观察和分析的重要性也就越大。对网络语言的语言学、文化研究方面的研究成果已经相当可观，但我的主要兴趣不在汉语的"堕落"或对外语滥用现象的文化原因分析等方面。下面，我将分析一些最主要的网络"方言"术语，进而尝试证明它们并不是简单的原生"语言"，而是一种原生"理论"。另外，我们需要探索将这个原生理论"翻译"成学术理论的可能性。

值得注意的是，这个"翻译"过程并不是单向的。为了正确地理解其复杂的动力学，我还必须指出，一些学术理论和传统文学批评的术语已输入到原生理论当中了。我们可以将这一现象称为理论上的帝国主义或殖民主义。

在实际的中国网络文学活动当中，特别是在文学欣赏和批评领域当中，经常被使用的术语并不少：爽/闷、快餐文学、小白、YY、种马、大婶、文笔、结构、情节、人物、感动,等等。其实,分析这些术语的最大困难不在于术语数量的繁多,而在于这些术语意义随时的、不断的变化。对于网络上的语言,谁也下不了最终的、有绝对权威的定义。即使有了一个比较权威的定义,实际的语用学上的意义也总是无法被这一定义全部概括。这种方言的使用者,即原生理论家,为了说出他们想要说的内容,会很灵活地使用这些术语。比如说,在不同的脉络当中,"YY"一词会拥有完全不同的意义。[①] 2018 年,有一部网络亚文化词典《破壁书:网络文化关键词》问世,虽然有很大的参考意义,不过作为纸本出版物,其更新(update)是有限制的。

因此,我认为一个一个地追随每个术语的历史,并不能说完全没有价值,但总的来说,抓不到问题的关键。所以我将把讨论集中于这样一个主题上:对有关阅读的"快感"的几个术语的分析。依我看,这一主题不仅与爽、闷、快餐文学等我要直接分析的术语有紧密的关系,而且与几乎所有的网络文学活动都有关。小白、YY、种马等其他主要网络文学方言,也同"快感"具有密不可分的关系。对很多网民来说,网络文学的核心就在于阅读的"快感"。

另外,我会分析一些传统文学研究的学术理论术语在原生环境中的用法,进而试图理解原生理论的殖民化现象。最后,再简单地谈一下原生理论与学术理论、精英粉丝与一般粉丝之间的复杂权力结构。

**1. 爽、闷、快餐文学**

"爽"和"闷"不仅是网络上的常用词,而且在日常生活当中的使用频率也颇高。但在本书当中,我主要探讨的用法只是它们作为网络文学的批评术语的用法,即网络文学原生理论的核心概念的用法。首先,让我们分别分析一下这两个术语的词典上的意义,然后进一步分析它们在网络上的实际用法和意义。

(1)爽

"爽"的词典释义如下:

---

[①] 参见百度百科非常繁杂的介绍,http://baike.baidu.com/view/27746.htm。

《说文解字》云,"爽,明也"。

《现代汉语词典》的定义是:

1. 明朗;清亮
2. (性格)率直;痛快
3. 形 舒服;畅快①

百度百科的定义是:

1. 明朗;清亮:～目。
2. 轻松;利落:清～。凉～。～口。
3. 痛快;率(shuài)直:～朗。～快。～利。豪～。直～。
4. 差失;违背:～信。～约(失约)。毫厘不～。屡试不～。
5. 干脆;索性:～性。
6. 舒服:～心。～意。～适。身体不～。②

网络上,"爽"一般拥有非常积极的意义,它往往被当作对某一小说的最高表扬来使用。例如:

初读《恶障消长传》,感觉到的,就是个"爽"字。
一是狂热的支持,读完后大呼过瘾,说是爽呆了。③

此書必紅!實在是爽文啊。④

---

① 中国社会科学院语言研究所词典编辑室编:《现代汉语词典》(第7版),商务印书馆,2016年,第1224页。
② 参见 http://baike.baidu.com/view/5483.htm。
③ 方仲永:《爽后还有什么——读〈恶障消长传〉有感》,http://www.waok.net/xhmf/48911/1336204.asp,访问时间2011年3月31日。
④ 参见 http://forumbig5.qdmm.com/threaddetailnew.aspx?threadid=135577754,访问时间2011年3月31日。

《贤妻良母》by 鹦鹉晒月　看完真是爽。①

但是，我们还要注意，"爽"并不等于"好看"，"爽文"也并不等于"好文""好书"。例如：

> 最近心情超不好，所以来求爽文，一定要超级爽。从头爽到底，一点波折坎坷都么有就对了。纯YY文。爽的重点在力量、权利、金钱上，美女一般就可以了。当然全爽的也可以。②

再如：

> 就是看着不费脑子，不会骗你的眼泪，不会让你郁闷，想要钱就中大奖，想结婚对方哭着喊着，倒赔妆奁来。
> 总而言之就是想啥来啥。③

最后一个例子是对"什么是爽文"这一问题的回答。这里我们看得出来，"爽"不是单纯的"好看"，而是一种特殊的快感：它是"看着不费脑子"的，是你"心情超不好"时能够缓解你不好情绪的快感，是你的欲望的彻底满足。显然，"爽"的范围比一般的意义上的"好看"或"好书"要狭窄一点。

上面的第一个例子，即对《恶障消长传》的评论，值得进一步分析。这篇评论与大部分的点评式网络文学批评不一样，其篇幅较长，逻辑性也颇强：该文作者方仲永认为"爽"是表面性的、单纯的快感。虽然他没有否定这种快感的意义，但最终想强调的似乎不是"爽"本身，而是"爽后还有"的某种东西。

---

① 参见 http://www.paipaitxt.com/r5222886_u11861335/，访问时间 2011 年 3 月 31 日。
② 参见 http://zhidao.baidu.com/question/155743740.html，访问时间 2011 年 3 月 31 日。
③ 参见 http://zhidao.baidu.com/question/157972135.html，访问时间 2011 年 3 月 31 日。

初读时，只觉出了一个"爽"字，痛快地杀人，杀个血流成河，冷漠地行事，丝毫不讲道理，以令人惊讶的速度敛财，又同样以令人惊讶的速度消费……这一切，如果不去考虑其善恶，不去考虑倒在血泊中的伤者，从高楼跳下的破产者，那是绝对能令人无比爽快的。

然而，重读这部小说，我们又能看到许多曾被忽视的东西，比如说，那些配角的命运。开始，我们只会注意主角命运的走向，注视着主角的一言一行，那些不甚重要，尤其是某些匆匆而过的配角，却不会多作留意，但若稍微分出一点注意力，那定然会发现一个更为辽阔的世界。而这部小说中，许多一闪即逝的过客，都能让我感慨不已。①

我们很容易看得出来，作者认为"爽"是第一次阅读所带来的简单的印象，而《恶障消长传》里除了"爽"以外还有更加"能让我感慨不已"的东西。这是更仔细的、更认真的第二次阅读才能够带来的感受，它就是对人物或人生的一种洞察。

这里还有最后一个例子要探讨。下面的引文是一位网民发表的《起点爽文经典桥段》一文的一部分：

我们写的是网络快餐。

作为非常纯粹的消遣用品，网络快餐最忌讳的就是玩人性，玩哲学，玩悲剧。你要这么写了，扑街后就别怪读者不懂得欣赏——谁有病上网找不自在？要陶冶情操，还不如去看古典名著实在点。

一个字，爽！

要爽，很爽，非常爽！这是快餐的生命线，也是点击收藏推荐的保证。

你得理解读者的心理——现实中总有太多的顾忌和束缚，他们

---

① 方仲永：《爽后还有什么——读〈恶障消长传〉有感》，http://www.waok.net/xhmf/48911/1336204.asp，访问时间 2011 年 3 月 31 日。

迫切需要在小说构建的虚拟世界中得到发泄。

猪脚（主角的谐音——笔者注）在书里，必须说出读者平时想说却不敢说的话，做出读者想做又不敢做的事，获得读者根本无法企及的成就。

读者通过代入猪脚来获得快感，最后爽到高潮。那票子就哗哗滴流向作者的荷包，皆大欢喜。

个人对"爽"的总结：畅快感　成就感　优越感。①

这里，我们会发现有关"爽"的另一个重要术语，即"网络快餐（文学）"。作者"belldandy"将网络文学定义为"网络快餐"，然后把它同"玩人性，玩哲学，玩悲剧"的那种文学，即"古典名著"对立起来。"网络快餐"与"古典名著"不同，其最主要特征便是"爽"。他认为，"爽"的文章给予读者一种替代的满足，进而造成欲望充足的快感。它获得快感的具体途径有三个：畅快感、成就感、优越感。

这篇评论或"写作素材"与上面提及的方文有相似之处，但比它更加激进，因为"belldandy"坚决否定爽"后"还有更重要的东西这一观点。对他来说，唯有"爽"是网络文学的"生命线"，其他的都是次要的。他有意排斥"玩人性，玩哲学，玩悲剧"的另一种文学。这一点，对我的逻辑展开而言非常重要，我将在下一节里更仔细地进行分析。在这里，让我们先看一下"爽"的反义词——"闷"的定义及其用法。

（2）闷

"闷"在《现代汉语词典》的定义是：

1. 形 气压低或空气不流通而引起的不舒畅的感觉
2. 形 使不透气
3. 形 不吭声；不声张
4. 形 声音不响亮

---

① belldandy：《[写作素材]起点爽文经典桥段》，http://bbs.bsxs.org/forum.php?mod=viewthread&tid=6811，访问时间 2011 年 3 月 31 日。

5. 动 在屋里待着，不到外面去
6. 形 心情不舒畅；心烦①

百度百科上的定义大致如下：

1. 心烦，不舒畅：愁～。沉～。郁～。～懑（mēn）。～～不乐。
2. 密闭，不透气：～子车。②

至于它在网络上的用法，请看下面几个例子：

看的有点闷，不爽。③

最近的几章看起好闷的一点看的欲望都没有我都想下架本书了。④

作者乐此不疲的在感情上折磨主角，在情节上郁闷读者，但却完全忽视了竞技体育类小说最吸引人的东西——热血！⑤

第一个例子最为明显地揭示了"爽"与"闷"的关系。第二个则暗示"闷"这一情绪是与欲望结合在一起的。不论它是主角的欲望还是读者自己的欲望，"闷"指的都是一些欲望得不到满足或被推延时发生的一种"不爽"的情感。这一点在第三个例子当中很明显：作者"兔斯基的哀伤"认为，网络小说《光荣之路》的作者无故地"折磨"主角，因

---

① 中国社会科学院语言研究所词典编辑室编：《现代汉语词典》（第7版），商务印书馆，2016年，第890、893页。
② 参见 http://baike.baidu.com/view/277049.htm。
③ 参见 http://forum.qidian.com/threaddetailnew.aspx?threadid=138609367，访问时间2011年3月31日。
④ 参见 http://forum.qidian.com/threaddetailnew.aspx?threadid=138609367，访问时间2011年3月31日。
⑤ 参见 http://forum.qidian.com/threaddetailnew.aspx?threadid=109362390，访问时间2011年3月31日。

而使得读者感到"郁闷"。这里的折磨就意味着主角欲望的不断推延和挫折。

很显然,"闷"和"爽"是互相对立的一对概念。因此,它们共有一个问题,即小说能否给予读者欲望的直接满足。但在一般的文学环境里,一部小说当中很难存在独立的"闷"或"爽"的感情,因为它们之间的关系不仅是对立的,也是互相依赖的。换言之,先有"闷",方能有"爽",反之亦然。先让主角或故事受到一点"折磨",使得读者觉得很闷,然后突然使主角或情节突破困境,这就是获得"爽"的最佳方案。这种手法是在大众性叙述体裁当中为了获得"悬疑"(suspense)效果而很普遍被使用的。因为"闷"和"爽"都是相对性的情感,只追求其中的一个会使读者失去兴趣。

但是,在当下的中国网络文学里,"闷"和"爽"之间的辩证关系往往变成极端对立的,两者被彻底地分裂了。很多网民对故事展开缓慢的小说表示不满,认为故事太闷,看不下去。有人甚至说,"看到不爽情节会胸口发闷、喘息不过来"。①

这意味着,目前中国网络文学读者的主要需求是比较直接的、快捷的欲望满足。读者习惯于每天更新的快捷的连载节奏,希望每次更新都能够给他们带来纯粹的快感。"网络快餐"这一术语就是在这样的背景下,不无讽刺性地被提出的。《我就是流氓》《重生之美女掠夺者》等一些直接追求露骨欲望的小说之所以如此受欢迎,原因就在于这些小说彻底排斥任何"闷"的因素,"疯狂"式地赋予主角无限的能力,使他能够获得欲望的完美满足。主角似乎根本不必面对任何困境,故事也没有什么曲折。②正如"belldandy"说的那样:"一个字,爽!"网络上的所谓"超级爽文"一般是指一些使得主角顺利实现所有欲望,且成功地给予读者满足感的小说。③

---

① 参见 http://tieba.baidu.com/f?kz=898294394,访问时间 2011 年 3 月 31 日。
② 参见 http://www.qidian.com/BookReader/1821215.aspx,访问时间 2011 年 3 月 31 日。
③ belldandy:《[写作素材]起点爽文经典桥段》,http://bbs.bsxs.org/forum.php?mod=viewthread&tid=6811,访问时间 2011 年 3 月 31 日。

当然，正如上面已指出的那样，网络语言的意义是不断地变化着的，每一次的使用行为都会拥有，甚至引发不同的意义。尤其是对一些网络写手来说，"闷"和"爽"的意义不一样，他们了解两者之间的辩证关系。在他们看来，每次更新都要"爽"的读者要求，显然是太高了。毫无节制地赋予主角超人般的能力，使之获得狂欢式的欲望满足，起初也许会让人觉得"爽"，但一直这样写下去肯定会让人麻木，反而会引起读者的厌倦。

下面是一位著名网络写手月关的话：

> 看到有书友抱怨，这两章下来，节奏太慢，主次不分，对一些过门角色也写这么多，不符合网络小说特点，没学会剪裁的重要性。
> 
> 首先，创作上来说，一个出场人物太过简略，那他自始至终也不过是个让人毫无印象的路人甲。真的路人甲可以这么写，比如那两个衙差，可是你怎么知道这三个泼皮也是路人甲呢？
> 
> ……
> 
> 网络小说，是一种新的载体，新的载体，可以为了适应它，创作一些新的写作特点，可是不可能完全摒弃小说的创作手法。章章吊悬念，很难。
> 
> 要知道这一章是多少字呢？为了那见鬼的点击推荐，以便上榜让更多读者看到，一章一共才多少字？能写多少进展？①

月关与对他提出批评意见的书友之间的对立，其实道理很简单。书友觉得《步步生莲》的"节奏太慢"，认为网络小说应该"剪裁"多余的一切因素，心无旁骛地追求"爽快"。但月关却觉得故事的阻碍、摇摆、延迟能够引起的效果是不可或缺的，认为"完全摒弃小说的创作手法"是不可能的，而且强调仅仅几千字的每一章里都要"吊悬念"是"很难"做得到的。

当然，不是每个书友都觉得月关小说的写法有问题。月关的"小

---

① 《步步生莲》第 109 回，参见 http://www.qidian.com/BookReader/1409408, 26169881.aspx，访问时间 2011 年 3 月 31 日。

说的创作手法"还是相当成功的,因为他的小说在很长的一段时间内位居在起点排行榜的前10位。在小说主角丁浩凭自己的智慧和努力解决他面对的种种困境时,读者得到很大快感。这里必须再一次强调,先有"闷",方能有"爽"。由此可见,"爽"未必是对毫无节制的浅薄欲望的追求,而"闷"也未必是无故地折磨读者的行为。在实际的网络文学活动里,"爽"和"闷"的关系是相当复杂的,是流动性的。

不过最近,这一关系发生了一个很重要的变化。网络文学使用者对"爽"的追求愈加强烈,而对"闷"的抵抗力却降低到不能再降低的程度,很多使用者对几乎每一文字片段(只有几千字长的每一个章节)都要求"爽"的感觉。因此写手们的做法也发生不少变化,节奏变快,一章一章都安排"钩子"。这种现象我将在附录的文章里再进一步讨论。

### 2. "殖民化"了的原生理论

下面的引文是一位网民写的《某些从事"快餐文学"的候补大神们》一文当中的一部分:

> 有人大呼名著的不需要,文采的滚一边。
>
> 但是起码也要能把话说明白清楚,故事编顺了,编顺了,能自圆其说,起码合乎您神作的大背景和大条件——这是最基本的最不过分的要求了吧?何况怎么"快餐"后面也还缀着"文学"两个字,不要换个人名,就整段整段地复制(大部分洪荒文都这样);另外,您写本书,把话说得稍微漂亮点不成么?读者们再小白,那也不是天天看幼稚园小朋友自说自话的主儿啊——看那些"书",啧啧,小学毕业写的又能烂成什么地步?
>
> 所以,还是应该多读点书——读点书,名著您看不懂,您看点市面上不错的杂志啊报纸啊故事会什么的——看看那许多的"书",就是转述都没法转述。即便在起点赚钱是第一的,有些人那水平……闻者伤心见者流泪,倒贴都没人要。①

---

① 参见 http://tieba.baidu.com/f?kz=640179701,访问时间 2011 年 3 月 31 日。

作者认为,"快餐文学"也属于"文学"的天地。那么,"文学"是什么?作者显然有明确的判断标准:"换个人名,就整段整段的复制"的文字不是"文学",而"话说得稍微漂亮点"的才是文学。他还在"书"这个字上加引号来强调,意图是非常明显的。"书"是属于"文学"的,所以他要求写手的写作必须达到一定的水平,同时讽刺性地批评了一些达不到"书/文学"的要求的小说。

下面我要分析的是海底捞针的文章《梦入神机作品的哲学性和思想性》[①]。海底捞针是网络写手梦入神机的一位粉丝。该文作为网络上的评论,颇有篇幅和质量,作者详细地引用"作品",对它进行分析,并表扬其优点。精致的、深入的分析和谨慎的批评态度使得这篇文章拥有与一般网络文学批评点评式的、片段化的特征稍微不同的风格,可以说它已成为一个典型的精英粉丝的原生理论活动。而对我们的讨论最重要的是,该文大量地使用传统的文学批评和研究领域当中的术语。例如:

> 也是我分外看重的一点,就是作者的严谨、严肃。
> 《佛本是道》中,主角周青在成仙、成圣、与其他圣人的斗争中,处处充斥着《道德经》的哲学光辉,更包含着作者对人类、社会发展的深刻思索。
> 或许有人好笑,网络小说就是为了爽,还什么哲学,跟社会有什么关系。不要笑,你可以自己认真读一读这本小说,或者你看看下面《佛本是道》中周青的言论或对话。
> 这不仅是对道家思想的深入思考,更是对社会深入思考的反应。
> 这些对社会、道德的思考和探索,不仅表现在这部《佛本是道》中,在《黑山老妖》中进行了更进一步的探索。
> 至今,梦入神机在《阳神》中,已经透露出对这种探索的更进一步,通过对《阳神》世界中贫富极端不均的痛恨,间接表达了作

---

① 海底捞针:《梦入神机作品的哲学性和思想性》,http://forum.qidian.com/ThreadDetailNew.aspx?threadId=126628714&pageIndex=1&Action=first,访问时间2011年3月31日。

者对现实不公的批判。

总之，《佛本是道》《黑山老妖》《龙蛇演义》《阳神》这一系列作品，无不是布局恢宏、气势磅礴，更为重要的是，通过最具娱乐性的网络小说，体现出的哲学性、思想性和现实批判主义。①

该文作者海底涝针应该是受过一定的文学教育、对传统文学研究有一定理解的人。他将"严谨"的文学与"俗"的文学对立起来，对社会批判精神予以积极评价，强调深入思考、哲学、思想的价值。他试图将严肃性、思想性、哲学性、对现实的批判意识等传统文学领域的一些价值纳入网络文学当中。他认为网络文学未必是只追求娱乐性和"爽"的快感的，它也能够达到更高的文学标准。

在这篇文章当中我们可以发现，作者认为梦入神机的"作品"如此优秀的原因，与它属于网络文学这一点似乎没有必然关系。他几乎完全忽略梦入神机的"作品"作为网络文学的特征，如超文本性、互动性、个性的表现及欲望的发泄等。作者对梦入神机的高度评价是根据一种常识性的现实主义文学观：文学应该严肃、深刻，应该反映及批判现实矛盾。在这样的一个文学观下，严肃的文学比不严肃的文学更优秀。因此，作者敢于肯定地说，梦入神机"奠定了其在网络小说，或者说在仙侠（修真）类小说中难以逾越的高峰"。

在第二章，笔者已指出中国网络文学批评患上了一种"失语症"。但上面的例子告诉我们，这个"失语症"不仅发生在学术理论当中，而且在原生文化或理论领域当中也发生了。海底涝针不是以学者身份说话，而是以网络文学的读者兼评论者说话。但他在展开自己的逻辑时，却离不开这些学术术语及概念。如果说网络文学的价值只能凭其"文学"价值来衡量，那么，对"网络"文学的独特性的研究便成为一个几乎不可能的任务。当然，固执地坚信网络文学与"传统文学"完全不一样的态度也只不过是一种偶像崇拜，但反过来，以已有的文学价值及术语为唯

---

① 海底涝针：《梦入神机作品的哲学性和思想性》，http://forum.qidian.com/ThreadDetailNew.aspx?threadId=126628714&pageIndex=1&Action=first，访问时间2011年3月31日。

一标准去判定网络文学的价值的态度，无疑也是一种理论上的帝国主义。

目前，在评价网络文学时，读者、作者甚至学术研究者都不具有对它能够进行积极评价的固有语言系统。依我看，这一问题对网络文学的研究和发展会造成严重的阻碍。由于固有术语的缺乏，很多网络文学批评都只能同语反复地主张说：我们要提高网络文学的文学水平，让它能够满足一定的艺术、文学方面的要求。在这样的价值判断当中，我们很难看到网络文学的独特性，网络文学不知不觉地失去作为新的文学空间的特征，而逐渐被纳入"文学"的帝国当中。没有独立的语言，网络文学就很难保持自己的独特性。

但是，对网络文学要求一定的"文学性"也不是完全没有根据的。很多网络文学的实际使用者也同意并主动提出这样的要求（海底捞针的评论是很好的例子）。已有的文学研究，本质上是一种有关加工文字的技术/艺术的话语系统。既然网络文学也以文字的加工为基础，那么已有的所有文学研究的成果都可以正当地被使用在网络文学的研究上。这里，我并不是说海底捞针的观点是错误的。恰恰相反，我认为他的这篇文章是水平最高的网络文学评论之一，是一篇不错的作家论。他提出，梦入神机成功地将娱乐文学与哲学、思想的深刻性以及批判意识结合在一起，对此我基本上表示同意和认可。这样的作品和评论无疑能够提高网络文学的水平。

我只是要指出，我们对将一套传统文学的学术术语和概念直接灌输到网络文学的原生理论当中这一现象，应该持保留的、谨慎的态度。因为相对于粗俗的原生理论术语来说，学术术语显然更加精练，所以学术术语的使用本身会给网络文学评论赋予不少的权威。简言之，对学术理论及术语的掌握是一种文化权力。也许，使用逻辑性较强的学术理论和术语的网络文学批评，比起强调单纯的快感的点评，确实具有更大的说服力。但如果我们考虑原生理论与学术理论之间的均衡，这样的单向关系则是不太妥当的。学术理论的术语本身并不比原生理论的术语更优越。网民常常使用的YY、种马、小白等术语虽然很难下正确定义，且其含义很模糊，但它们作为网络文学活动的非常重要的术语，很尖锐地表现出网络文学的现场特征。在网络文学实践当中，它们的重要性丝毫不比哲学、思想、深刻等学术术语逊色，有时甚至可以说更有意义。

我认为，海底捞针的批评是一种殖民化了的批评。当然，殖民地也可以产生出优秀的文学批评，但理论的帝国主义总是歪曲原生文化环境。面对网络文学这一陌生的文学生态，学者们必须注意，它所使用的每一个概念、每一个词都是潜在的侵略武器。

最后，还有一个有意思的现象值得一提。海底捞针的帖子下面，当时（2011年2月24日）有323个跟帖。仅仅凭这一数量来判断，我们很容易错误地认为这一帖子引起了很大的反应和讨论，但实际情况并不是这样。与极其"严肃"的帖子本文的语气形成明显对比的是，这三百多个跟帖基本上是玩世不恭的态度。其实，大部分的跟帖只不过是没有实际意义的符号。很多跟帖不是文字语言，而是几朵花或斯迈利（smilie，笑脸）等感情符号（emoticon）。更令人惊讶的是，该帖子第一页跟帖的大部分都是网名叫作"小楼"的人发的"不翻页我不收手！"这一无意语言的反复。在323个跟帖当中，与"楼主"的意见有关的跟帖只不过是十几个，而这十几个跟帖也基本上是一两句简单的点评，例如"顶""看不懂"等等。

当然，这些"灌水"行为，即发一些与楼主的帖子完全无关的跟帖的行为，①是网络上普遍存在的现象，并不仅仅发生在海底捞针的这一特定帖子下面。这些没有任何实际意义的跟帖本身并不意味着对楼主意见的否定或攻击，它们拥有另外的独特文化意义。但是，该帖子里面存在的发帖者的严肃态度与跟帖者的玩弄态度之间的对比还是十分有趣的。因为通过这一对比，我们可以看到所谓"精英粉丝"与一般粉丝之间构成的微妙的权力结构的一个侧面。海底捞针是网络文学的典型的"精英粉丝"，他的意见基本上正确，具有相当大的权威。但这并不意味着他能够代表整个网络文学粉丝。也许没有人敢去正面反驳他的意见，但同时，

---

① 灌水：原意指向容器里面注水，进入互联网时代后由于电子论坛BBS的出现，又多了一个"向论坛中发大量无意义的帖子"的意思。参见百度百科，http://baike.baidu.com/view/2848.htm。

也很少有人会真正关注和接受他的意见。要注意，他们不是不能理解，而只是不在乎、不愿意理解而已。

在这个意义上讲，网络文学原生理论的殖民化现象或许不是那么严重的问题。除了不知不觉被使用的一些诸如情节、文笔、人物等几乎无法代替的最基本的术语以外，其他大部分深奥的、复杂的学术理论概念和术语很少被网络文学的大多数使用者所接受。虽然一些少数精英粉丝继续使用一些从学术理论借过来的术语，但它们看似不能完全融入网络文学的文化生态当中。

可是，更大的问题却在于学术理论家这一边。无数网民每天发表的无数的文字当中，对学术理论家更具有诱惑力或亲和力的当然是这些借用学术理论的语言的评论和意见。学者们往往错误地认为，这些靠近学术理论的原生理论才是有意义的，因为他们看得懂的只是这些东西。比如说，我们很容易看得懂海底涝针的文章，但下面的好多跟帖却很难理解，有的几乎看不懂，因为它是以地道的"方言"来写的。为了理解"小楼"屡次发表的跟帖中的"翻页"到底意味着什么，我们必须首先理解网络空间的具体运作模式及其结构。

依我看，目前真正的重要的任务并不是从网络文学这一原生文化当中读出一些对我们学者有意义的学术理论因素。当然这也不是没有意义的，但更加重要的，是否要解读这几百个跟帖所隐含着的难懂的、似乎空洞的、无意义的，但同时非常积极的文化活动的意义？是否要分析对楼主意见没有任何兴趣的、完全不在乎其起源的这些主动性忽视，以及忽略帖子的内容而只利用帖子的形式来进行一场游戏的一种元帖子（meta-post）的语法？

网络文学这一庞大空间不应是学者们可以以学术文学理论去征服的殖民地。学者们首先应该将自己当作一个外地人，因为我们目前面对的是一种难懂的、陌生的语言。如果我们相信文学的可能性，如果我们相信网络文学能够发挥新的文学可能性，我们应该直面这一陌生的语言、他者的语言。

## （二）"翻译"：学术化了的原生理论

### 1. "快感"的美学——对传统文学观念的反抗性实践

很多文学研究者对网络文学的"快餐文学"特征持有不满。他们认为，网络文学会使得读者逃避现实，给他们提供虚假的满足感。但正如上面已指出的那样，一些网络文学使用者却认为以"爽"为本的网络文学的最大的效用、最重要的目的恰恰是摆脱一切现实压力的轻松快感和毫无节制的欲望发泄。那么，看来法兰克福学派式的大众文化批判论与直接追求"爽"的当下中国网络文学之间出现了一个解决不了的矛盾。批判论者批评网络文学使得大众对现实闭上了眼睛，但网络文学的粉丝却很乐意接受这个批评，他们有意逃避现实，寻求他们的现实所不能给予他们的幻想的满足。对此，我们应该持怎样的态度？对它进行道德批评是很简单的，但并没有多少意义；我们也不能盲目地肯定它，因为在第二章我已指出，网络文学或大众文学的辩护者倾向于轻易肯定大众性本身，赋予大众太大的积极意义。显然，这也不是解决这个问题的最佳方案。追求轻松快感与虚构的满足、使得现实逃避成为可能的网络文学本身不是那么坏的，但也不是那么好的。

我认为，对这个问题起码有两个不同的答案：第一，我们可以将网络文学看作一种"意识形态对象"，进而对它进行"意识形态批判"；第二，我们可以将"爽"的文学观理解为一种原生理论，即它不仅是浅薄的、单纯的欲望的发泄，而且也是对它自己的前提具有深刻洞察的原生理论。

#### （1）意识形态批判

马克思有一句非常有名的话："宗教是人民的鸦片。"[①] 但如同很多太有名的话一样，马克思的这句话也常常被误解：很多人以为马克思是为了批评宗教的危害而说出这样的话。其实，事情并不那么简单。

我估计，很多网络文学批判者会同意如下一句话："网络文学是大众

---

① ［德］卡·马克思：《〈黑格尔法哲学批判〉导言》，载《马克思恩格斯文集》第一卷，人民出版社，2009年，第4页。

的鸦片。"但是，这句话也不那么简单。如果我们从马克思的宗教批判的角度去理解这句话，那它是对的；如果我们认为这句话的主要攻击目标是网络文学，那这样的看法不见得是正确的，因为宗教和网络文学都是"意识形态对象"。

这里我所使用的"意识形态对象"和"意识形态批判"概念是从彼得·比格尔（Peter Bürger）那里借来的。① 他说马克思的宗教批判就是"意识形态批判"最好的例子之一。简单地说，马克思将"宗教"看成一种矛盾的对象，即意识形态对象，也就是说，宗教一方面是真理，因为它是"现实的痛苦的表现"，且"对痛苦的生存状态起缓和作用"，但另一方面它又是一种幻想，因为"它又对'真正幸福'的建立起阻碍作用"。② 比格尔强调说，意识形态对象不是完全的幻想，而是真理的成分与虚假的成分融合在一起的矛盾的混合体。所以，"意识形态批判"是从一个矛盾的意识形态对象当中分析出其真理的成分和非真理的成分的行为。

那么，我们可以"拿来"这个逻辑使用在网络文学的批判上：我们可以说"网络文学是大众的鸦片"，因为它能够为大众提供力量，以此来抵御艰难的现实生活给他们施加的重大压力。它是对一个乌托邦的想象：那里没有任何压力，没有任何现实的拘束。在这个意义上，网络文学是"现实的痛苦的表现"。让我们再看下面的引文。

> 网络电子文学的定义就是放松和爽快。
> 会看网络小说的就是为了爽，你要是不YY，难道让白天工作一天，好不容易抽出点时间来看网络小说的读者在精神上继续郁闷？③

这句话给我的观点提出一个很好的例证。这位网民认为，网络文学就是以"放松和爽快"的特征来缓解我们"精神上"的"郁闷"。其实，

---

① ［德］彼得·比格尔：《先锋派理论》，高建平译，商务印书馆，2002年。
② ［德］彼得·比格尔：《先锋派理论》，高建平译，商务印书馆，2002年，第68—69页。
③ 参见http://bbs.qidian.com/show/227917，访问时间2011年3月31日。

对大多数的网络文学使用者来说，现实世界并不是完美的。目前中国处于一个急变的时代，经济的迅猛发展毫无疑问是一项伟大的事业，但它同时引起了贫富差距、住房问题、农村问题、腐败等不少的社会问题。正像引文中所说的那样，他们的日常生活本身已经让人有些郁闷了，所以他们并不需要网络文学再添加任何郁闷。网络文学不需要提醒他们世界是多么痛苦的，因为他们在现实当中已充分地体会到现实残酷的一面了。

对很多网络文学的粉丝来说，网络文学确实是一种鸦片。但他们离不开它，因为现实太折磨人。正像比格尔所说的那样，网络文学"对痛苦的生存状态起缓和作用"。这就是网络文学的真理性的一面。

但同时，网络文学又是一种幻想。它无法根本地改变大众所面临的残酷现实本身。再一次借用比格尔的话来说，网络文学"又对'真正幸福'的建立起阻碍作用"。不断吸收鸦片的大众，将会失去敢于直面现实的力量和勇气，结果他们的痛苦只能一天又一天地持续下去。

在这个意义上讲，批评网络文学的"鸦片"性的观点基本上是找错了攻击目标。一方面，网络文学确实会引起现实逃避效果，但我们不能简单地去批评网络文学本身。如果我们武断地从大众身上夺走他们赖以抚慰自己的"鸦片"，他们的痛苦就可能超出他们能够忍耐的限度。涵盖网络文学在内的"大众"文化机制毕竟是支持整个社会结构的、保证社会系统的正常运行的重要组成部分。另一方面，我们通过对网络文学的"意识形态批判"可以很明确地理解，不加批判地肯定网络文学及其娱乐性也是错误的。这样的观点会使得我们对现实的痛苦完全闭上眼睛。

比格尔的意识形态批判使得我们更加深入地理解了网络文学的现实逃避特征的含义。网络文学无疑是具有很多不同面孔的意识形态对象。它给大众施加的精神影响力，与大众认识这个世界的方式有着深刻的关联。它是被金钱上的利益和主流意识形态操纵的，但同时也是由大众的切切实实的需求推动的。探讨网络文学的现实逃避特征，我们必须注意逃避现实本身并不是万恶之源。如果现实没有问题，大众根本不需要逃避他们的现实。所以，主要的问题在于这个令人痛苦的、大众无法直面的、使现实逃避不可避免的现实世界。

这就是我的第一个答案。但在这个答案里，网络文学毕竟是一个庇护所，并且大众总是虚弱的、被动的受害者。网络文学被驱逐到纯粹的幻想和欲望的领域当中，断绝与现实的一切关联。依我看，这个悲观的结论虽然具有一定的说服力，但我还是相信有一个更加积极的、比较乐观的答案。"爽"的文学观未必是被动的、受害者的文学观。原生理论这一概念会为这个问题提供一个很重要的线索。

（2）作为原生理论的"爽"的文学观：对已有文学观的积极反抗

让我再提示一下原生理论的定义：原生理论是对它自己的前提具有反省和洞察力的原生人固有的思维方式。"爽"的文学观无疑是原生人固有的思维方式，那么问题在于它是否具有反省和洞察的力量。依我看，"爽"的文学观毫无疑问拥有这种力量，它是名副其实的原生理论。"爽"的文学观一方面是单纯的欲望的发泄，这是不争的事实，但另一方面，它又是一种积极的、主动的自我辩护逻辑。它长期面对大众文化批判论的攻击，与它进行了激烈的战斗，而且在这个过程当中明确地意识到了自己的前提，并发展出来很单纯的，但却很坚固的逻辑。虽然"爽"的文学观并没有达到颠覆它自己的前提和意识形态本身的程度，但正像麦克劳克林所说的那样，原生理论不一定是解放性的或颠覆性的。"爽"的文学观对它自己的前提拥有直观的洞察力，但这一洞察的目的并不是颠覆该前提，而是克服对它的批判，进而巩固它，并且提供一个强有力的自我辩护逻辑，将自己合法化。

简言之，作为原生理论的"爽"的文学观的特征，最明显地表现在它与另一种文学观的论争当中。为了辩护自己，为了肯定自己的价值，"爽"的文学观给现实逃避和虚构的满足赋予了一种积极的、主动的意义。因此，对"爽"的追求不再是浅薄的、没文化的行为，而是本身具有目的的、无愧于人的行为。让我们看一些网络文学使用者的意见：

> 网络电子文学的定义就是放松和爽快。
>
> 会看网络小说的就是为了爽，你要是不YY，难道让白天工作一

天，好不容易抽出点时间来看网络小说的读者在精神上继续郁闷？①

看网络小说不就是图个爽。只要看着舒服就是好作品。要看那些文邹邹去看文言文……在这JJWW（叽叽歪歪——笔者注）的。……BS（鄙视——笔者注）之。有本人（应为"本事"——笔者注）自己去写本。②

作为快餐文学点击量就是一切大家喜欢就OK没必要有什么内容 一本书哪有那么多内容 红楼梦最大的贡献也就是养活一帮吃闲饭的③

第一个引文是上面已引用过的，但它非常明确地概括出作为原生理论的"爽"的文学观，值得重复。这句话是对一位发帖者的意见的反驳：楼主（发帖者）写他"鄙视一切YY小说"，于是引文作者疏淡如水回帖说，网络文学的"爽"和"YY"的特征是由于一些现实社会的原因形成的，"白天工作一天"的读者对"爽"的追求是很正当的，无愧于人。

另外两个引文所展开的逻辑也与第一个相似。第二个引文的作者认为，网络文学的"好作品"只是"看着舒服"的文章，所以我们不需要，也不能要求网络文学拥有"文邹邹"（文绉绉）的质量。在这里，作者之所以支持他所喜爱的网络写手我吃西红柿，不是因为作者的智商有问题或水平低，而是他为获得最大的爽快做出了主动选择。他知道除了网络文学以外还有"文言文"，并且了解"文言文"所追求的是另一种文学价值。但重要的是，对他来说，网络文学与"文言文"之间的关系是平等的、并存的。二者是不同的文学类型，他认为自己有权利和能力做出选择。

第三个引文的作者认为，网络文学的"点击量就是一切"的现象是很正常的，因为他讨论的不是一般的文学，而是"快餐文学"。作者

---

① 参见 http://bbs.qidian.com/show/227917，访问时间 2011 年 3 月 31 日。
② 参见 http://bbs.qidian.com/show/9146/4，访问时间 2011 年 3 月 31 日。
③ 参见 http://bbs.qidian.com/show/9146/5，访问时间 2011 年 3 月 31 日。

在反驳一个特定的文学观,即作品应该有很多"内容"的文学观。作者以《红楼梦》为论据让人感到很有趣。因为这一跟帖太短,很难把握其真意,但作者看似认为《红楼梦》研究的庞大成果是"吃闲饭"的。一本"书"里没有那么多内容,是无可厚非的,"大家喜欢就OK"。但很多"吃闲饭的",即文学评论家或研究者们,无中生有地创作出"内容"来。

简言之,"爽"的文学观自觉认识到它所追求的是即时的、单纯的快感。"爽"的网络文学之所以不是深刻的、典雅的、深奥的文学,不是因为它的水平达不到永恒的、绝对的文学标准,而是因为网络文学的使用者故意地、主动地排斥这些"深刻性"。

已有的大众文学批判论中的大众形象往往是别无选择的、被动的中毒者。但上面的一些网民绝不会同意这样的观点。"爽"的文学观的支持者未必是大众媒体的被动的受害者。他们知道有人在批评他们喜欢的那种文学是浅薄的、有害的,但他们对这些批评嗤之以鼻。"文言文"或"古典名著"所代表的另一种文学只能让他们感到郁闷,而他们不需要这些让人郁闷的东西,因为现实本身已经够郁闷的。所以他们有意地、主动地要求让他们"爽"的快餐文学。

作为积极的自我辩护的逻辑,"爽"的文学观远远超出单纯的欲望追求的境界。它是具有自己的逻辑和论据的原生理论,拥有能够抗拒传统的"深刻性"的文学观的力量。道德堕落、文学性太差、缺乏深刻内容、逃避现实……人们经常采取的这些批判逻辑,不管它们在严格的学术意义上多么正确,对"爽"的文学观的支持者几乎没有任何影响力。因为对他们来说,重要的不是学术上的正确与否,而是文学作品对他们起到的实际效果。他们往往认为学术理论家的批评是与他们的实际感受完全无关的。

当然,我还是要指出,不是所有的网络文学使用者都支持"爽"的文学观。对它的攻击不仅是学术理论家发出的,往往也是网络文学的很多粉丝自己也进行的。"爽"的文学观不断地被更新,因为对它的批评,即重视"深刻性"、对它的"快餐"特征不满的另一种文学观也在网络当中不断地被更新、被提出。例如,这里的引文的作者都不是发帖者,而是跟帖者。对"爽"的文学观的攻击引发了引文作者的自我保护及反驳。简言之,"爽"的文学观与"深刻性"的文学观之间存在着一种动态的、辩证的关系:对网络文学的批评引发为它进行的辩护,而这个辩护又会引发另一次批评。

  但是,这里的辩证法不是黑格尔式的辩证法,因为它总是无法产出一个"合"。在目前中国网络的现实中,存在的只是对对方的无限否定、反复向自己回归的自我肯定的运动。"爽"和"深刻"之间的对立已经被重复了很多次,虽然经过这些重复的过程,两个文学观都变得更加巩固,只有两者之间的基本对立结构是一直没有变的。"深刻性"的文学观批评网络文学,说它太低劣,连最起码的文学素质都没有;"爽"的文学观则反驳,这些在网络文学里都是次要的,甚至是不需要的,因为作为给人带来满足感的工具,网络文学的"爽"效果是令人满意的。二者之间的论争一直没有分出胜负,反而都强化和巩固了对方。

  遇到这种僵化的局面,我们很容易就想到"克服"它,从而提出能够使其健康发展下去的正确观点,产出一个"合"。想要产出"合"的这个辩证法式的欲望是非常强烈的,几乎是人类与生俱来的。其实,就其逻辑结构及其论据来说,两者的理论水平没有那么高,所以分别反驳两者,进而提出正确的观点不是不可能的。或许,这样的正确观点已经存在了:"爽"和"深刻性"未必是互相矛盾的,所以既"爽"又"深刻"的网络文学虽然比较罕见,但不是没有。网络文学应该兼修"爽"和"深刻"的观点,在逻辑上没有任何问题,而且算得上一个"合"。

  可是真正的问题在于,学者们能否提出正确观点与实际的网络文学现实几乎互不相关。因为网络文学里面不断发生这样的论战的原因不在于网民缺乏正确的知识和观点,而是日常生活不断造成对这一特定文学的需求。也就是说,在中国社会当中存在一个不断再生产这一对立结构的社会、文化、现实的机制。目前中国网络文学的基本推动力是对"爽"的强烈社会需求。正像马克思的宗教批判那样,我们必须注意到的是这个社会、文化、现实的机制本身,是这种机制对"鸦片"的实际需要。学术层面上反驳"爽"的文学观改变不了网络文学的现实。在这个意义上，以"爽"和"深刻"为代表的两种文学观与其说是一种理性的逻辑，不如说是一种信仰、一个意识形态。

在这样的情况下，我们能做什么？当然，我们能做的还是试图生产正确的、有说服力的学术理论。这是学者的最基本的任务。但我们不要以为只有学术理论才是正确的，而原生理论却是幼稚的、错误的。网络的原生文化和原生理论与网民的实际生活紧密地融合在一起。网络文学的研究者应该首先谦虚地倾听原生人的方言。大众并不愚蠢，所以有的时候要学习的不是大众，而是学者。

## 2. 对网络文学的商业运作模式的理解与反抗

原生理论对其"产业"的执着是相当普遍的现象。我们前面已引用过麦克劳克林的下面一句话：

> 虽然很多人认为"粉丝"应当痴迷于产品，其实是同人杂志痴迷于这项产业。[①]

换言之，原生理论家能够参透文化产业的产业性，因此文化产业对他们的操纵并不是那么容易、那么简单。例如：

> 首先，粉丝们拥有一种普遍常识，即所有的媒体文化都是由企业的经济目的性的影响力而产生的。……埃尔维斯的粉丝们知道汤姆·帕克上校为他做出了什么样的贡献，朋克乐迷知道他们的音乐被吸收的速度有多快，布鲁斯的歌迷们知道产业对创作音乐的天才们做了什么，影迷们知道交易的技术（art）已经让电影艺术（art）黯然失色。这些知识在粉丝当中造成一种分歧，热情与讥讽展开了战斗，快乐中夹杂着苦涩。[②]

---

[①] Thomas McLaughlin, *Street Smart and Critical Theory – Listening to the Vernacular*, The University of Wisconsin Press, 1996, p.58.

[②] Thomas McLaughlin, *Street Smart and Critical Theory – Listening to the Vernacular*, The University of Wisconsin Press, 1996, p.57.

原生理论家的这个特征，在网络文学的实践当中也很明显。网络文学的使用者对网络文学作为"产业"的特征的理解是非常深刻的。其实这是理所当然的，因为对他们来说，网上的写作和阅读行为基本上是一种经济、商业活动，他们都是该产业文化的"原住民"。一旦一本书"上架"（开始收费阅读）后，读者必须花钱"购买"阅读该书的权利，而作者和网站则直接从中得到金钱利益。所以，除了"小白"式的阅读[①]或完全业余性的写作以外，目前大型文学网站上的阅读、写作行为都是一种买卖。而网站则给"消费者"提供"排行榜"，即有关最近卖得最火的产品的信息，帮助或引导读者的"购买"行为。

问题在于，这一过程涉及数目不菲的金钱问题，因此这一排行榜不得不面对被文化产业或利害关系人操纵的可能性。如果排行榜只是公正客观地反映读者的欢迎度，它会对网络文学做出不小贡献，但保持公正性实际上是一件不太容易的事。网络提供给"消费者"大量的有关信息，在网络时代中一个普通的读者能够获得的信息量已超过以前的任何时代，但这些信息未必是客观公正的。

面对这现象，法兰克福学派的后裔会进行激烈的批判。在他们看来，大众是被大型文学网站和隐藏在其背后的"资本"操纵的被动客体，他们连决定自己的"趣味"和"爱好"的能力都没有。

当然，这一批判并不是完全站不住脚的。在一天更新的作品数量多达几十万篇的大型文学网站中，仅仅依靠自己的眼光来挑选自己喜欢的作品已几乎是不可能完成的任务。即使最有个性的读者，也不得不参考他人的意见（无论是通过从排行榜中挑选作品的直接方式，还是通过参考他人的推荐、评论等间接方式）。一个人不能阅读所有文本，所以网上的挑选总得参考，甚至需要依靠他人的评价。对此一现象至少会有两种不同的看法：乐观主义者会说，这是真正的民主的实现，是"集体智慧"的发挥，但悲观主义者却会认为这证明了大众的愚昧和被动性。

---

① 小白：指看网络小说只看公众章节，不愿意充值看 VIP 章节（白看）的人。参见 http://baike.baidu.com/view/5500.htm#sub5413896。

但是，大众总是比我们想象的要聪明。更准确地说，大众的一部分是非常聪明、积极、主动的人，他们绝不肯被任何意识形态或权力操纵：他们怀疑、反抗主流意识形态。在网络文学的实践当中，这些怀疑的大众执着于"产业"，对"支配阶级"（大型文学网站或企业）的一举一动持批判性的态度。例如，一位网名为"宇宙日月"的网友对起点中文网的"作假"行为表示强烈的不满：

> 但是很悲哀的是，凡是带一丁点对这书有意见的，全部禁言，我感觉很悲哀。这样的书就算起点强推，但也不可能一夜间就要冲进前十。太假了吧。点击和推荐的比例达到2∶1，我想为了给这本书上架做铺垫，也不要这么假吧，真令我恶心！！①

这位网民认为，该作品以不公正的方式进入了排行榜前十位。他的分析相当到位，还提出了很多证据，看来他对网络文学这一产业的运作方式非常精通。他对网络文学作为产业的特征，即商业性本身持一种无可奈何的态度，认为网络文学中有一点"假"的东西是他无能为力的事情。但他受不了的是这种太过分的"假"，对他来说，这种"假"是在破坏网络文学这一产业的运作逻辑。可见，实际使用者对网络文学商业性的态度是挺复杂的。

虽然很多网络文学使用者以冷笑对待该产业的商业性，甚至有时表示绝望，但产业和粉丝之间的关系不是操纵与反抗的单纯的二元对立。面对这些"作假"或"操纵"，大众的态度和反应是多样的：认可、视而不见、冷笑、反抗、放弃，等等。

我们可以从"刷月票"事件观察到对大众的操作与大众对此操作的复杂反应之间的辩证关系的一个侧面。很多大型文学网站都采取"月票"制度。月票是文学网站的使用者最宝贵的权利之一，顾名思义，这基本上是VIP会员（付费阅读的会员）每个月可以拿到一张票，会员可以将

---

① 参见 http://bbs.qidian.com/show/222442#updata_box，访问时间2011年3月31日。

它投给自己喜欢的作家或作品。当然,月票也可以用钱买到,但一般情况下,高级 VIP 每个月也只有几张月票,因此一个作品所获得的月票数是衡量其成就的主要指标之一。由于大部分网络文学使用者一个月只能投几张月票,他们的选择是相当谨慎的,他们对月票的运作机制的理解也非常深刻。我们可以说,这是网络文学的原生人对网络文学的"产业"(business)的痴迷(obsession)。他们的投票行为不仅仅是对一部作品或一位写手的支持,而且还是他们参与整个文学网站的运作的主要途径。因此,维持月票榜的公平,对他们来说是极其重要的。

下面是一位网友对起点中文网的月票制度及其运作的分析:

> 不能怪大家不给力啊,月初月中手里月票充足的时候,你连着几天不更新,月末了,大家手里月票投出去了,你就来反季节爆发,你叫我们从哪变月票出来支持你啊?
>
> 在起点写书要票,特别是要月票,保持每天一更是基础要求。
>
> 然后你得研究你的读者人群,像看这部小说的读者,都是带宅属性的,不可能一下拿出几百几千块钱来砸月票刷评分,一个月手头能有 2 张月票都算不错了。而起点优秀的小说很多,你不在别人手头有票的时候爆发要票,就不能指望别人留着月票等你爆发了。而更新间断性歇菜也着实让人拿不出理由来说服自己留上一票。①

这里,发帖者对月票的机制和时间性的分析非常深刻,而这种知识是来自他自己的经验和生活,是一种典型的原生理论。但网络文学的使用者对这些"商业性"的态度是十分复杂的:他们既持轻蔑的、冷笑的态度,又持顺从的、妥协的态度。下面,我将分析一下对进行月票作假行为的粉丝的批评、冷笑和反抗。以下引文是对《阳神》一书的"刷月票",即通过某种不公正的方式操纵月票的行为的批评意见:

---

① 参见 http://pingba.qidian.com/ThreadDetail.aspx?ThreadId=142407540,访问时间 2011 年 3 月 31 日。

请仔细看．这是 阳神这本书 投月票的情况．我想给我喜欢的作者投月票 突然发现 阳神的版面月票 增长特别迅速 就随意点开2个看看 一看 这就是传说中的刷月票吗？起点月票到底公平吗 请仔细看 注册时间 还有粉丝积分

**本书最新消息**

hjmhgt
投了 3张月票　　月

hjmhgt
投了 2张月票　　月

dgghgh,
投了 3张月票　　月

dgghgh,
投了 2张月票　　月

半个小时，发现已超过 20 个是刷票的号了，都是 1 点时注册与刷月票的。太多了，有点麻烦，我就不截图了，太过明显了。

……

终于看懂了。自己购买自己的书　然后再充值新号再刷．这样钱还是在作者手里 明显恶意刷票！！！！！！！①

楼主达哥帅气提出的疑问确实有些根据，由下面的图中我们可以看到，图中两个用户的注册时间和粉丝积分，还有投月票的情况都是非常可疑的。这些证据都强烈暗示，"dgghgh,"和"hjmhgt"这两个用户其实是一个人，其目标则是给《阳神》"刷"月票。因此，该帖子下面有很多网民表示同意，也回帖提出批评意见：

---

① 参见 http://bbs.qidian.com/show/191593，访问时间 2011 年 3 月 31 日。

我早就说阳神刷月票，记得那次还我说刷月票的帖子封了，实际傻子都知道阳神刷月票的。（冬天下雪冷）

刚到阳神投月票的随便看了下，太夸张了，刷的也刷得太明显了吧，一看就知是团队化的，太过明显了淘宝刷票团刷的吧。

这只不过是刚才随便看了下而儿，随机的，但也刷得太过明显了，一看就知是淘宝刷票团刷的了，起点如果这样都不管，月票榜存在还有意思吗？（蓝蓝滴）

不过是刷新了起点页面，不过是隔了几分钟罢了，又刷了，太明显了，很明显是淘宝刷票团用软件刷得，刷得也太猖狂了。

以前还真看不出，起点改版了后才明显啊，难怪能几个月第一了，原来是这么出来的，以前就有在淘宝哥们和我说阳神经常有到他那里买票的了，而且还是大户来的，不过因为保密性，他不便给我直接证据，不过现在是太明显了。

希望起点能严肃处理吧，这次证据太多了，也太明显了。（蓝蓝滴）

其实现在起点作品刷月票现象已经是比较泛滥了，而且起点也默许，乐观其成甚至是推波助澜的。举报肯定是被无视的。。。

基本上排行榜排前面的书都或多或少都存在刷票现象。区别只在于是读者刷还是作者本人刷，甚至是起点帮刷。。。

读者刷无可厚非，无话可说，而后两种是要鄙视的。可惜的是这三类"刷"基本上不可能被人区分出来，也因此各书评区时常会有互相攻讦谩骂的现象产生……（楼主真白啊）①

"冬天下雪冷"和"蓝蓝滴"完全同意楼主的意见，但"楼主真白啊"的意见稍微客观冷静一点。楼主认为《阳神》的作者本人在刷月票，但"楼主真白啊"将刷票行为分成三种，至于《阳神》的刷票属于哪一种，他持保留的态度。

当然，也有不同的意见。比如，"全本王子"回帖说：

刷票有何不可？
月票是怎么来的？订阅 打赏！！
既然人家花了钱，愿意支持作者，你咬他？
还有，你说的"自己购买自己的书 然后再充值新号在刷.这样钱还是在作者手里"
我只能说，是作者脑残，还是你脑残？订阅起点要收3分之一，

---

① 参见 http://bbs.qidian.com/show/191593，访问时间 2011 年 3 月 31 日。

作者是钱多了没处花？

如果你要说，是支持JJ（该书作者的简称——笔者注）的有钱人，帮他刷，我还比较赞同，比如我就帮刷过，因为我看着爽，愿意砸钱给JJ，你咬我？？①

"全本王子"认为《阳神》的个案肯定是"愿意支持作者"的"有钱人"的主动"刷票"行为，完全没有问题。"星之止水"也批评楼主：

可笑的楼主，知道什么是马甲吗～～很多用户不只一个高V～～～你懂吗～～～JJ的实力需要刷票！？人家每天更新码字都来不及～～～～再者，不要偶然看到一个马甲投票就抓着不放～～～真是无耻啊！！

PS：如果刷票的代价这么简单，全起点的作者都会刷，自己蠢不要把别人也想成是傻瓜！！②

所谓"马甲"是指"为了让认识你的人猜不到，在常用的用户名外再注册的其他名字"。③"星之止水"认为"马甲"投票是无可厚非的、很正常的现象，也认为《阳神》绝不是作者本人在刷票。

这种"普遍"的操纵行为，不论是作者的还是读者的刷票，使得很多网民觉得绝望。有位网民叹息说：

商业，知道啥叫商业不，这就是商业，起点就这样了，越办越[***]（低劣、淫乱的语言等特定字词会被网站自动地删除，***就是删除的痕迹——笔者注），强推的都是啥书啊，没几本能看的下去的④

---

① 参见 http://bbs.qidian.com/show/191593，访问时间2011年3月31日。
② 参见 http://bbs.qidian.com/show/191593，访问时间2011年3月31日。
③ 参见 http://baike.baidu.com/view/7817.htm#sub5062043，访问时间2011年3月31日。
④ 参见 http://bbs.qidian.com/show/222442/1，访问时间2011年3月31日。

这里我们无法断言这位写手到底刷票了没，不过，不论支持写手的人还是批评写手的人，都相信"刷月票"是一种很常见的现象。这种刷票现象在网上比比皆是，所以"楼主真白啊"以很肯定的语气说，"基本上排行榜排前面的书都或多或少都存在刷票现象"。对此现象的读者反应也非常激烈，往往导致人身攻击等低劣行为。"达哥帅气"的帖子很快就"被锁定，禁止回复"。

我们很难肯定地说，这些操纵和不公正是谁的错：这也许是起点中文网的错，也许是一些使用者（不论作者还是读者）的错。但是"刷票"现象是确实存在的，而从上面的例子中我们可以明确地看到，很多网络使用者都已意识到这一点。但他们的反应方式却有很大的不同：绝望、批判、冷笑、赞同……

下面的例证更值得注意。一位网名为"浪听风"的粉丝，为了使他喜欢的作品得到当月月票榜冠军而鼓励其他书友投票支持。他的鼓励方式相当专业，他采取的方式是数据分析。但更重要的是，我们可以将他的活动理解为一种从大众内部自发地发生的"操纵"行为。"浪听风"显然不是被动的、可操纵的客体，而是操纵的主体。

> 土豆（网络写手天蚕土豆的简称——笔者注）进步了，斗迷（天蚕土豆的小说《斗破苍穹》的书迷——笔者注）也开始发力了，势头很猛啊。手上有票不愿意给的大爷们，先不急着把票给别人，如果土豆接下来表现好，希望大家支持斗破。
>
> 别的不说了，因为斗破不仅仅是土豆的斗破，也是斗迷们的斗破！！
>
> 11.20战况数据（土豆更新1万多字，具体数据不让发）
>
> 异世4890票（19日）190票（今天）
>
> 5080票（20日）差距-1347票
>
> 重生4538票（19日）119票（今天）
>
> 4657票（20日）差距-924票
>
> 斗破3152票（19日）581票（今天）3733票（20日）

仙逆 2796 票（19 日）194 票（今天）2990 票（20 日）

凡人 1771 票（19 日）今天：458 票 2229 票（20 日）2353

11.21 战况数据（土豆更新接近 1 万字）

异世 5080 票（20 日）371 票（今天）

5451 票（21 日）差距 –1156 票

重生 4657 票（20 日）197 票（今天）

4854 票（21 日）差距 –559 票

斗破 3733 票（20 日）562 票（今天）4295 票（21 日）

仙逆 2990 票（20 日）173 票（今天）3163 票（21 日）

……①

发帖者知道，在月末期间写手的更新速度与他获得的月票有紧密关系，所以他有意在每天的战况数据旁边注明写手的更新字数。我们不能肯定地说差距缩减的原因就是发帖者的鼓励活动，但我们确实可以看到，在 2010 年 11 月 20 日—21 日间，发帖者想支持的作品《斗破苍穹》与第二名《重生之衙内》之间的差距已经缩减了很多。

他的发帖并不是一次性的，在《斗破苍穹》的书评区中，"浪听风"相当活跃。我们可以发现他在该小说的连载过程当中几乎每个月都进行类似的活动，支持《斗破苍穹》。借助于像他这样的粉丝的积极参与，《斗破苍穹》在连载期间内一直名列起点中文网"月票 PK 榜"前茅。

当然，在某种意义上"浪听风"也不过是帮助起点中文网挣钱，所以我们不能说他完全颠覆了文化产业的商业意识形态。但他起码正确地理解了该过程的产业性，并主动参与其中。他的活动不仅是对作者的简单支持，而是对排行榜以及网站的整个商业活动的组织性压力。他明明知道月票制度是一种商业性的行为，但他却并不反抗它，而是要利用它。对他来说，网络上的文学活动已与商业性、产业性，即麦克劳克林所说

---

① 参见 http://forum.qidian.com/threaddetailnew.aspx?threadid=141235790，访问时间 2011 年 3 月 31 日。

的"business"完全融合在一起：他对"business"的态度不再是冷笑的、悲观的，而是很自在地生活在其中。

由上面的论述可见，网络文学的原生理论家对网络文学的商业性的理解是很深刻、很在行的，他们时而对它保持批评的态度，时而主动地利用它。他们的原生理论活动虽然并不是对商业主义意识形态的彻底破坏或颠覆，但他们也并不是这种意识形态的受害者。通过原生理论，他们接纳这种意识形态，同时也使它发生变化，并试图利用它达到自己的目的。

### （三）保守与进步——快感的意识形态

上面，我们初步地分析了网络文学的原生理论，结果发现网络文学既有进步的、积极的一面，也有非常保守的一面。

网络文学的这一复杂性导致人们对它的评价的复杂性。一方面，对网络文学的革命性抱有期望的人来说，现实是很让人失望的，因为网络文学很容易堕落成一种暴民政治（mobcracy），是阿多诺所批判的"文化产业"的典型例证。另一方面，对在网络文学中追求直接感官快感的人来说，作为"快餐文学"的网络文学却能够提供他们所要求的欲望满足。随着整个社会及文化上的变化，（网络）文学的产品化、产业化趋势越来越明显。

虽然我想要强调网络文学的原生理论拥有的巨大文化含义，但我并不认为原生理论是绝对的、唯一的真理。对原生理论本身进行再一次的意识形态批判是可以的，也是必要的。无论"爽"的文学观多么有理论意义，无论网民多么主动地参与到"操纵"的过程当中，网络文学都确实缺乏颠覆"痛苦现实"的力量。它不能根本改变现实的矛盾。如果我们不加批判地肯定"爽"的文学观，我们也就不知不觉地肯定了痛苦的现实本身。正像网络文学的商业性是一种意识形态、一种政治一样，快感，即"爽"，也是一种意识形态、一种政治。汪晖写道：

> 这些机制（商业机制）不仅是商业的，而且也是意识形态的，

她的最为有力之处在于诉诸感官和"常识",即诉诸所谓日常性和感官需要将人转化为消费者,并使他们在日常生活中自愿地服从其逻辑。市场主义意识形态和意识形态机器具有强烈的"去政治化"特征,在"去政治化"的社会过程中,它恰好构成了"去政治化的政治意识形态"。①

就其实际上的效果而言,我们无法否认网络文学具有较强的"去政治化"特征。对"爽"和"欲望"的无限肯定和追求当中,真正的"重新政治化"很难实现。不管网络文学使用者对"爽"的肯定是多么主动的、有意的选择,但他们毕竟是同样主动地放弃了将网络文学这一文化活动"重新政治化"的可能性。或许,如果网络文学摆脱全面商业化的局面,将其自由、民间、参与等积极因素发挥到极致,会对进一步民主化了的、"重新政治化"了的社会的建设做出莫大贡献。

但是,我们能否托付给"文学"这一重任?"文学"能不能承担拯救整个社会的任务?柄谷行人的回答是否定的:

我想说的是,在"现代",文学被赋予一种特殊的意义,并因此获得了特别的重要性、特别的价值,但目前这些都已经消失了。②

柄谷行人认为,现代文学的功能就是"想象地建构作为民族国家的认同感"。③这一功能使它获得前所未有的重要性,但目前的世界当中民族国家的认同感已经很稳定,不再需要通过文学来强化它。④因此,他说:"形成现代文学的小说这一形式是历史性的,我认为它的历史任务已经彻

---

① 汪晖:《去政治化的政治、霸权的多重构成与60年代的消逝》,载《去政治化的政治:短20世纪的终结与90年代》,生活·读书·新知三联书店,2008年,第51页。
② 柄谷行人:《近代文学の終り》,NIPPON IPS CO., LTD.,2005年。参见韩译本:가라타니 고진 지음,조영일 옮김,『근대문학의 종언』,도서출판 b,2006,p.43。
③ 柄谷行人:《近代文学の終り》,NIPPON IPS CO., LTD.,2005年。参见韩译本:가라타니 고진 지음,조영일 옮김,『근대문학의 종언』,도서출판 b,2006,p.55。
④ 大致在2015年以后,网络文学及其相关文化产品中排斥性的民族主义倾向变得很明显。这一点值得进一步探讨。

底结束了。"①

柄谷行人的看法确实有点极端,因为现代文学的历史任务不仅仅是与民族国家有关,但目前的文学看起来已失去了能够拯救整个社会的、建构新社会的力量。在这种意义上,我认为要求网络文学承担过多的社会责任是不太妥当的,因为网络文学的任务或功能与"现代文学"不同。我当然不是说包括网络文学在内的当代文学要放弃所有现实批判精神,我只想指出,对网络文学的现实逃避性、商业性进行简单的道德评价是很危险的。

我认为,网络文学基本上不是对现实矛盾给出答案,而是我们的现实的一部分,所以它的矛盾性和复杂性是不可避免的。作为意识形态对象,网络文学当然具有保守的、消极的一面,但突破这种意识形态的局限不是网络文学的责任,而也许是文学研究或政治的责任。

柄谷行人的下面一段话是发人深省的:

> 即使现代文学已经终结,但推动我们的资本主义和民族国家的运动却没有终结。它会一直持续下去,哪怕它破坏整个具有人性的环境。我们有必要从这一现象的中心去反抗它。不过,在这一点上,我不再对文学抱有任何期望。②

## 二、网络性的两副面孔(1):实践性

### (一)网络文学的实践中的身份认同:以"穿越"小说为例

一般认为,武侠、玄幻小说等以幻想为主要背景的小说是几乎与现实无关的。很多人相信这种幻想小说的读者是从一个完全虚构的世界中获得他们在现实中无法实现的满足。例如,谭德晶就为此提出了"切身

---

① 柄谷行人:《近代文学の終り》,NIPPON IPS CO., LTD.,2005年。参见韩译本:가라타니 고진 지음, 조영일 옮김,『근대문학의 종언』,도서출판 b, 2006, p.53。
② 가라타니 고진 지음, 조영일 옮김,『근대문학의 종언』,도서출판 b, 2006, p.86.

相关性"的概念：

> 它（武侠小说）因为是最不具"切身相关性"的一类文学，所以亦受到了民众的喜爱：对它的阅读，可以使人暂时地忘却繁重、劳累而复杂的现实生活，而深沉在一种虚构的价值世界（它是有价值的，甚至是判若分明的价值世界，但这些价值又是如此地远离生活和历史，因而只是一种虚构的价值）。①

其实，作为对一般的武侠小说的分析，他的这段话是比较有说服力的。但是，写出一个"如此地远离生活和历史"的"虚构的价值世界"是否可能？（小说就是一种虚构，虚构与现实之间有没有明确的区分？）如果可能，它真的会受广大大众的欢迎吗？这是值得谨慎思考的问题，因为在武侠小说和科幻小说等一些幻想小说中，我们看到的恰恰是对历史和现实生活的深刻洞察和关爱。难道历史上最有名的并最受欢迎的武侠小说，即金庸的小说中，缺乏对"生活和历史"的思考吗？难道艾萨克·阿西莫夫的科幻小说没有"切身相关性"吗？如今，很少有人会直接肯定地回答这些问题。由此可见，"切身相关性"的有无与"虚构性"本身的关系并不是那么密切。

当然，我不想否定很多武侠、玄幻小说，特别是最近的网络武侠、玄幻文学中"切身相关性"确实很薄弱。很多年轻的网络写手的天马行空般的想象力创造了广阔的虚构世界，而这世界确实离历史和生活相当遥远。在这一问题上，网上发生的一个现象是非常值得关注的。所谓"穿越"小说是最"火热"的网络小说体裁之一，2006年著名穿越小说《梦回大清》引起轰动效应，2007年"四大穿越小说"被成功地出版以后，这一类型小说占领了各种大型文学网站的排行榜。②虽然不少学者已对它提出悲观的展望，但到目前为止，各种穿越小说一直很活跃地被生产、

---

① 谭德晶：《网络文学批评论》，中国文联出版社，2004年，第57页。
② 雷小芳：《网络穿越小说简论》，《湖南医科大学学报（社会科学版）》2009年第4期，第108页。

消费，学界也越来越关注它。

李玉萍将网络穿越小说概括为：

> 小说主人公（一般是一位当代青少年）由于某种原因从其原本生活的年代离开，穿越时空，到了另一个时代，在这个时空展开了一系列的活动。①

值得一提的是，"穿越"时空的这些主人公与以前的大众、通俗小说的英雄般的主人公不一样，他（她）们都是我们在日常生活中很容易会碰到的普通人，即"切身相关性"极强的人。大多数的初期穿越小说的主人公都是年轻的现代女性，虽然有时她们具有美丽的容貌、商业头脑等一些优势，但一般不具有超能力，而是一个凡人，在这一点上她们与以前幻想小说的主人公大相径庭：

> 虚构的传奇类小说一般而言所发生的环境与社会现实都有一定的时空距离，正是这种梦幻式的距离美感与故事情节的紧张刺激形成了它的魅力。以往的此类小说诸如武侠小说、玄幻小说等正是依靠英雄的梦幻传奇吸引读者的眼球。……穿越小说也非常擅长于提供一个惊险刺激的梦幻世界，但它的与众不同之处在于读者不再是一个英雄梦幻的旁观者，而就是一个亲身经历者。②

很多穿越小说的主人公之所以被设定为现代女性，也许是与其主要作者、读者群的性别、年龄等因素有关。吴心怡认为：

> 由于穿越小说的作者以年轻女性为主，因此，作者愿意把主角写成与自己相同的性别，原因之一就是她们对女性的思想和生活更加了解，描写起来也更加容易。……穿越小说的女主角就带有作者

---

① 李玉萍：《网络穿越小说热潮原因解析》，《时代文学（下半月）》2009年第12期，第7页。
② 李玉萍：《网络穿越小说热潮原因解析》，《时代文学（下半月）》2009年第12期，第8页。

自身的影子，她们希望自身地位能够得到认可，既然现代无法认可，那便穿越到古代，放到小说中去。我们似乎可以把它看作是当代女性要求提高自身地位的另一种呼唤。①

穿越小说的主人公已不再是我们凡人无法靠近的超人。"穿越"这一文学手法以我们可以亲历的"个人叙事"来替代传统武侠、历史、玄幻小说的英雄们的"宏大叙事"。这使得穿越小说获得了极其强烈的"切身相关性"。穿越小说的主人公在她（他）所穿越到的新世界中无一例外地获得巨大成功，但这一成功的原因并不是绝世的武功、尊贵的血脉，而是现代人普遍拥有的简单的历史知识、科学思考、现代事物等。例如，《木槿花西月锦绣》的女主角"凭在前世当白领训练出来的特有的精明头脑，穿越后，由一个王府的洗衣丫头逐步变成了皇后"；《缩青丝》中的卡门用"卡通绒毛玩具、旗袍、吉他、火锅"等对现代人来说很平凡的事物实现了她自己的成功。②

当然，以男性为主人公的穿越小说也并不罕见，他们也是平凡的现代人。月关的穿越小说《步步生莲》的主人公杨浩是社区的低级工作者，他在每天的艰辛工作当中遭受了意外事故，导致身亡，但他的灵魂却没有消灭，而是穿越到另一个类似于古代中国的世界中。作为一个凡人，他没有什么超出人类范畴的异能，但他利用他的历史知识、社区工作者的丰富底层工作经验、科学思考等"凡人"的能力，突破了重重难关，实现了他的梦想。这一点与稍后开始流行的"重生"之类的小说有所不同，虽然它们看起来很相似，但一般来说网络"重生"小说中男主为多，并且会具有超常的异能。

总而言之，初期穿越小说的作者和读者均从"旁观者"变成了"亲历者"。也许，这一变化是有其社会、历史原因的：在当今的"后现代"社会中，让一个英雄般的人物解决一切问题是越来越难的。当然，还有

---

① 吴心怡：《穿越小说的基本模式与特点》，《文艺争鸣》2009年第2期，第145页。
② 郭名华、赵玲：《穿越时空编织现代女性白日梦——穿越小说的女性心理症候分析》，《萍乡高等专科学校学报》2008年第5期，第83页。

很多通俗小说的主人公是十全十美的超人，但越来越多的大众对这些所谓"远离生活"的超人感到厌倦。穿越小说的主人公是我们生活当中随时会碰见的凡人，就是我们自己。"穿越"这一文学手段使得凡人能够直接参与到历史和英雄叙事诗中。宋建峰将穿越小说的这一特征称为"对自卑的一种反抗"。① 在穿越小说提供的一个假象的世界中，现代人反抗他自己的自卑，并给他的"凡俗"赋予一种强大的力量。这是对他的小市民本性的想象的，但同时也是积极的、主动的克服。

我们可以说，穿越小说是网络文学拥有的强烈身份认同功能的很好的例子。2006年以后穿越小说如雨后春笋般的创作、流通、消费，意味着文学的创作和消费不仅是艺术的、思想的活动，而且是一种肯定自己的、实现自我的文学实践。

当然，对小说主人公的作者、读者的感同身受式的认同（identification）不是网络穿越小说独有的，而是一种很多文化产品都可提供的普遍现象。文化研究者们指出，大众通过大众文化的消费来主动地形成他们的积极身份认同感。②

但在穿越小说中，尤其是创作的门槛大大降低了的网络穿越小说现象中，作品的主人公与作者、读者之间的距离几乎为零。很多学者批评穿越小说的艺术技巧落后，说它的商业性、通俗性太强，③ 但我认为在穿越小说中常见的一些简单的、比较粗笨的艺术手法，诸如缺乏洗练技巧的第一人称叙事方式、比较单调的结构、平面的人物形象等，却是实现网络文学使用者的身份认同的最有效的工具。其实，不是每部穿越小说都能在网络上获得成功，大部分小说都被淘汰了。很多跟风写作虽然从作为艺术作品的角度看是失败的，但从"实践"这一角度看却有不少

---

① 宋建峰：《穿越小说：流行元素下的彷徨与呐喊》，《广东教育学院学报》2010年第6期，第68页。
② 参见 Ien Ang, *Watching Dallas: Soap Opera and the Melodramatic Imagination*, Methuen, 1985; John Fiske, *Reading the Popular*, Routledge, 2007。
③ 参见潘皓《文学作品中的"穿越时空"母题——兼议当代网络穿越小说》，《青年文学》2010年第14期；王珂：《穿越小说承载的社会意义》，《电影评介》2010年第22期；郭名华、赵玲：《穿越时空组织现代女性白日梦——穿越小说的女性心理症候分析》，《萍乡高等专科学校学报》2008年第5期；等等。

的意义，因为它们反映了网络文学使用者的自我实现欲望。网络给它们提供了一个能够主动地建构积极的自我形象的机会。如果我们暂时放下"作品"概念，而将"网络"看作一个实践和生成的空间，那么我们就可以看到，包括穿越小说在内的很多网络文学是一种非常重要的文化实践，是以想象的方式来实现当代人的"白日梦"。

不过，穿越小说也有负面的影响。首先，我们不得不考虑它的逃避现实的一面。宋建峰写道：

> 然而，可悲的是，与现代人意图在穿越作品中获得一点自信和成就感的初衷相反，这种现象从某种程度上其实暴露了我们现代人骨子里的自卑。①

他认为，现代人的自卑太深刻，现实的痛苦太严重，所以他们只能借助小说中的幻想才能够缓解自卑。在某种意义上，宋建峰的话没错，但我们可以再一次使用"意识形态批判"来反思这一问题：一方面，穿越小说确实不能全面颠覆痛苦的现实，不能彻底消除现代人的自卑之源，但这不是穿越小说的错；另一方面，穿越小说在某种意义上确实改变了现实，哪怕这一改变是比较微观的、有局限的。穿越小说赋予小市民、女性等弱势群体一个肯定的、积极的自我形象，这使他们面对现实的态度发生变化，也导致整个现实本身发生变化。我们不得不承认穿越小说是一种"鸦片"、一种"止痛片"，但止痛片也确有它的医学效用。

穿越小说现象的主要"实践者"大部分是青年人，他们通过穿越小说来表现自由的精神，进而形成稳定的身份认同感、实现自我。② 也许，穿越小说中的这个"自我"不是那么完美的，有很多道德缺点，但这并不意味着研究者或批评者应该"引导"它的健康发展，或者应该反抗对它的商业性操纵。因为"引导"和"反抗商业化"很容易变成简单的道

---

① 宋建峰：《穿越小说：流行元素下的彷徨与呐喊》，《广东教育学院学报》2010年第6期，第69页。

② 杨林香：《青年青睐网络"穿越"小说的深层原因分析》，《中国青年研究》2009年第6期。

德评价和谴责,而这对实际的穿越小说现象起不到任何建设性作用。最近的穿越小说热,虽然包含了出版社、网络企业一定的商业操作,但这并不是穿越小说获得如此之成功的唯一原因,其中还有更大的社会、文化、大众心理的原因。站在高人一等的立场去批评它的道德缺点,是没有意义的。因为只要产生穿越小说热的整个社会文化原因还存在,那么,不管学者们的批评多么诚心、多么有道理,穿越小说或类似于它的文学活动也绝不会消失。在这个意义上,雷小芳的态度是值得一提的:

> 若从单部作品来看,网络穿越小说无论是艺术价值和思想价值都不算很高,作品水平良莠不齐,从总体上说是水平低下的快餐文学类型,毕竟这是民间创作、大众创作而非精英创作。但是,我们若从整个文学现象的宏观角度来看,那么中国网络穿越小说的创作则具有很重要的影响。①

虽然她还保持着民间创作与精英创作、宏观的文学现象与单部作品的二元对立的思维方式,因而不能正确地把握穿越小说的"低俗化、庸俗化、媚俗化、模式化"的复杂含义,但她的态度比简单的道德评价显然更加客观。进行冷静的观察和分析,而不是采取道德评价,是目前网络文学研究的首要任务,因为在这里,"评价"的标准本身正在发生变化。

最后,一些研究指出的穿越小说的女权主义问题也是值得讨论的。在穿越小说中,女主角的容貌一般都很美丽,而这一漂亮的容貌与她们在爱情、事业上所获得的成功是不无关系的。她们的成功也大都依靠强大的男性权力,诸如皇帝、将军等。郭名华等人指出:

> 对女貌推崇备至的思想和男权主义是相契合的,如此下去,独立的女性意识就难以健康地发展。从这角度讲,女性穿越小说不是

---

① 雷小芳:《网络穿越小说简论》,《湖南医科大学学报(社会科学版)》2009年第4期,第110页。

摆脱男权阴影，而是加重了这种影响，成了男权主义的帮凶，这大概是女性穿越小说作者始料不及的。[①]

这无疑是对初期穿越小说的一个很精彩的分析。我们可以说，在现实世界当中的一些压力同样表现在小说当中。穿越小说对容貌、爱情的崇拜暗示着该小说的作者、读者都沉溺于男权主义意识形态中。但我们还得注意，网络文学的实践绝不是对这些意识形态问题的"答案"。穿越小说的使用者不能，也不愿意彻底突破男权主义意识形态，在某种意义上，她们主动地接受它、追求它。穿越小说不是对意识形态的彻底反抗，而是一种妥协：生活在充满男权主义意识形态的世界中的女性，在这一意识形态的压力下只求其欲望的最大满足，而不求意识形态本身的破坏。她们想利用该意识形态。

在穿越小说中，很多女性似乎屈从于外貌至上主义和强大男性权力，但同时被形象化为"超女人"。沉溺于浪漫爱情的傻女人与作为超女人的女性主体之间的关系是非常复杂的、微妙的。穿越小说是发生在一个充满意识形态的世界中的文化实践，它一方面巩固男权主义意识形态，但另一方面巧妙地利用它、摇动它、解构它。在这种意义上，穿越小说并不是远离女性生活的虚假活动，而是她们生活的一部分。

简而言之，在网络这一比较开放的文学空间中，穿越小说是网络文学的实践性力量的很好的例子。穿越小说的使用者不再是旁观者，他们获得的快感也不仅仅是被动的间接满足。他们是"亲历者"，他们是这一活动的主体，而穿越小说正是这一主体的生成过程。这就是穿越小说的意义所在，也是"网络"所拥有的实践性。

### （二）粉丝的活动：作者与读者之间的实践

在现代社会里，网络文学作者的明星化现象是非常明显的，其粉丝的忠诚度已达到了令人难以置信的程度。粉丝们对明星级写手的崇拜是

---

[①] 郭名华、赵玲：《穿越时空编织现代女性白日梦——穿越小说的女性心理症候分析》，《萍乡高等专科学校学报》2008年第5期，第82页。

很极端的，无论在网上网下，他们的活动与参与都很主动积极。

比如说，著名网络写手忘语的《凡人修仙传》，是起点中文网第一部"百盟书"，2011年其"盟主"数量接近300个。"盟主"是"一本书'粉丝榜'最高等级的存在"，"如果你在一本书得到了100000粉丝积分（大约需要100000起点币，也就是1000元人民币），你就会成为这本书的盟主"。① 盟主之间还有等级，目前（2021年）有比一般盟主等级更高的白银盟主和黄金盟主。为了成为盟主，你当然需要钱，但仅靠花钱阅读是很难达到盟主等级的，你还需要通过"评价票""催更票""月票""打赏作者"等不同方式来积累"粉丝积分"。这就意味着，你的粉丝活动不仅是被动的阅读，而且是主动的选择。忘语的书迷对他的支持是很稳定、很活跃的，该书一开始一直占据起点中文网的书友月推荐榜、书评活跃度榜、热评作品榜等主要排行榜的前几名。②

网络文学粉丝的活动，当然起源于网上，但并不局限于网上。网上的粉丝活动很容易扩展为网下的、实际的活动。例如，"忘语于2011年2月11日前来上海参加书友聚会"，与"凌小路蘑菇、上海滩农民、小宝和木木"等来自全国各地的书迷举行聚会，而该粉丝活动则是由天野丸子和紫狐狸等网友组织的。③

这是一些规模不大的、比较自发性的粉丝活动，但也有些写手的粉丝活动规模更大、产业性更强。下面是有关著名（网络）写手兼出版商郭敬明的一则报道：

> 昨日崇文书城门口的广场，早已被抱着《小时代》的少男少女所占据，千余名粉丝在门口排起长队，而在郭敬明亮相的那一刻，欢呼声四起，甚至还有不少粉丝齐齐挥舞手臂，高呼："小四小四！""我爱你！"，场面颇为火爆。由于粉丝过于狂热，现场人群

---

① 参见 http://zhidao.baidu.com/question/175332600.html，访问时间 2011 年 3 月 31 日。
② 参见 "本书荣誉" 项目，http://www.qidian.com/Book/107580.aspx，访问时间 2011 年 3 月 31 日。
③ 参见 http://bbs.qidian.com/show/301375，访问时间 2011 年 3 月 31 日。

一度拥挤不堪，郭敬明的签售在持续了 5 分钟后因秩序问题被迫中途取消。崇文书城工作人员告诉记者，郭敬明曾在崇文书城进行过 4 次签售，但惟有此次是太过火爆而被迫中断的。①

当然，粉丝活动不是网络文学的固有特征，而是有一定历史的普遍文化现象，对此已有相当可观的研究成果。② 我上面提到的麦克劳克林和詹金斯等人的研究也可以当作对粉丝活动的一种分析。非 - 网络大众文化的粉丝已通过同人志、同人小说、书札、电话、各种消费运动、实际聚会等多种多样的方式，参与并影响大众文化的生产、消费、流通等整个流程。

但是，网络的存在使得粉丝活动升华到另一个高度。在以前的粉丝活动中，文化产品的生产者和作为消费者的粉丝还是有比较严格的区分的，他们的活动空间也是有区别的。比如说，摇滚乐队和有关摇滚乐的同人杂志（zine）之间的关系不是直接的，而是间接的。虽然两者形成一种互补的关系，但它们并不是融为一体的。消费者的反应和参与不是产品的一部分，而是附加于该产品的剩余的因素。粉丝的积极参与无疑是支持该产品的持续生产的主要动力之一，但作为"原本"的文化产品和粉丝的文化活动及其产物之间有很难越过的鸿沟。无论发表在同人志上的评论多么精彩，无论同人小说写得多么好看，都还是只在比较少数爱好者"圈内"流通的附加信息，与"官方"的产品是不能同日而言的。

网络文学中的粉丝活动则不一样。在这里，产品的生产空间与消费空间是不可区分的。因此，生产和消费的二分法就失去了以前的严密性。作者的写作行为和其他参与者的写作行为发生在同一个网站中，甚至有时发生在同一个帖子中：小说正文和该书的书评区之间的距离只不过是一个"链接"之远。电子超链接的最大特征就在于其速度之快、跳跃之

---

① 参见 http://book.ce.cn/zzdt/201003/22/t20100322_21156606_2.shtml，访问时间 2011 年 3 月 31 日。其实，郭敬明的大部分作品不是在网上首次发表的，他更喜欢纸本书。不过他的第一部作品是在网络上发表的，他的很多活动也都与网络和网络时代紧密地结合在一起。

② 参见 John Fiske, "The Cultural Economy of Fandom," in Lisa A. Lewis ed., *The Adoring Audience: Fan Culture and Popular Media*, London: Routledge, 1992；邓伟《非理性文学消费与"粉丝"身份建构——以郭敬明、韩寒粉丝群体为个案》，《长江学术》2010 年第 4 期。

易。因此，在网络文学的"实践"当中，参与者的一切活动都通过网状的"链接"同"正文"结合在一起，所有的文字片段都是整个"网络"的一个有机组成部分。简言之，"网络"使得真正的参与成为可能，因为无论作者还是读者，都在"网络"这个同一空间里进行活动。但我不是说网络中所有的活动都是平等的，因为明星写手在网络中的话语权是一个普通网民无法比拟的。我只想说，网络的使用者，无论是作者还是读者、参与者，均可在同一个舞台上发言。这是网络给我们提供的一个前所未有的可能性。

很多网络文学研究者已指出，网络文学中作者、读者的区分越来越模糊，网络文学的互动性很强。但他们还是从"作品"和对作品的"反应"这一角度思考网络文学的实践。这只不过是另一种二分法，实际上距离传统的作者/读者的二分法并不远。目前，著名网络小说的读者"反应"之规模往往超过小说"作品"的篇幅。比如，网络小说《盘龙》的总字数是 300 余万，而 2011 年 4 月，该书书评区的总主题数多达 218422 条，回复数是 693810 条。假定一个帖子或回帖中的平均字数是 10 个字左右，《盘龙》书评区中的总字数就已多达惊人的 900 万，远远超出正文的字数，而这个数据还在持续增加。该书在 2009 年 6 月已告完结，但 2011 年 3 月书评区中又增加了 90 多个帖子。① 2020 年，《盘龙》又获得了一些月票，有关这本书的新信息目前还在增加着。

当然，这只是简单的数量上的比较，并不意味着网络文学中"反应"比"作品"更重要。但依我看，这一事实可以证明，面对网络文学，我们有必要暂时放弃以"作品"为主的文学观。在网络文学的实践中消失的不是作者和读者或二者的区分（因为这里还存在作者、读者），而是"作品"的垄断地位。"作品"不再是文学活动的中心，而只不过是一种文学活动的空间背景。网络文学的使用者——不论作者、读者，还是其他参与者，都在这一文学空间中展开实践，同时通过这一实践创出新的文学空间。我想再一次强调，为了更准确地理解目前中国的网络文学，

---

① 参见 http://forum.qidian.com/bookforumnew.aspx?BookId=1017141，访问时间 2011 年 3 月 31 日。

我们应该将着眼点放在"网络"上，关注其中的活动和实践。

### （三）艺术与实践之间

豪塞尔曾说过，大众并不对艺术作品中的美学、艺术价值本身反应，而对在实际生活当中让他们觉得不安或安心的母体反应。① 豪塞尔的这句话基本上是对大众的一种批判，因为在他看来，大众对真正的艺术，即给读者震撼效果的高级艺术，不具有充分的欣赏能力，因此他们不能理解真正的艺术。

不过对我们来说，这句话可以被理解为对大众艺术的积极肯定。据比格尔的理解，20世纪初在欧洲出现过的先锋艺术是将生活直接升华为艺术的实验。他认为，"与资产阶级社会的手段—目的理性构成最强烈的冲突的东西（也就是艺术的逻辑）会成为生活的组织原理"。② 换言之，先锋艺术家试图把被局限在艺术内部的解放性扩展到现实当中。但这一实验最终以失败告终，因为先锋艺术对艺术体制的攻击本身变成了另一种层次的艺术体制，生活并没提升到艺术的高度。

在这个意义上，我们可以说在网络文学的实践当中，一个与先锋艺术很相似，但同时又完全相反的实验正在进行。在网络中，网络文学与其使用者的生活是结合在一起的，但这一结合不是由生活的艺术化来实现的，而是由艺术的生活化来实现的。网络文学中的"艺术"，即文学活动，需要"下降"到生活的层次。我使用"下降"这一术语，不是因为我认为网络文学是低劣的文学，而是因为我认为以前的艺术，即比格尔所说的远离现实生活的"资产阶级艺术"，一直持有一种自以为是的、高人一筹的态度。而网络文学的使用者，特别是"爽"的文学观的持有者彻底否定不同艺术之间的优越关系。由此，艺术和生活达到一种独特的融合状态。

网络文学确实缺乏所谓纯文学的高度文学技巧，其使用者的文学熟练度也较低，但网络文学不是依靠这些美学价值获得成功的。这些传统

---

① Arnold Hauser, *Soziologie der Kunst*, 최성만·이병진 공역,『예술의 사회사』, 한길사, p.237.

② ［德］彼得·比格尔：《先锋派理论》，高建平译，商务印书馆，2002年，第102页。

意义上的艺术、美学价值对网络文学而言，充其量只是次要因素。至少中国的主流网络文学是这样的。西方的超文本理论研究已经在兰道、博尔特等第一代理论家的基础上进行了进一步的研究：赛博格（cyborg）、物质性（materiality）等概念成为研究的核心，与女权主义的融合现象也引人注目。[①] 西方理论越来越高度学术化、精英化，其理论难度之高并非常人所能及的。但与此相反，中国的主流网络文学的实践则一直往"下"进步，越来越靠近大众的生活。

从艺术"作品"的角度看，这显然是艺术的堕落、庸俗化，但从"文学实践"的角度看，这只是"另一种"文学的得势。网络文学的"主体"不再是苦恼的知识分子，不再是以深刻思想对抗世俗现实的文化英雄。艺术终于从拯救世界、改变现实的过重负担中解放出来了。

网络文学是对现实生活的一种想象的克服。在这一想象中，网络文学的使用者，即网络文学的"主体"，追求欲望的满足，形成肯定的身份认同感。与其说这是一种观念的、精神的活动，不如说这是他们的日常生活。当然，生活本身并不是绝对的"善"，所以网络文学也不是完美的。网络文学有它的矛盾，但这一矛盾是现实生活的矛盾的反映。

一位自称"穷人"的网友告白说："每月收入不到2000的穷人，没钱打赏这么多，没有月票，但每章都订"，"好书只能通过这个支持了，铁定每章订阅，加油更新"。[②] 但这位网名为"岁岁8"的书友，竟是起点文学网的高级VIP会员，这意味着他在最近一年花在起点的钱起码超过3650元。他把将近两个月的工资花在纯属业余性的活动上，这简直是难以理解的。对他来说，网络文学意味着什么？仅就他的收入与支付的比例来看，我们可以肯定地说，网络文学已经是他生活中很重要的一部分。我认为，网络文学是他能够在痛苦的现实中坚持下去的动力。

---

① 参见 N. Katherine Hayles, "The Transformation of Narrative and the Materiality of Hypertext," *Narrative*, Vol. 9, No. 1 (Jan., 2001), pp.21–39; Laura Shackelford, "Narrative Subjects Meet Their Limits: John Barth's 'Click' and the Remediation of Hypertext," *Contemporary Literature*, Vol. 46, No. 2 (Summer, 2005), pp.275–310。

② 参见 http://forum.qidian.com/threaddetailnew.aspx?seehost=true&hostid=1443365&threadid=14 2266341，访问时间2011年3月31日。

下面的例子是一位读者兼写手的故事，它告诉我们，在网络文学中阅读和写作其实是同一个文学实践的两个不同侧面：

> 08年开始，跟随着《盘龙》来到的起点，开始都是在手机小说网看免费的。那时候就不知道什么叫做小说网，一般都是在书店租书看的。那时候看的是《诛仙》，而后接触到黄易，便看他的书，几个月后《盘龙》出现了。……同学们几乎都在看《盘龙》，心里也就痒痒，毕竟咱是喜欢看小说的。同学为了给我推荐，就把他们下载的电子书，虽然只是一部分，就从那一次开始便一发不可收拾了。看书其实很快，一天就赶上更新了，于是便加入了等待更新的横列，从此同学之间便又多出了一个话题。我自认为在写作上很有天赋，所以就找到了起点这个网站，开始了第一次码字。第一本书好像就叫《八千里路》，呵呵说来惭愧，这本书很快就被同学给劝阻了，说名字不够响亮。于是开了第二本，叫《泣天法则》，确实比第一本点击好了许多，不过也挥刀了。①

网络文学或许不是现实生活的最重要的一部分，更不是唯一有意义的一部分，但对其享受者来说，网络文学是与他们的生活密不可分的现实实践。"作品"不再是使得作者和读者之间的精神交流成为可能的唯一通道。网络是一种游乐地，在其中使用者们各持不同的态度和目的展开实践，其文学景观与前网络时代颇有不同。

## 三、网络性的两副面孔（2）：时间性

### （一）"挖坑"现象与断章取义的美学

起码在哲学的、学术的意义上来讲，"永恒不变的真理"这一概念的影响力越来越弱。尼采、福柯、德里达等哲学家的研究成果严重破坏

---

① 参见 http://bbs.qidian.com/show/227917，访问时间 2011 年 3 月 31 日。

了"真理"的绝对性。真理是随着时间、观点、角度的变化而不断地变化的。在当今的所谓"后现代"社会中，网络文学或许是这种"流动性"真理的很好例子。网络文学是在一定时间的过程当中所发生的"事件"或"实践"，换言之，"时间"是网络文学中的决定性因素。

下面的讨论中，我主要分析一下所谓"太监"或"挖坑"现象，进而指出网络文学的"断章取义"特征，这一特征是网络文学的时间性的典型表现。目前国内主流网络文学，即网络长篇小说，基本上都是通过较长时段连载在网站上，而有很少的小说是以已完结的整本形式问世。在这一连载过程中，会发生很多有趣的事情：新人的第一部作品突然间成为轰动网络的"神作"；怀有远大抱负的小说某一天戛然停止更新；对同一部小说的评价在两极端中摇摆。

其中，网络文学的一种独特现象——"太监"或"挖坑"现象值得我们讨论（请注意，现在"挖坑"这一词语的意思与2010年时不太一样，网络上的流行语之寿命一般很短暂）。在分析"挖坑"现象的几乎唯一的中国学术论文中，李馥华将"挖坑"定义为：

> 网络文学中的"挖坑"就是一种比喻，是指网络写手在网上更新小说，当写到中间某章节，甚至是在行将结尾时，突然停止更新，留下个悬念，吊足网友的胃口，使读者心情也郁闷得"好像掉进一个深不见底的大坑里，想爬也爬不出来"，于是写手的这种行为就被网友们称为"挖坑"。①

她还将它分成几种不同的类型，其中特别值得我们关注的是"烂坑"。她将"烂坑"解释为：

> "烂坑"可以说是所有写手所挖之坑中数量最多的，这种坑往往是写手在写了几章或者几节或者中间部分时就戛然而止很久不再更

---

① 李馥华：《试析网络文学中的"挖坑"现象》，华东师范大学硕士学位论文，2007年，"中文摘要"。

新，引得网友们纷纷向作者扔"鸡蛋"、"石头"，过一段时间之后就成了"烂坑"，"没有人再理了"。分析这种情况，可以得出结论：这类"坑"大多都是网络写手的随兴而作，缺乏成熟的构思与完整脉络，多数作者驾驭文字的能力较弱，最终难以为继。①

她所说的"烂坑"的意思几乎与"太监"相同，意指未写完。作家放弃写作的原因不仅仅是上述几方面，依我看，"烂坑"现象的最大原因大致可概括为两个：第一，读者反应过于冷淡，导致作者失去对写作的兴趣；第二，出于经济方面的原因。

《篮神传奇》就是出于第一个原因而"太监"的小说。下面是该书作者"淋雨湿了鞋"的告白：

>《篮神传奇》这本书，淋雨已经写了三十万字，可是取得的成绩却极不理想。
>
>这几天，淋雨综合了诸多书友的意见再加上淋雨自己的理解，决定静下心来痛心修改本书的内容。
>
>但是，修到最后，淋雨却无奈发现书竟是越修越乱，完全没了章法。满心无奈的淋雨决定放弃这本书了，送书入宫！
>
>说实话，淋雨也很痛心，虽然淋雨不够努力，但书毕竟是淋雨的心血，如今入宫也怨不得别人……②

也许，他的书没得到令人满足的成绩是因为他"缺乏成熟的构思与完整脉络、驾驭文字的能力较弱"，但这些艺术技巧、美学价值方面的因素在网络文学作品的成败上并不具有决定性影响力，因为也有完全缺乏美学价值的小说得到热烈反应的。2011 年，《篮神传奇》总点击率 6 万多次，推荐 600 余次。作者一共写了 120 多章，30 多万字，这个 6 万多的

---

① 李馥华：《试析网络文学中的"挖坑"现象》，华东师范大学硕士学位论文，2007 年，第 16—17 页。

② 参见 http://www.qidian.com/Book/1445249.aspx，访问时间 2011 年 3 月 31 日。

总点击率不算太低。但相对于点击率多达几千万的火红作品，该书的成绩是很难令作者满意的。特别是，该书书评区的情况更寂寥，那里一共只有264个主题、82次回复，而且大部分主题是作者自己的更新通知，读者的参与是微不足道的。该书的连载过程似乎是作者的独白，我们可以说，在该书所创造的文学空间中，有意义的网络文学活动几乎是不存在的。

我要介绍的下一部"太监"小说的情况，与《篮神传奇》稍微有些不一样。《我是巨星》这部小说从2010年9月至2011年3月连载于起点中文网上，当时（2011年3月）总点击数是174509次，总推荐数是1141次，总字数多达348757字。下面是作者"乐得逍遥"2011年3月11日发表的最后一个帖子的一部分：

> 不得不遗憾的说声此书不会再更新了，多谢各位读者大大一直以来的支持和鼓励，但真的是没办法了。本来写着好玩没想到能签约，也曾体会到成绩越来越好的喜悦，但本身码字慢，还因为各种各样的原因多次断更，现在码字也没劲了，感觉像完成作业一样，很痛苦，私生活完全乱了，而且下半年也要出去实习了，也要做准备，干这行累的要死不说还拿不到什么钱，人总是要生活的，拜拜了。①

该书虽然没能获得巨大成功，但比之于《篮神传奇》，无论其点击数还是推荐数，读者反应都还算可以。作者自己也觉得成绩比较好，所以读者反应的冷淡似乎不是他放弃该书的原因。问题的核心或许在于"还拿不到什么钱，人总是要生活的"这句话：因为作者虽然放弃了该书的写作，但并没放弃写作本身，他在放弃该书仅仅15天之后，也就是2011年3月26日，重新开始了新书《主宰至上》的写作，到2011年4月11日已更新19章、46450字（目前已被删除，在起点中文网查不到了）。

由此我们可以猜测，《我是巨星》的"太监"现象是经济原因造成

---

① 参见 http://www.qidian.com/BookReader/1703558,31703434.aspx，访问时间2011年3月31日。

的。《我是巨星》虽然不是完全没有反应的,但还没达到可以"上架"的水平,因此他就放弃该书,干脆去重新写一本。前后两本书的题材也迥然不同,《我是巨星》属于"竞技"小说,是有关篮球运动员的,而《主宰至上》则是"玄幻"小说,是采取"穿越"这一比较受欢迎的幻想小说的手法。

由此可见,网络小说的写作是一种辩证的过程:在网络上,你的写作似乎会是很自由的、个人的行为,但写作一旦开始,对它的反应就实时地表现在点击率、推荐、书评等数值化了的指标上,所以在网络中这些看似"外在"的因素会直接影响写作本身。

另外,还有完全性质不同的"挖坑"。这种"挖坑"现象与"太监"不一样:有些小说不是因为没得到好成绩而停止更新,而是因为成绩太好而停止。让我们看下面的例子:

> 青年女作家六六的《双面胶》在网上初发表时,就赢得了网友们的一片喝彩声,六六每发一个新帖,后面就有很多网友跟帖进行讨论,为小说情节或喜或悲。就在网友迫不及待的想要看到小说的最终结局时,六六戛然而止了。随后,在网友们的叫骂声中,六六出了公告,说明自己的小说已经跟出版社签约,喜欢并且想知道小说最后结局的人可以在出版后到书店购买纸质小说。有些网友开始念念了,指责六六,但是有些网友也表示了对其行为的理解。①

其实,在目前中国网络文学的现实中,上述"挖坑"现象的原因虽然脉络上会略微不同,但大体上都在于对一本书的读者反应。更准确地说,该书所创出的文学空间中的网络文学使用者的活动(的缺乏)是"挖坑"现象的主要原因,它直接对该书的写作施加决定性的影响力。上面的例子都不是因为作者自己的原因停止的,而是由于一些"外部"的原因停止的:在传统的、以"作品"为主的文学观中,读者的"反应"

---

① 李馥华:《试析网络文学中的"挖坑"现象》,华东师范大学硕士学位论文,2007年,第15页。

总是"外部"的，它与"作品"本身的艺术价值没有直接关系。但在网络文学中，情况则大相径庭。

这些"外部"因素对网络文学的"影响"（请注意，这里加引号的术语是笔者有意使用的，其实在本书的严格意义上都是有错的，比如说在网络文学中"内部"与"外部"、施加"影响"的"主体"和"客体"等概念都很难成立）不仅使得网络小说的连载过早中断，有时还会拉长它。在采取所谓"付费阅读"制度的网站中，读者按字数付费，所以如果一部小说受欢迎，该书的作者很可能试图尽量将书写长一点，进而获得更大的经济利益。相对于篇幅比较短的早期网络小说，诸如《第一次的亲密接触》《悟空传》《成都，今夜请将我遗忘》等来说，最近网络小说的篇幅扩大趋势非常明显，长达数百万字的作品并不罕见，甚至有超过几千万字的。这里当然有经济的原因，但读者的热烈反应所提供的推动力也是很重要的原因。在这个意义上，网络上的写作不是孤独的、个人的行为，而是集体的行为。这种集体写作不仅发生在个别作品的写作过程中，而且还发生在整个网络上，因为你在写一部小说时，很多类似的、共有同一类型的小说也正在更新，你的小说不过是其中的一个。在这样的情况下，作者很难对点击率、书评等"外部"因素持视而不见的态度。所以我们可以说，在网络文学中，"外部"因素对写作本身的影响是很普遍的，甚至可以说是本质性的。

简言之，以点击率为代表的"反应"直接影响"作品"的生产——不论这一影响是正面的还是负面的。在这个意义上，点击率、书评、推荐不再是作品的"外部"因素，而是网络小说的生产过程当中的一个"内部"的、"核心"的因素。它会抑制有些作品的产生，会促使有些作品变得没完没了，也会对作家施加压力，改变整部"作品"的方向。只有在这个意义上，网络文学的写作是一种集体写作：很多学者以接龙小说、超文本实验小说等比较罕见的文学实验为例来说明网络文学的所谓"互动性"、读者与作者之分的消失等特征。他们基本上是在巴特的"文本"或"可写的文本"概念的意义上理解这一问题的，但目前主流中国网络文学中的读者、作者之分不是在巴特的哲学意义上消失的。主流网络文学的互动性是通过更间接的方式来实现的,这个"间接"的方式对实际写作的影响力也许比那些"直接"的方式更大。

要注意的是,这一过程只能在一定时间的历程中才得以实现。不论"太监""挖坑"还是没完没了的延伸,都是一种随"时"的应变。在发表小说之前,谁也不能保证该小说的成功与否。只有在实际的连载过程中,我们才能获知一部小说的成绩是怎么样的。"时间"是检验真理的唯一标准。

李馥华指出有些网络小说"缺乏成熟的构思与完整脉络",但在目前中国的特定网络环境中,这其实是一种不可避免的现象,因为在这里随时应变的能力比完整的构思与脉络更加重要。如果某一部小说的连载过程没有获得令人满意的读者反应,该书的构思再完美也没有意义,因为此时该书的写作行为本身就很难维持下去。反之亦然,热烈的反应会使得小说变长,这意味着原本的构思不得不发生变化。有时,除了最基本的一些设定以外,很多网络小说一开始就干脆没有什么构思。先拿个时髦的题材开始写作,然后观察反应以后再决定,是网络小说常见的创作模式。

上面,我从小说的生成这一角度分析了网络文学的时间性。但网络文学的时间性不仅表现在创作方面,而且也表现在流通、消费方面。在网络中,一个或一些帖子,甚至一部小说的意义是随时间的流逝而不断发生变化的。

在网络上,哪怕是已经完结的小说作品也不是真正地结束了。虽然小说的文本本身很少会发生变化(这也不是不可能的,因为网络上的版本很容易会被改写),但该小说的"使用者"所产生的有关小说的信息或文本还会继续增加、积累,最终导致小说本身的变化。这一变化时而是微不足道的,时而会是本质性的。起码在理论上,所有的网络文学都拥有无限的生命力。

下面是起点中文网官方网站所提供的著名网络小说《盘龙》的"荣誉"信息:

……

2019-03-04 累积获得两百万张推荐票

……

2014-09-19 累积获得五百万张推荐票

……

2011-01-27 累积获得五十万个收藏

2010-07-21 累积获得一万张月票

2009-10-19 累积获得三十万个收藏

2009-09-22 累积获得五千万点击

2009-09-15 累积获得二千万点击

2009-06-30 获得了月票榜（2009年6月）第八名

2009-05-31 获得了月票榜（2009年5月）第一名

2009-05-28 登上了起点首页热点封面推荐

2009-04-30 获得了月票榜（2009年4月）第二名

2009-03-31 获得了月票榜（2009年3月）第一名

2009-02-28 获得了月票榜（2009年2月）第一名

2009-01-31 获得了月票榜（2009年1月）第一名

2008-12-31 获得了月票榜（2008年12月）第二名

2008-11-30 获得了月票榜（2008年11月）第二名

2008-10-31 获得了月票榜（2008年10月）第二名

2008-09-30 获得了月票榜（2008年9月）第一名

2008-08-31 获得了月票榜（2008年8月）第二名

2008-07-31 获得了月票榜（2008年7月）第二名

2008-06-22 登上了起点首页的强力推荐榜

2008-06-01 登上了三江频道推荐[1]

值得注意的是，《盘龙》在2009年6月12日已经结束了，但上面我

---

[1] 参见"本书荣誉"项目，http://www.qidian.com/Book/1017141.aspx，访问时间2011年3月31日。

们可以看到，小说在完结以后还获得了多项"荣誉"，这意味着该小说还在不断地被点击、推荐、评价，截至2021年12月上旬，总推荐数多达780万次以上。该书的作者我吃西红柿是起点中文网的代表作家之一，在这部小说的"荣誉动态"里，现在还可以看到，它在2013年、2014年、2019年还在收到"荣誉"。

这类相关信息的增加，可能是读者所为，也可能是作者本人所为。比如说，在一位写手发表新书时，他以前写的小说也会被赋予新的意义，因为粉丝们对他的一系列作品积累了历史的、谱系学的知识。特别是，对共有同一世界观或同一套设定的一系列的小说，或者作者具有独特明显的风格的小说来说，新书的问世对以前的小说的影响是不小的。作为原生理论家，热情的粉丝们在这一文学空间里积极地进行着自己的"理论"活动。

例如，截至2011年4月，著名写手辰东在起点中文网一共发表了四部小说，其中《遮天》当时正在连载（这本书2013年5月完结，然后他又写了两部）。他的第一部小说是《不死不灭》，从2005年1月至2006年8月连载于起点中文网。这虽不能说是一部失败了的作品（它毕竟加入了VIP），但相对于他以后写的作品，特别是他的代表作《神墓》而言，第一部小说的成就显然是不理想的。《神墓》是辰东的第二部小说，2011年总点击数多达46829953次，累计月票超过了一万张，长期占据起点各种排行榜前十名，可以说是一部非常受欢迎的小说。它不仅引起了广泛的读者反应，大大提高了辰东这位写手的知名度，而且还因为与《不死不灭》有内容上的联系，所以其问世对《不死不灭》的影响是很大的，其产生的热烈反应对《不死不灭》的影响也是显而易见的。可以说，作为一个"新手"的第一部作品《不死不灭》，与作为一位明星级写手，即"大神"的第一部作品《不死不灭》，在某种意义上显然是不一样的。我们注意到，起点中文网官方网站发布的《不死不灭》获得的成绩，都是2009年以后的，也就是说是《神墓》问世以后的：

2010-12-16 累积获得五万个收藏

2010-12-01 累积获得一千万点击
2010-07-21 累积获得一千张月票
2009-09-15 累积获得一百五十万点击 ①

我们还可以看到，《不死不灭》的总点击数从 2009 年的 150 万到 2010 年突然增加到 1000 万，这显然是与作者之后的作品有关。这个"时间性"的进程明显呈现出某部个别超文本作品在时间的流逝中获得了不同的意味和重要性。下面是一位粉丝的话，我们可以将其作为旁证：

> 先说明，我是先知道神墓，然后再知道不死不灭的。
> 书都写完这么久了，作为一个东哥的书迷，却在东哥的处女作书评区没有露过面，自己觉得很过意不去，为了表示自己的歉意，特意为大家准备了大量的鲜花送给大家和东哥。②

有人会反问说，这与纸本书的情况有什么不一样？当然，这样的"时间性"其实是一切文学、文化的共同特征，一部文学作品的价值并不是一成不变的。不过，网络的出现大大提升了文学价值的变化速度。电子超链接几乎消灭了文本与文本之间的物理距离：有关作品的任何信息都可以直接被"链接"到作品本身。哪怕是没有信息价值的闲谈、简单的"顶"这一个字，或是一次点击率的增加都是对作品的一种建构，是形成包括作品在内的"网络"的因素。网络文学与印刷媒体时代的文学之间的不同在于，在网络文学中有关作品正文的"附加"的、"次要"的信息，通过电子超链接，与作品完全融合在一起。

在以"作品"为主的文学观下，我们很难理解这一点。网络文学中也不缺乏"作品"，但其重要性和垄断地位已受到致命的打击。纸本书的意义也在随时间而发生变化，但在网络中这一变化是更快捷的、更显而

---

① 参见 http://www.qidian.com/Book/20117.aspx，访问时间 2011 年 3 月 31 日。
② 参见 http://forum.qidian.com/ThreadDetailNew.aspx?threadid=145745569，访问时间 2011 年 3 月 31 日。

易见的。

　　如果我们不从"作品"的角度而从"网络"的角度去看这个问题，我们可以说总点击数一千次的一系列帖子与一千万次的另一系列帖子是完全不一样的；拥有100个通往它的超链接的帖子与拥有百万多超链接的帖子是完全不一样的。在网络的地形学中，超链接的集中度和使用频率是形成整个网络的积极的建构性因素。随着时代的变化，很多传统纸本文学作品也会在其意义和对其评价上发生不少变化，但如今我们在网络中目睹的实时的变化是前所未有的。如果我们承认点击数、评论等行为对"作品"引起建构性、组织性的变化，我们就不得不承认该变化不仅仅是"外部"的、次要的，而更是一种文学价值本身的根本变化。

　　从上面的讨论中我们可以得出的另一个结论是，对网络文学的所有评价都是一种"断章取义"的行为。《现代汉语词典》中对"断章取义"的定义如下："指不顾全篇文章或谈话的内容，而只根据自己的需要孤立地取其中的一段或一句的意思。"① 在这一定义中，我们可以看出这个词语含有较明显的贬义：这一定义暗示着，我们必须考虑"全篇文章或谈话的内容"，而不能"孤立地"取一部分的意思。很显然，这是以对"总体性"的追求为其背景的思考，而"总体性"概念的影响力最明显的表现是在"作品"概念上。

　　那么，在"作品"概念和它所象征的总体性、整体性受到严重打击的网络文学中，断章取义的批评美学是不可避免的，因为在这里，作为完整总体的艺术作品根本不存在。我们如何评价"太监"作品？当然，无缘无故的"太监"现象是非常让人失望的，但不可否认，它其实是很常见的，甚至是很普遍的现象，而不是特殊的"例外"或"问题"。据苏晓芳的统计，一家著名网站上将近70%的网络小说是"太监"的。② 我们又如何评价一部正在连载中的小说？作为"作品"，这一未完的小说是不能被给予公正客观的评价的，但在网络中一部小说的连载过程总是不会完全停止的

---

① 中国社会科学院语言研究所词典编辑室编：《现代汉语词典》第7版，商务印书馆，2016年，第328页。
② 苏晓芳：《网络小说论》，中国文史出版社，2008年，第37页。

（除非该书从网络中被删除），一部小说的重要性及其意义在不断地变化、生成。这一运动在理论上是无限的，所以网络文学的价值在无限地增值。网络中的所有文学行为，都是网络文学的意义生产过程中的一部分。

有人会反驳说，网络文学与其他连载形式的文化产品之间没有本质的区别。这一反驳不是没有道理的，但作为新媒体（new media）的网络具有其他诸如新闻、电视、收音机、杂志等传统媒体不具备的特征：在网络中，所有的信息都在同一个虚拟空间中存在，因为网络基本上是一种数据库。在以前的媒体形式中，不同的时点产生的信息载于不同的物理空间中。但网络却提供一个"均质"的虚拟空间，在这里信息的产生日期不太重要，所有的信息都变成均质的电子数码符号，在均质的空间中存在，而且信息与信息之间的距离也失去了意义。在这个意义上，我们可以说在网络中，不同的时间在同一空间中混在一起。我们可以自由地在生产于不同时点的文学信息之间进行"冲浪"，这一过程中的每一次"冲浪"行为，即网络文学的使用行为，都拥有其独特的"时间性"。

简言之，网络文学的"时间性"是只能通过个别的"实践"才得以实现，而这一"实践"也只能是在个别的"时间"中才得以展开的。所有的网络文学行为都是通过"时间"和"实践"发生的意义的生成过程。这里，一切的"意义"或"真理"都是不断地流动的，因此，暂时的、断章取义的美学变成重要的美学标准。

最后，我想再一次提醒，网络文学的使用者当中，普遍存在对"作品"的"总体性"的强烈追求。一部小说的结束与否，或者一位写手有没有"太监"的倾向，是很多网民评价网络文学的重要标准。我也不是说网络文学中没有或不应该有"作品"，我所强调的网络的"时间性"不是对总体性的全面否定。即使在网络时代中，总体性、整体性也不会完全消失，它们在个别的"作品"中肯定会存在下去，因为在人们的观念中它们太根深蒂固了。

我只想说，我们要将视野扩大一些，因为除了"作品"以外，网络中还有很多有意义的文学现象。只有我们从整个网络这一角度去看网络文学时，我们才能够理解网络文学的似乎互相矛盾的不同侧面。

## （二）作者、使用者和信息之间的三角博弈："剧透"与时间性

网络文学的时间性也表现在读者与作者之间，或读者和文本之间的博弈过程。因为很多网络小说不是连载之前就构思好的，并且即使已有比较完整的构思的小说，也会在连载的过程中随着读者反应和意见发生很大变化，读者和粉丝会积极地参与其写作的过程并引起不少影响。在小说还没完结之前，读者试图猜测以后的情节，并将他们的意见发表在有关小说的网络空间中；写手则要安排一些读者难以猜测的情节，给读者一个意想不到的惊喜。这是一个辩证的、互动性的生成过程。网络文学的意义不是一成不变的，而是随着时间的推移，通过网络文学使用者的活动而逐渐形成的。这虽然不是前所未有的新现象，但电子网络技术却将这一意义生成过程提高到了新层次。让我们看几个例子：

> 从此以后，《帝陵》成了我每天必看的文，倩倩也成了我每天必聊的朋友。更神奇的是，我和倩倩经常会想到一块儿去，她写《帝陵》，我猜后续，经常被她说我这是在剧透，哈哈。[①]

这是读者与作者之间发生博弈过程的典型例子。但这一博弈不仅发生在读者与作者之间，还发生在读者与读者之间。"军叔"是在起点书评区上比较有声望的人物，他有一天在《盘龙》书评区中对"盘龙的主神问题、众神墓到底是谁指示建的？四神兽为什么死？林雷成主神后的实力"等问题发表意见，预测并讨论小说的后续。[②] 他的意见虽然很精彩，但还是太仔细，并涉及小说的很多琐碎的细节，这里就不再逐一解释。不过，其他读者对他的猜测的反应是值得一提的。网友"132224495"回帖说：

---

[①] 参见 http://bbs2010.hongxiu.com/showtopic-1091.aspx，访问时间 2011 年 3 月 31 日。

[②] 参见 http://forum.qidian.com/threaddetailnew.aspx?seehost=true&hostid=106971302&threadid=114841801，访问时间 2011 年 3 月 31 日。

军叔，你的剧情设计比 FQ（指"番茄"，即该书的作者"我吃西红柿"——笔者注）强一万倍！

合情合理合节，差不多是六合彩！

估计 FQ 没看你的，后悔死了！

FQ，除了写这些，不会往好的方向写吗？①

"书友 090519091327373"回帖说：

军叔，我太想你了！没有你的日子，比没有更新还痛苦。看你的书评完全是享受。你太有才了，为什么你不努力写书啊！这点，我恨你。FQ 的逻辑思维能力较你也差一点！②

2011 年，该帖子共有约 170 条回复，当然其中的一些回复是毫无意义的空话和情感符号，但大体上大家很积极地参与对小说的讨论。如果没有网络和网络小说的独特时间性，这种现象几乎是无法发生的。

上面我介绍的现象，在网上一般叫作"剧情透露"，即"剧透"，也有人用"捏他"（日文"ネタ"的音译）这一术语。"百度百科"词典对该术语的定义如下：

剧情透露（简称剧透）即在他人看完某个戏剧作品之前，告诉其结果。是把涉及剧情的作品（如小说、电视剧、电影、漫画、游戏等）的内容泄漏的行为，其内容通常是涉及故事核心或伏线，因此对于未曾观看原作的读者，在阅毕后欣赏原作时的兴致可能会减少。现在，网络上的书评、影评、讨论区越趋注意剧透的重要性。

剧透分为 2 种：

---

① 参见 http://forum.qidian.com/threaddetailnew.aspx?seehost=true&hostid=106971302&threadid=114841801，访问时间 2011 年 3 月 31 日。

② 参见 http://forum.qidian.com/ThreadDetailNew.aspx?threadId=114841801&pageIndex=2&Action=next&PostId=59266980，访问时间 2011 年 3 月 31 日。

1. 在并没有公布结果的前提下提前推理分析出结果并且是正确的结果，比较让人佩服。

2. 在已经公布了结果的前提下把知道的结果硬加给并未知晓结果的人，比较让人反感。①

上面我介绍的例子都属于第一种剧透，是对网络文学的生成过程的一种积极参与。第二种剧透一般是"比较让人反感"的行为，但也是网络文学的"时间性"导致的现象。对每个网络文学使用者来说，每个人的"时间"是不一样的，因为正如我在上一节中指出的那样，网络中不同的时点在同一空间中存在。在使用者看来，网上存在的信息都是"潜在"的，它只能通过使用者的"点击"才能够在使用者的屏幕上"实在化"。所以，我们可以说使用者接触网上信息的时点与该信息的产生时点之间的关系不太密切。在网络上，我们很容易看到同一个帖子中的文字之间存在很大的时差。上面我已指出，我们可以将网络当成一种数据库，这意味着使用者的每次实际使用行为创造出不同的"时间性"。再加上，超链接使得信息与信息之间、文本与文本之间的距离缩小到零，或几次点击之远，所以网上的阅读或在对网络的使用中我们很容易接触到一些与我们的时间"脱节"的信息，即"剧透"的文字片段。

比如说，《盘龙》一书已在2009年6月告终，但作者对结局的处理却引起了读者的激烈讨论，该书结束后在书评区上的大部分帖子是有关结尾的讨论和批评。这本书完结五个月以后，网友"夂肉馒头ウ"回帖说："还没看完继续进行。结局真的很差？"②

对该书结尾的批评意见在书评区中有很多。按照我在上一节的讨论，我们可以说该书完结后还在经历着其意义上的变化，因为讨论和批评意见是与小说本身结合在一起的，所以从整个网络的角度看，在网络上存在的《盘龙》的意义不仅仅局限于小说文本本身，而且还得扩大到整个

---

① 参见 http://baike.baidu.com/view/456192.htm#sub2100287，访问时间 2011 年 3 月 31 日。
② 参见 http://forum.qidian.com/ThreadDetailNew.aspx?threadId=115681426&pageIndex=19&Action=pre&PostID=66848461，访问时间 2011 年 3 月 31 日。

有关帖子、回复等信息的总体。

在这种情况下,"ㄆ肉馒头ウ"的困惑是很常见的。因为对他来说,他读的不仅是《盘龙》的正文,他还要读书评区里面的有关信息。当然,还有很多读者是"只看作品"的,但这样的阅读其实是放弃网络文学的"网络性"的行为,与传统阅读没有太大区别。只有网络中一部小说与对它的意见是结合在同一个空间当中,形成一种数据库的。小说的连载行为与读者的参与都是这一数据库的组成因素。对"ㄆ肉馒头ウ"来说,有关结尾的讨论确实是百科词典所定义的第二种"剧透",但因为这一场讨论太激烈了,已成为该小说很难错过的一部分,他也不得不主动地去被"剧透"。如果他是看纸本书、新闻、杂志,或看电视连续剧的话,这些多余的、次要的信息可能就是不太重要的,也是比较不容易接触到的,因为在这些媒体中"正文"和其他有关信息之间存在物理的距离和阻碍。只有在网络中,"作品"的垄断地位被动摇,与产生于不同时点的其他信息结合在一起。

总的来说,"剧透"是读者与作者之间的,或者读者与信息、网络之间的一种博弈,它虽然不是网络文学的固有现象,但它在网络中的实现方式却有其独特性。当点击率和评论的数量实时地反映在小说的网络环境中,即使最具有恒心的作家也很难保持独行其是的态度。如果作者在这一场博弈中输给读者,不能提供令人满意的情节,读者的批评和反抗就会很激烈,这对作者来说无疑是一种压力。例如:

> 豆哥(小说作者"天蚕土豆"——笔者注),昨晚你写的那章最后,一个叫土鳖的闪亮登场了,看到这出现过无数次的场景,我们都哭笑不得或者说是无语了。这种情况,同时出现在N个豆迷群里,虽然我们早就预料到,你会写出这样的章节,但真看到你写出来,我们还是很无语了。说实话豆哥,你写的这剧情,出现一次大家看这精彩,出现俩次大家看这舒服,再多了,就有点麻木了,而你先在是多到已经让豆迷知道你要怎么写了。……

> 豆哥你难道不知道，让读者把剧情猜出来是一件很危险的事么？①

再如：

> 这样的结局好像太勉强了没有什么新鲜的感觉了。②

由此可见"让读者把剧情猜出来是一件很危险的事"，因为这样读者很快会失去"新鲜的感觉"。第一个帖子是小说还没结束时发表的，第二个则是结束后发表的，但在网络的复杂时空中其区别是不太明显的。网络文学是时间性非常强的文学形式：它的写作过程也好，完结后的流通、消费、使用的过程也好，都在网络的独特时间性中才会得以实现。不仅预测行为本身对小说的后续产生影响，而且小说结束后有关它的帖子还会一直积累下去，将该小说与有关文学活动的意义变得更丰富。无论正在连载的小说还是作者已写完的小说，都只能在网络的时间性中获得其作为网络文学的意义。在这个意义上，网络文学是永远不会结束的，它是在时间的流逝中生成、变化的存在。网络中，我们能够实时地衡量对一部小说的读者反应：它以点击率、推荐数等数据的形式，也以书评、点评、回帖等文字的形式累积在"作品"上面。它是客观的、可看到的存在，是实时的变化过程。这种实时性、直接性使得网络文学具有以前的媒体中很难实现的"时间性"。

---

① 参见 http://tieba.baidu.com/f?kz=1005422200，访问时间2011年3月31日。原文中有不少错别字，这里不加修改。

② 参见 http://forum.qidian.com/ThreadDetailNew.aspx?threadId=115681426&pageIndex=4&Action=next&PostId=60036769，访问时间2011年3月31日。

# 第五章
## 结论：网络文学
### ——"事件"的存在论

　　本书从中国网络文学研究的既有成果出发，对它进行了批判性思考，并提出一些意见。在研究过程当中，我发现中国网络文学研究已积累了相当可观的基础，无论是有关理论的介绍和讨论，还是对主要作品及其作家的分析，都获得了不少成果。超文本性、民间性、后现代性、互动性等主要概念已被广泛地接受，变成了学界的常识。但另一方面，中国的研究有几个共同性问题，诸如对西方理论的盲目接受，对"作品"等一些传统文学观念的依赖，研究的抽象化、观念化倾向等。面对此问题，我试图通过"原生理论"和"网络性"两个概念来突破既有研究的局限，进而对目前中国网络文学的现实进行具体分析。

　　我认为，本书的研究意义主要在于：

　　1. 克服西方理论的盲目接受和滥用现象。依据中国网络文学的现实，本书对超文本、后现代主义等主要西方理论概念进行了批判性考察，纠正这些概念在中国的滥用现象。

2. 在网络文学研究中首次介绍、使用"原生理论"概念，揭示网络文学使用者的文学行为拥有的具体文化含义。

3. 提出"网络性"概念，将研究视野扩大到整个"网络"，摆脱以"作品"为代表的传统文学观念的束缚。

在本书中，我介绍和梳理了国内外的已有研究成果，对主要概念下了定义。我主要探讨了兰道、亚瑟斯、博尔特等主要西方理论家的研究成果，并介绍了"超文本""网络文学"等核心概念及有关论战。我对中国网络文学研究成果进行梳理和概括，并在这一过程当中发现，研究中理论与现实之间的脱节现象比较严重，对网络文学的态度也有不少问题。本书成书之际距离我最初提出这些问题，已经过了相当长的时间，不过我认为我发现的这些问题当前还是有意义的。

随后，我试图从五个不同的角度出发，进一步探讨已有中国网络文学研究的问题。第一，网络文学与传统文学的关系问题。我指出，两者既有共同点，又有不同点，所以我们应该保持历史性的、冷静的态度。第二，抽象化、观念化问题。依我看，西方理论中所涉及的网络文学和中国的网络文学之间存在很大不同，但大部分中国研究直接沿用西方理论来分析国内网络文学现象，结果导致研究的抽象化、观念化。第三，网络文学的"自由"问题。中国的研究一般过于夸张网络文学的"自由"，但对现实的具体考察则证明网络文学的自由是有限制的。第四，后现代问题。目前几乎所有中国网络文学研究都使用"后现代"概念，但这一概念本身是可疑的、模糊的，并且中国研究中对这个概念的使用太抽象、不符合现实。第五，传统文学概念对网络文学的束缚问题。我认为，以法兰克福学派为代表的一些传统文学观念对网络文学造成不必要的束缚，阻碍我们对它的正确理解。

在第三章，我提出了本书的两个主要概念："原生理论"和"网络性"。原生理论是某一种（大众）文化的原住民自己的理论，它所强调的是对其文化的深刻理解和洞察力。这一概念不仅让我们看到大众拥有的反抗主流意识形态的力量，而且将大众的思维提高到"理论"的高度。我认为，网络文学的使用者往往表达出他们的原生理论，他们对网络文学的理解、他们拥有的有关知识是局外人难以比拟的。他们不是文化产业的受害者，而是该产业、该文化的使用主体。"网络性"则指某一（超）文本或某个人的（文学）行为在网络中所获得的独特意义。通过这一概念，我们能够克服"作品""文本""超文本作品"等传统概念的局限，把握网络文学的流动的、运动的状态。在网络中，网络本身优先于作品，而网络使用者的写作、阅读等所有文学行为都是建构"网络"这一空间的活动。"网络性"概念可以给我们提供一个新鲜的研究角度，使我们看到网络这一新文学空间中发生的文学现象。

这些概念和理论，如果与中国网络文学的实践搭不上关系，就没有意义。这就是我在本书里一直强调的观点，所以在第四章中我利用这两个概念对中国网络文学的现实进行了具体的研究。第一，我分析了网络文学原生评论的语言，探讨其作为原生理论的意义。我认为，网络文学的原生理论家所持有的"爽"的文学观，作为一种积极的自我辩护逻辑，是名副其实的原生理论，他们对网络文学的特征及其商业性运作模式拥有深刻的理解和洞察力。虽然网络文学的原生理论不能全面取代主流研究，但作为对主流研究的反省并使其局部妥协，还是有巨大意义的。第二，我从网络性的两个不同侧面，即"实践性"和"时间性"出发，分别分析了其在实际网络文学中的具体表现。首先，对"实践性"的研究。对"穿越小说"的分析证明，网络文学是形成身份认同感的主动的实践；对粉丝活动的分析当中，我们可以看到在网络中发生的作者和读者之间的复杂博弈过程，在这里"作品"的垄断地位被摇动，使用者的活动越来越重要。其次，对"时间性"的研究。对"挖坑"现象的探讨告诉我们，网络文学是随时应变的存在，因此对它的评价总是一种"断章取义"；对"剧透"现象的分析中我们看到，作者、使用者、网络上的超文本之间发生着一个复杂的时间性博弈过程，而网络中的时间性是与以前的媒体的时间性有明显区别的。最后，我想再一次强调指出的是，网络文学不是一个固定的实体，而是一种"状态"或"过程"。所以，网络文学一旦离开网络就会变成另一种东西，我们只能将它放在网络中才有可能准确地理解它。

在网络文学实践中，读者的参与度比以前远远提高了，读者不仅阅读文本，而且还构造出他自己的"数据库"、发表评论点评、推荐或批评特定的作品……每个网络使用者的经验都是独特的，正如每个人的人生经历都具有独特性一样。在文学网站中，使用者并不是被动的接受者，而是使用者、实践者，他"生活"在其中。也许，这才是真正意义上的民主性文学的开端。

以前的网络文学研究侧重于"作品"和"理论"的研究。很遗憾，这两者都与网络文学的真相有一定的距离。我们往往只看网络文学的"结果"而不看其"过程"。但仅仅从其"结果"出发，我们很难把握其实际的存在方式。网络文学只有在使用者的实际"经验"当中才能够存在。

尼采说，"闪电"不存在，唯独存在的是打闪电的"行为"本身。这个行为背后并不存在任何"实体"或"主体"。

> 因为，就像人们把闪电（lightning）和其闪耀（flash）分开，把闪耀当作一种行为（action）、叫作闪电的主体所引发的一种效果一样，大众道德（popular morality）把力量和力量的呈现分开。……"行为者"只是被编造出来，然后附加于行动上的——行为（the act）就是一切。①

那么，准确地把握闪电可能是一种永远不可能完成的任务，因为作为实体的闪电根本不存在。网络文学也一样，它只有文学行为存在，而我们能够对它下定义且进行分析的"实体"根本不存在。中国网络文学

---

① F. Nietzsche, *On The Genealogy of Morals*, *First Essay*, tran. Ian Johnston，2014. 尼采的这本书属于"公共领域"（public domain），温哥华岛大学（Vancouver Island University）的约翰斯顿教授将它翻译成英语，并发布在他的网站上，参见 http://johnstoniatexts.x10host.com/nietzsche/genealogy1html.html。

的实际发展历史证明了这一点。在网络文学的历史中，没有永恒不变的存在。个别的文本在不断的时间和实践当中有时获得新意，有时被彻底遗忘。文本和文本之间、文本和使用者之间、使用者和平台之间，甚至平台和平台之间，一直在进行着各种各样的博弈，而这个博弈的过程就是网络文学的闪电。离开了闪电，就没有闪耀。没有"网络"，就没有网络文学"作品"。网络，就是网络文学。

  这是一种思考方式的转变，是一种由"名词性"世界观向"动词性"世界观的转变。众多著名网络文学"作品"，其实是以一种"动词性"的状态飘逸在网络当中。也许，这就是德鲁兹所说的作为"事件"（event）的存在。[①] 在这一世界观下，运动、关系、经验比实体、本质、分析更加重要。当然这还是让人比较陌生的思考方式。无论是学者或者粉丝，我们的注意力更集中在"名词性"的活动上：我们喜欢确定对象、对它下定义并进行分析。在这里，我不想否定这些"名词性""实体性"的存在论，实际上它是我们的整个逻辑的先决条件。也许为了客观的研究，这种学术性的、逻辑性的思考是不可或缺的。但是，客观是不是主观的一种特殊形态？没有亲自经验过网络文学这一"事件"的人，会不会对它做出准确的评价？这确实是一种"绝境"[②]。

---

[①] Gilles Deleuze, *The Logic of Sense*, New York, 1990.
[②] 陈晓明：《绝境：解构的向死而生——德里达后期思想的要义》，《杭州师范学院学报（社会科学版）》2008年第1期，第31—36页。

# 附　录
## 智能手机时代的网络文学变化
### ——以韩国和中国的情况为中心①

## 一、序论

智能手机出现后，我们的生活发生了很大的改变。与他人联系的方式、记录和分享信息的方式、打发时间的方式，乃至我们看待世界、感受世界的方式，都在不断改变。作为文学研究者，我觉得有一个事情很

---

① 本文首次宣讲于第 38 届韩国中国学会国际学术大会 "第四次产业革命时代之中国学"（《4 차 산업혁명시대에 있어서의 중국학》，2018 年 8 月 17 日），后收入韩国《中国学报》第八十九辑（2019 年 9 月），参见 https://dx.doi.org/10.35982/jcs.89.8。韩文题目为《스마트폰 시대 인터넷 문학의 변화——한국과 중국의 사례를 중심으로》。

有意思:越来越多的人在用智能手机阅读"文章"。① 很难相信,目前在中国最普遍的阅读方式就是用智能手机阅读。2014年,中国的纸本书阅读率和电子(数码)书阅读率就已经高下难分了,2017年电子书阅读率达到68.2%,超过了停滞在66.1%的纸本书阅读率,而中国电子书阅读的绝大多数(约97%)是通过智能手机进行的。② 就韩国而言,相对于中国的情况来说,电子书阅读的比例较差。根据韩国文化体育观光部2017年公布的一项调查,韩国的年度纸本书阅读率(成人)为59.9%,电子书的阅读率(成人)仅为14.1%。不过学生电子书阅读率则达到比较高的29.8%,该报告中还提到网络小说的影响,认为今后发展潜力很大。③ 2017年韩国国内进行的另一项调查中,电子书阅读方式中智能手机(48.5%)已超过电脑(PC,39.2%),占据首位,而相对于平板电脑(8.4%)和电子书阅读器(3.9%)来说,这是压倒性的数值。④ 另外,根据2018年对学生进行的调查,智能手机和其他阅读器之间的差距更大:在阅读网络杂志和电子书的主要机器中,智能手机占66.8%;比起PC/笔记本电脑(17.5%)、平板电脑(14.1%)来说,智能手机可说是最常用的机器。⑤

当然,这仅仅是一个单纯的数据,不能证明智能手机时代的网络文学(电子书)在"质"上比以纸本书为代表的传统文学更加重要,也不

---

① 截至2018年6月,中国网络文学用户为4.32亿左右,4.1亿人用手机/智能手机进行阅读(据CNNIC的第3次报告,《2019年第43次中国互联网络发展状况统计报告——网络文学》)。另外,虽然缺乏可靠的依据,但有新闻说,每天在中国生产的文本多达2亿字。参见http://www.ajunews.com/view/20171006085044996。

② 参见智研咨询《2017—2022年中国数字阅读行业运营态势及发展趋势研究报告》;中国产业信息《2017年中国国民阅读率、数字阅读市场规模分析》(http://www.chyxx.com/industry/201710/575487.html)等材料。不过因为这是允许多项回答的数值,所以很难与韩国进行直接比较。李佳等学者所参考的资料中显示,已经有75%以上的调查对象(网络文学用户)使用移动终端进行阅读,使用纸本书籍和台式机阅读的分别只有14%和11%(李佳、郭剑卿:《新媒体文学语境下的阅读形态探微》,《山西大同大学学报(社会科学版)》2017年第3期,第52页)。考虑到许多人将智能手机定位为"读书之敌",这简直是很讽刺的情况。

③ 财团法人韩国出版研究所:《2017年国民读书实态调查》(2017년 국민 독서실태 조사),2017年12月。

④ 财团法人韩国出版研究所:《2017年电子书读书实态调查》,2017年12月。

⑤ 韩国统计信息服务(Korean Statistical Information Service, KOSIS):《网络杂志和电子书籍使用与否、使用频率及使用机器》,2019年。参见https://kosis.kr/statHtml/statHtml.do?orgId=154&tblId=DT_MOGE_1540002604。这是不允许多项回答的数值,所以实际上用智能手机进行阅读的比例应该是更高的。

能证明电子书可以替代纸本书。但是，如果暂时推延这种价值判断而冷静地看待现实，我们不得不承认以智能手机为代表的移动阅读在中国已经成为最具代表性和普遍性的阅读方式，而韩国也在以迅捷的速度紧随其后。有些人认为智能手机的发展使人们越来越远离阅读，随处可见关于"文学危机"的担心和警告，但实际上，在传统文学研究者不太关注的地方，正在出现具有巨大能量的文学活动。

本文的目标是在用智能手机的阅读广泛普及的现实下，探讨媒体与文学的关系以及与媒体有关的人类文学活动的变化，主要研究对象将是网络文学。自20世纪90年代中后期PC通信（韩国的情况）①或大学BBS（中国的情况）等网络文学正式起步后，许多讨论都在展开。但是，由于智能手机和移动通信技术的全面普及，原本以台式机（desktop）和网页/BBS为中心的有关网络文学的观点大体上都需要一次重新讨论和一个更加开放的视角。以前被"网络文学"或类似术语概括的文学领域从质量上和数量上都发生了巨大的变化。

这里我必须明确地指出，本文的目的不在于探讨"传统文学（纯文学）vs智能手机文学"，而在于考察"网络文学 vs 智能手机（手机）时代文学"的区别。

本文的前提条件是网络文学与以印刷技术为代表的纸本书文学具有一定的辨别属性。我将在这一前提条件下分析网络文学的最近形态，也就是说分析智能手机对网络文学的影响。

关于智能手机对人类感官或思维的影响已经进行了大量的研究，但在文学领域里进行既有的网络文学与智能手机全面普及以后的文学的比较研究还不太成熟，而这正好是目前我们需要去做的。当然，关于网络小说、手机小说、新媒体小说等值得关注的研究成果已经出炉，媒体对人类活动的影响这一方面我们也获得了重要的理论工具。②

---

① 韩国的"PC通信"（电脑联网）是用调制解调器（modem）的早期网络通信系统。
② 参见［韩］朴喜善（Park·Sun-hee）:《移动媒体界面和人类感觉之链接》,《韩国言论学会学术大会发表论文集》, 2009年;［韩］李东厚（Lee·Dong-hu）:《试探移动媒体界面的空间性和人类行为者的主体性》,《韩国放送学会学术大会论文集》, 2008年;［韩］姜珍淑（Kang·Jin-sook）、［韩］张友贞（Jang·You-jeong）:《对智能手机使用者的远程呈现经验的现象学研究——以保罗·维希留的速度理论和感觉麻痹为中心》,《韩国放送学报》, 2012年。

在这种既有研究的基础上，本文试图探讨近年来智能手机的普及对网络文学界（主要是中国和韩国）的意义。中韩两国的网络文学在初期就有相当大的相互影响，而且两国在以全面付费的、商业化的长篇类型小说为主这一点上有很大的共同之处，所以值得放在一起讨论。①如上所述，中国付费连载网络文学市场规模是压倒性的存在，比起纸本书，用智能手机阅读的比重更高。网络文学，特别是利用智能手机进行的文学活动成为主流的这种情况，据笔者所知，世界上只有中国。韩国智能手机的普及率比中国高出很多（95%），智能手机正在成为几乎唯一的主流媒体，而且网络文学的实际内容也与中国非常相似。②

虽然我不能阅读到世界上所有地区的网络文学，但与作为代表性案例的美国情况相比，中韩网络文学的特殊性就变得更加明显了。美国智能手机普及率较低（77%），纸本书市场依然活跃。③虽然有些亚文化、同人小说、翻译小说网站等受到欢迎，但很难说在美国像在中国一样以商业题材文学为主的网络文学占压倒性优势，而是形成了相对来说以更加多样、节奏较长的作品为主的环境。在有关的研究中突出的也是对电子"书"、跨媒体（trans-media）现象的关注，而不是对智能手机上的连载形式的关注。例如，韦格尔（Anna Weigel）的论文谈到了跨媒体小说，但仍然表现出以"作品"为单位的思维方式，由此探索纸本书与电子书、

---

① "可爱淘"的作品翻译成中文后引起了很大影响，最近韩国的 KOCM 出版社将很多中国网络类型小说翻译成韩文。另外，电视剧等有关媒体作品（《致我们单纯的小美好》《微微一笑很倾城》《琅琊榜》等）在韩国流行，也提高了中国网络小说在韩国的知名度。其实日本智能手机对文学市场的影响也很大，所以把它加入本文的讨论会很有帮助，但是笔者能力有限，这里只想讨论中国和韩国的情况。参见［日］饭田一史《WEB小说的冲击》，［韩］宣正友（Seon Jungwoo）译，友达出版社（YODA），2018年。

② 《韩国智能手机普及率世界最高，中国呢？》，《延边日报》，2018年6月26日。参见 http://www.iybrb.com/news/content/2018-06/26/59_316756.html。

③ 李康峰：《电子书不太受欢迎，纸本书恢复人气》，《科学时报》（*The Science Times*），2018年1月18日。参见 https://www.sciencetimes.co.kr/?news=%EC%A0%84%EC%9E%90%EC%B1%85-%EC%8B%9C%EB%93%A4-%EC%A2%85%EC%9D%B4%EC%B1%85-%EC%9D%B8%EA%B8%B0-%ED%9A%8C% EB%B3%B5。

应用程序（App）等联动的方式。①在这样的研究中，每章100韩币（韩国）或者按每1000个字付费（中国），并且与很多用户一起阅读每天更新的文章的感受就不是主要的了。

总之，中国的案例可以说是网络文学的，包括其中的智能手机文学之最成功的、最具特点的案例。韩国虽然在绝对规模上无法跟中国比拟，但其性质和环境方面却非常相似。因此，本文将要讨论的内容看似是有关智能手机的普遍论，但实际上并不是，而无疑是中韩网络文学在智能手机时代所呈现的特殊情况。

不过这篇文章中我想讨论的情况目前还在进行中，有太多的变数，因此得出严谨而系统的结论是不太可能的。执着于先入为主的结论或视角，反而会阻碍我们正确地把握事情的状况。因此，笔者认为，与其在智能手机时代的文学中勉强地读出唯一的结论，不如从不同角度读出其变化的潮流和迹象，进而提供一个能够扩大我们对（网络）文学的想象空间的契机。为此，本文第二部分我将在智能手机跃居主流媒体的当下，对网络文学的初期预测或先入为主的观念进行重新探讨。进而，第三部分将智能手机时代文学的实际情况分成物质/形式和内容两个层面进行讨论。

这里预先提醒一下，我在第三部分提及的内容也许有些零散，甚至有时似乎相互重叠，这或许是由于笔力不足，但更本质的原因在于"智能手机时代的文学"不是一个具有某种固定方向性或中心的实体，而是多样、零散、互相矛盾的那些实践之总体。

## 二、重新考察有关概念和既有争论点

### （一）有关概念：何谓"智能手机时代的文学"？

在网络文学的起步阶段，主要的讨论是围绕网络文学与传统文学的区别是否是本质的、其范围到底有多大等问题。有些人认为它与传统文

---

① Anna Weigel, "New Reading Strategies in the Twenty-first Century: Transmedia Storytelling via App in Marisha Pessl's Night Film," in Heta Pyrhönen & Janna Kantola eds., *Reading Today*, UCL Press, 2018, pp.73–86.

学只有媒体的差异，有些人极端地主张它与传统文学是完全不同的文学形态。例如，当时流行这样的一个争论：如果把《论语》或《哈姆雷特》等作品简单地上传到互联网上，它们是否可以被看作网络文学？

依我看，我们不需要详细地描写有关的讨论过程（因为现在大多数人都能直观地感受到一种叫作网络文学的东西确实存在），这里先直接讨论一下"手机小说""移动小说"和中国常用的"新媒体文学"等几个相关术语，然后再介绍我提出的"智能手机时代的文学"这一术语。

首先，"手机小说"与笔者想要谈论的智能手机时代的文学是需要严格区分开来的，它指的是最初在日本开始，在中国也流行了一段时间的文学形式，是通过短信（SMS）传播的百余字至数千字左右的极短形式的小说，它从时间上和内容上看并不是本文的主要讨论对象。① 不过它也使用了电话这一媒体，而且由于其特殊的形式，可看作最近网络文学所呈现的碎片化、超短篇化倾向的前身，在这一点上还是有一定的关系。

其次，李丁准（Lee·Jung-jun）的"手机小说"概念则是指在常规意义上的手机小说之后出现的通过智能手机和平板电脑等进行的文学活动，这个概念与本文的主题有相当密切的关系。但是，他想把它当作与在台式机上、在 Kindle 等电子书专用阅读器上的读书行为严格区分的一个独特的术语来使用。② 在笔者看来，这种区分虽然有一定的意义，但不太能体现出手机和智能手机之间的语感上的差异，而且过于强调 Kindle、PAPER、SAM、Crema 等专用电子书阅读器的重要性和差异。③ 不过，他将"移动"

---

① ［韩］李丁准：《手机文学》，《德语文学》第 116 集，2010 年。

② 李丁准认为："在使用者看来，手机、智能手机等移动性融合（convergence）电子书与 kindle 等电子书专用阅读器是在其用途上不一样的。"参见［韩］李丁准《手机文学》，《德语文学》第 116 集，2010 年，第 209 页。

③ 智能手机、平板电脑和电子书专用阅读器之间当然存在一定区别，对于这些区别我们还需要另外的讨论，不过从最近的情况来看，硬要把平板电脑与智能手机分离的尝试没有多大意义。用平板电脑、电子书阅读器看书的人数比用智能手机的少得多，而且平板电脑和智能手机的界面之间并不存在本质的区别。电子书阅读器确实有不同的特征，不过不管在中国还是在韩国，用电子书阅读器看书的比例非常低。申东姬等人提出的"N 屏幕"（N screen）概念是值得一提的，他们认为，我们应关注的是电子文本在很多不同的屏幕（screen）当中转移的时候发生的媒体翻译现象。关于"N 屏幕"，参见［韩］申东姬（Shin·Dong-hee）、［韩］金姬庆（Kim·Hee-kyong）《使用 N 屏幕服务的跨媒介叙事战略——以 ASMD 为中心》，《韩国内容学会论文志》2014 年第 3 期，第 2—3 页。

（mobile）这一核心属性摆在前面，而不是强调特定的媒体（智能手机），这一点意义重大。

接下来，让我们分析一下最近在中国广泛使用的"新媒体文学"这一术语。在中国，"网络文学"一词是通常使用得最为广泛的。这个术语在韩语中可翻译成"온라인 소설"（在线小说）、"인터넷 소설"（网络小说）、"네트워크 소설"（网络小说）等，它能够充分展现出文学的数字化、在线化趋势，是一个可以广泛使用的术语。"新媒体文学"一词之所以最近受到关注是由于社交平台（SNS）、直播等"自媒体"在中国的爆发式增长。一般意义上的"新媒体"是一个相对的概念，通常是指与模拟媒体相比更新的互联网等数码技术相关媒体，有时也指相对于纸本书、报纸来说更新的媒体，即电视、广播等视听媒体。但是正如徐兆寿指出的那样，最近在中国使用的"新媒体文学"并不是指整个数码媒体或视听媒体，而是指主要通过移动机器和自媒体流通的崭新文学形式。徐兆寿还认为文学不能被还原为媒体，因此他更喜欢"新媒体时代的文学"[①]一词，依我看这种对还原论的警惕是值得借鉴的。

很显然，移动小说（文学）和新媒体文学都是能够帮助我们关注智能手机的强烈影响下的移动时代文学活动的术语。但如果过于重视这些显眼的术语，我们有可能会忘记智能手机之后的文学也不是与网络文学无关的，而只是它的一种特殊状态而已，也会忘记从更大的意义上讲，网络文学也是文学的最新状态和文学史的一部分。博尔特和格鲁辛的"再媒介化"（remediation）概念使我们明白，新旧媒体之间的关系几乎与即时替代或退出无关，反而是二者之间的动态互动。[②]凯瑟琳·海尔斯更

---

① 徐兆寿：《新媒体时代的文学生产与传播》，《当代作家评论》2017 年第 4 期，第 70 页。
② 参见［美］博尔特等《写作的空间》，［韩］金益贤（Kim·Ik-hyeon）译，沟通图书（Communicationbooks），2010 年，第二章"作为技术的写作"。

进一步地试图用“互相媒介”[①] 和“媒体翻译”[②] 等术语来思考不同媒体之间的关系，这让我们更好地捕捉到既有媒体所发挥的顽强而持久的效应。智能手机这一新媒体确实为原本以台式机[③] 为主的网络活动和文学活动带来了新影响，但智能手机应用（App）的登场，并未使得台式机软件立即消失。移动小说或新媒体文学常常被再媒介 / 互相媒介到 N 个屏幕上，甚至到印刷媒体上。在这个媒体翻译的过程中，有时出现重要的差异，但有时其差异只不过是字体的大小不同而已。在网络文学的历史中讲述智能手机的影响，我们必须仔细地分析这种复杂的互动性。

为了将讨论的焦点放在智能手机上，同时为了防止过度强调媒体的影响力，本文将采用“智能手机时代的文学”一词，而不是“智能手机文学”。这种术语概括意味着在智能手机广泛普及的近一时期主要通过智能手机等移动机器进行的文学活动（与互联网无关的纸本书不包括在内）。插入“时代”一词是为了警惕智能手机等技术或媒体能决定文学的还原论思维，也是为了强调“文学”这一古老媒体被互相翻译为以智能手机为代表的移动时代的各种媒体的过程。此外，“智能手机时代的文学”一词可以涵盖很多其他移动机器，例如使用移动通信技术的平板电脑、笔记本电脑、具备无线通信功能的专用终端等，同时也可以表示智能手机在移动技术领域所具有的主导地位。

另外我还想指出，以前我们讨论文学的时候是将主要焦点放在生产者和作品上，而最近中韩的网络文学和智能手机时代的文学中，生产和



① 海尔斯把“印刷媒体与电子媒体的互相渗入以及模拟（analogue）与数字表示（digital representation）之间的辩证法”，也就是说，“文本的身体和数字主题的身体之间的纠缠的发生形态”称为“互相媒介（intermediation）”（[美] 凯瑟琳·海尔斯:《我的母亲是计算机——数码主体和文学文本》，[韩] 李庆兰（Lee·Kyong-ran）译，阿卡内特出版社（Acanet），2016 年，第 21 页）。在本文里，这一术语包括不同形式的电子文本之间的内部互相作用在内。

② 海尔斯认为应当“将印刷文件翻译成电子文本的行为叫作一种翻译形式”，即“媒体翻译”。（[美] 凯瑟琳·海尔斯:《我的母亲是计算机——数码主体和文学文本》，[韩] 李庆兰译，阿卡内特出版社，2016 年，第 140 页）像互相媒介概念一样，这里的“媒体翻译”不仅指印刷文本和电子文本之间的翻译，也指电子文本之间的翻译。

③ 本文中，移动媒体的主要相对概念是“台式机”，也可以用“PC”一词。不过，使用“台式机”，可以排除笔记本电脑等区分上暧昧的媒体，并且还能强调“台”（desk）这一固定的、物理的空间。

消费已经非常紧密地联系在一起，所以只看其中的一个方面是毫无意义的。在中国和韩国，通过智能手机进行的主流文学活动以消费者的欲望为中心，其运作过程是由生产—流通—消费者加在一起进行的。总之，本文使用的"智能手机时代的文学"，指的是中国和韩国现实中通过智能手机进行的大规模的、产业性的特定文学活动的总体，而绝不是指智能手机时代进行的所有文学活动。

### （二）重新考察既有争论点

在那些与网络文学有直接关联的学者的主张中，比较早期出现的观点（其代表是亚瑟斯的赛博文本理论[①]、乔治·兰道的超文本理论[②]等，在中国，欧阳友权[③]、黄鸣奋[④]等学者的研究值得关注）倾向于对数码技术和利用它的文本所具有的新颖性及巨大可能性表示出过度乐观的态度。数码技术的确使得以前根本不可能的事情（强有力的超链接、互动性等）成为可能，并且将巴特提出的"作者之死"这一话题和文本的游戏等一些可能性变成了现实，开启了接力小说、多媒体小说、超文本诗歌等多种实验性文学活动。[⑤]有些人还乐观地展望，认为目前进入了一个自由、平等的文学界，而这里"所有人"都能成为作家。不过，（至少在中国和韩国）现实中网络文学的展开与这种乐观展望截然不同。实际上，在中国逐渐成为主流的网络文学，与其说最大限度地将各种理论可能性变成了现实，不如说转向了商业化、长篇化、类型的数据库化等，这种趋势在韩国也大同小异。简言之，现实中的网络文学大体走上了迎合消费者喜好的大规模生产和产业化的道路，而对探讨超文本/赛博文本这些无限的实验及其艺术价值不太感兴趣。即便如此，早期对网络文学的"成见"

---

① ［挪威］亚瑟斯：《赛博文本：对遍历性文本的一些看法》，［韩］刘贤珠（Ryu·Hyun-joo）译，享文出版社（Geulneurim），2007年。
② ［美］乔治·兰道：《超文本3.0》，［韩］金益贤译，沟通图书，2009年。
③ 欧阳友权主编：《网络文学发展史——汉语网络文学调查纪实》，中国广播电视出版社，2008年。
④ 黄鸣奋：《新媒体与西方数码艺术理论》，学林出版社，2009年。
⑤ 在韩国进行的各种各样的很多实验性文学创作，参见［韩］金宗会（Kim·Jong-hoe）等《赛博文学的理解》，集文堂（Jipmoondang），2001年，第四章"理解超文本文学"。

（认为文学已经变成了任何人、任何东西、任何时间、任何地点都能享有的东西）并没有轻易消失，而且在某些情况下它不是成见，而是准确的诊断。另外，在资本的压力下看似将消失的网络文学中的文学性或实验精神，在智能手机这一新媒体兴起之后，会得到重新出现并复苏的机会。①这一节，我将批判地重新考察一些对网络文学的早期诊断和预言。

### 1. 技术性因素：超文本、赛博文本、多媒体

兰道和亚瑟斯分别从不同的角度对电子文本的巨大潜力提出了强有力的意见。由于篇幅有限，这里不谈两者的区别，而只取其共同点讨论，即有关超/赛博文本的言说中强调的是读者/使用者与文本之间可进行深入的互动这一点。但是如果考虑到现实中构成中韩网络文学的主流是商业长篇类型小说，在个别作品中则很难发现这种深入的互动现象的实例。例如，文本中设置超链接，或者强迫使用者不要按顺序阅读而去做非线性阅读的实例寥寥无几。此外，在产业化了的21世纪文学平台上，大部分的评论、跟帖（可能是现实中最重要的互动形式之一）都被隐藏了，所以如果他们愿意的话，读者/使用者不需要局限于数字媒体的互动属性，而是可以随意进行传统的线性方式的阅读。就作为电子文本的另一种可能性而受到关注的多媒体文本而言，那些多方面运用视频、音乐、触觉等的文学活动，毕竟只是实验性的，从未成为主流。在连载平台只承认文字文本的情况下（它们对字数有严格的要求），插图、音乐、视频等因素大多只是次要的。

当然，我不是说在以台式机为主的网络文学当中就完全缺乏上述特征。大型文学连载网站将作品变成一种数据库，而使用者学会了怎么去享有作为一个超文本/赛博文本的这个数据库。他们可能线性地阅读个别作品，不过在实际的网站使用过程中，他们利用书签、书架、收藏等方

---

① 适应于智能手机时代的文学杂志（韩国的《View》[ http://view.sfac.or.kr/ ] 等，中国则有韩寒的《ONE·一个》等）的陆续问世、创作/流通环境的变化、将位置情报或AR/VR技术嫁接到文学（例如，一些作家正在发表根据你所处位置的天气调整作品中的背景的作品，或将传统文学作品重构成VR的作品）等现象可看作是技术与文学性成功结合的例子。当然，这些创意的"文学"实验到底有多大的影响，是有待观察的。

式进行非线性阅读，并且对恒常存在的作品——文本及其外部之间的链接环境觉得愈加舒适。

网络文学进入手机时代之后，这些技术性因素面临新的挑战，其中很重要的两个就是界面的变化和原本被分开的复数媒体（multi-media）目前已经在智能手机处合并这一事实。鼠标和指头之间，键盘和虹膜、指纹识别之间存在很大的区别。智能手机基本上都具有扬声器、相机、触摸屏等配件，通过这些装置可进行人与人的、人与环境的沟通。智能手机已变成现代人的必需品，给我们提供以前的台式机难以提供的很多技术可能性，开辟了可以再探讨电子文本的众多潜能的道路。①

### 2. 作者之死

巴特早在20世纪60年代就主张，作为作品的绝对主宰者和唯一源泉的作者是不可能的，这一主张对超文本与网络文学相关的理论讨论有很大影响。② 不过无论它在理论上多么重要，"作者之死"这一主张看起来都不太符合对网络文学的初步观察。在中国这一世界最大的网络文学市场当中，有些作者简直已经跻身明星行列，从某种意义上看他们似乎比文本还重要。唐家三少和我吃西红柿等著名网络写手变成了一种品牌。

可是文本流通过程的中心由纸本书这一物质性转向数码环境这另一个物质性③后，我们越来越明白作者再也不能是作品的艺术世界的独裁者。数码编辑技术（以"复制粘贴"为代表的）将苟延残喘的原本的光晕几乎灭绝了，实时计算的作品人气指数（点击率、推荐数）不仅对作品的内容施加影响，而且对作品的存在本身有决定性影响。由于类型小说最受欢迎，写手对套路的依赖愈加强烈，作家的任务好像不是创作一个崭新的世界，而是在既定的设定当中进行新颖的变奏和游戏。总之，

---

① 目前这样的实验并不罕见，例如用智能手机将使用者的位置或天气反映在文学里，将文学作品变成一个可体验的活动（我们可以用VR技术体验卡夫卡的《变形记》，参见 https://news.joins.com/article/22766849）等。不过，自从网络文学正式起步的20世纪90年代以来，这样的实验至今还未能成为主流文学，也没有从根本上改变文学的基本结构。

② 兰道认为，超文本是巴特的理论在现实中的物化。参见［美］乔治·兰道《超文本3.0》，［韩］金益贤译，沟通图书，2009年，第3—4页。

③ 正如凯瑟琳·海尔斯重复强调的那样，"数字的"（the digital）存在也离不开物理实体。数字和模拟现实本身就是一种物质（matter）。

在现实的网络文学中,"作者之死"这一纲领通过一种使文学的全面产业化(批量生产)成为可能的方式被实现了,而这种实现方式可能与巴特所设想的方式很不一样。读者发挥创新精神或者文本的游戏这些现象也时有发生,不过作者的权威和绝对性缩小后的空间是渐渐由编辑、大型文学连载网站及其运作机制(计算点击、推荐并将它数值化的机制)、资本、其他有关媒体(电影、连续剧、漫画、电子游戏等)的影响、相关法律和人类生活的节奏变化等多种因素来填充的。① 尤其是在除了作者(生产者)以外的文学力量对文学的生产施加直接影响的网络文学当中,作者确实已"死",至少在中国和韩国的网络文学中,补上作者位置的是被数值化了的计算机制。

进入智能手机时代后,这样的趋势基本上没有变,不过近来有些人展望说,最近十年影响巨大的以台式机为主的大型连载网站的地位会不如从前。② 其原因很简单,人们不再像以往那样频繁地访问那些网站。浏览器和专用阅读软件为主的阅读环境现在已经转向以应用(App)为主的环境,读者不再坐在台式机前忠诚地访问特定的网站,而是滑动智能手机的屏幕去消费文学。智能手机的广泛普及,不论在内容上还是形式上都会改变网络文学的面貌,而其在产业方面的影响会更加显著。

### 3. 对自由和平等的一些乌托邦式看法

互联网刚开始普及的时候,很多人认为它会给人们带来自由和平等。任何人都可自由地发表意见,在有保障的匿名性下,人类远离性别、种族、年龄的歧视,能够进行平等讨论的乌托邦看似即将到来。可是很可惜,这种事情不论在网络中还是现实中都没发生过。假新闻泛滥、愈加深化的确认偏向、数字鸿沟、审查和网络实名制、恶作剧(trolling,网上故意引起别人攻击性的、反社会的行为)等却弥漫天下。在文学方面,情况并无二致。我们先谈谈网络文学中的自由。从理论上看,网络确实

---

① 这是日本的情况,不能直接对应于中国和韩国,不过饭田一史的著作使我们明白了"WEB 小说"对出版界和文学机制的巨大影响。参见[日]饭田一史《WEB 小说的冲击》,[韩]宣正友译,友达出版社,2018 年。

② 闫伟华:《移动互联网崛起与网络文学产业变革》,《编辑之友》2017 年第 12 期,第 12 页。

是一种自由的空间，我们在其中可随意发表任何文字。不过现实并不是这样，一方面有比较直接的要求，首先要通过相关机构的审查，而且在大型网站上发表文章必须严格按照网站的要求（中国实行网络实名制，审查制度也比较严格，很多网络企业也积极地配合）。另一方面是比较间接的要求，写手不能不极端重视流行和读者兴趣，并且连载的速度和字数也给作者造成非常强大的压力。[1] 简言之，除了那些像日记一样自己上传在个人博客上的不公开文章以外，目前的网络作家是不能"自由地"进行写作的。

然后就平等而言，情况也差不多。在网络上，性别、国家、种族等界限并没有消失（这也许是理所当然的），反而弥漫着浅薄的民族主义、种族主义、性别歧视等各种仇恨（hate），这一点我们从最近有关难民问题的争论、"Megalia"事件（韩国的极端女权团体和它所引起的一系列的论战）等很容易看出来。在文学方面，很多极右民族主义在不少网络小说中被露骨地表现出来；有意物化女性、厌女症不仅在武侠、奇幻等男性向类型小说中，而且还在女性读者与作者较多的言情、言情幻想（romance fantasy）小说当中有所体现，甚至几乎可以说是其中的一种基本因素。[2]

除了这些显著的歧视之外，发表作品的平台也会引发结构性歧视。显示在文学连载网站（或应用）首页上的作品和其他作品之间存在显著的不公平，而在这一过程中，连载平台发挥了一种编辑性功能，有时其影响力远超文学作品或作家本身。

那么，网络和智能手机的普及对文学的自由和平等施加了负面影响吗？那倒不见得。现实中，中国网络小说的写手群在过去20年间呈现为

---

[1] 金昭英：《中国网络文学网站的主流生产机制研究——以榕树下和起点中文网为中心》，上海大学博士学位论文，2014年，第三章第二节。

[2] 在韩国的代表性言情小说连载网站"joara.com"，很多以"哈来姆"（harem）、"催眠"、"性奴"作为关键词的小说还在连载，其中性客体化（sexual objectification）非常严重。中国的网络文学审阅比较严格，所以厌女症没有韩国这么露骨，不过也不是没有，例如，将女性的成功和男性权力结合在一起，女性人物的能力仅仅局限在为男性沏茶、插画等与传统"女性"有关的领域等。参见［韩］崔宰溶《浅析中国网络长篇穿越小说——以女性古代穿越小说和男性重生小说为中心》，《中国小说论丛》第42集，2014年。

爆发式增长，网络写手成为年青一代最偏爱的工作之一，[①]这意味着发表文章的门槛真的降低了不少。另外，虽然 IP 地址、语言的局限等物理限制仍然存在，但是相对于纸本书来说，网络文学的流通过程是被大大地简化了。智能手机普及以后，社交平台所提供的强有力的传播、互动功能和智能手机的强大移动性、便携性，使得阅读、写作行为从很多物理限制中解放出来。再加上，智能手机像必需品一样普及后，那些低学历者、贫困阶层、农民工等以前很容易被边缘化的阶层也可以积极参与文学活动。[②]不过我们得记住，这些自由和平等不是单靠媒体所能赐予我们的。

## 三、智能手机和网络文学之间的互相媒介

下面我将正式开始探讨智能手机时代的文学与既有网络文学之间的关系和互动。智能手机时代的文学并不会替代"纸本文学"或网络文学，而是通过跟它们的互动而进行创发（emergence）[③]的。只有这样的新生事物"到来"后，我们才能在回顾中更清晰地明白以前的媒体所具有的特征。正像我们在网络文学普及后才能明白传统的文学中纸本书这一印刷媒体是多么具有物质性一样，看到了以台式机为中心的网络文学和智能手机时代的文学之间的互动后，我们现在才能够更加深入地理解网络文学。下面，我从物质性/形式和内容这两个方面[④]对这一互相媒介的过程和具体情况进行考察。

---

① 2017年，在中国活动的网络文学作家200万人左右。参见陆高峰《作为文字劳工的网络文学作者从业生态》，《青年记者》2017年30期，第110页。

② 周兴杰：《网络文学20年接受方式的转变》，《中州学刊》2018年第7期，第157页。

③ 创发是海尔斯很喜欢的一个词语，意指从一个比较单纯的机制中发生预料不到的、更加复杂的复杂性现象。参见［美］凯瑟琳·海尔斯《我的母亲是计算机——数码主体和文学文本》，［韩］李庆兰译，阿卡内特出版社，2016年，第45页。在本文中，创发是指导入一个新技术后发生一种预料不到的文学活动的过程。

④ 这样的区分当然是相对性的，两者是紧密地结合在一起的。将形式和内容区分开只是为了便于叙述，下面的分析中我将讨论两者之间的复杂关系。

## （一）物质性/形式方面

### 1. 可读性

作为阅读媒体，智能手机和台式机最显著的区别在于屏幕的大小不同。从纸上印刷的文本到电子屏幕上的转移已经使读书或者阅读的环境发生了不少变化，不过这里我要强调的是电子屏幕之间也有不同点，尤其是智能手机和既有的 CRT/LCD 显示器在很多方面都不一样。

这一区别也是一般人很容易直观地看出来的。以前，一部手机的技术成就是以小型化、轻量化的程度衡量的，不过2017—2018年以后流行的款式将边框（bezel）极端地缩小，同时将屏幕的占比最大化。最近的智能手机的屏幕尺寸小的为4.7英寸（苹果手机等少数款式），大的则为6英寸以上（三星 Galaxy Note 等），都以"大"屏幕为主。但是这些数值与台式机的阅读环境相比还差得很远，因为台式机显示器至少是15英寸（CRT显示器或初期的LCD显示器），甚至会到30英寸以上。当然，随着智能手机渐渐成为主流阅读媒体，近期大批生产出来的是以智能手机的阅读环境和屏幕大小为基本标准的文本。有些大范围的变化——文本中的句子本身变得越来越短，句子的上、下边自动添加空行等——正在发生。金庆爱（Kim·Kyung-ae）的文章谈到，"web 小说①中讲故事（storytelling）的最具决定性的因素就是滚屏（scroll）"。② 目前，文字不再以比较固定的形式出现在固定的空间中，而是处在一种极端的流动性当中。

上述内容其实众所周知，不过在最近一些企业/平台所提供的智能手机专用阅读环境中，我们可以发现一个很有趣的现象：它们将已经被数码化、流动化了的文字再次变成了固定图片，以无法再编辑或干涉的形式提供给读者。"KakaoPage"（page.kakao.com）等一些韩国手机应用里面，文字以与纸本书很相似的图片形式被显示，唯一区别是纸面与屏

---

① 韩国的门户网站"NAVER"中把网络小说称为"web 小说"，这一说法在韩国几乎替代了所有有关网络小说的术语。

② ［韩］金庆爱：《转上"看到"的小说：言情小说文化现象的含义及问题》，《人文社会21》2017年第4期。

幕大小不同而已。读者不能调整文字的大小或字体，也不能选择文本的一部分。每一页的内容已经排版在固定图片（当然这个图片也是数码的，不过在这里文字文本本身不是数码化的）中，然后按顺序加载这些图片。再比如，SFWUK（韩国科学小说作家联盟）的作品集（portpolio）中的作品也是提前以适合智能手机屏幕的 PDF 形式编辑的，无法随意调整。

这种剥夺读者调整字体权力的"倒退"，主要是为了防止盗版。可以编辑的数码文字太容易被复制，因此销售文学文本的企业和作家不能不担心盗版行为。台式机环境中的显示器上也禁止通过鼠标拖拽和右键点击的文字选择和编辑，不过文字排版的自由一般却是被允许的。显示器之间尺寸和分辨率的差距较大，固定的排版是很不适合的。与台式机恰恰相反，智能手机的屏幕尺寸差距较小，因此智能手机环境中再次发生着与传统纸本书的相互媒介。这样被重新媒介的智能手机文字文本，排斥那些既有网络文学中被认为是核心的属性，即超文本和多媒体性、自由的可编辑性、互动性等。看似已从历史舞台退出的纸本书的属性却在数码环境中还发挥着强烈的影响（包括模仿翻页动作的效果，书架、书签、书柜等术语中可发现的纸本书文化的痕迹等），并且在智能手机这个最新环境和技术条件下再次回归。

### 2. 移动性

目前，大多数读者用智能手机进行阅读，而用台式机电脑和显示器的网络文学活动已经变成了一种遗产系统（Legacy System）。① 人们不再需要坐在笨重的台式机前面，并且可以真的"随身"携带智能手机。获得了这种极端移动性后，我们使用媒体的方式发生了种种变化（这与上述的可读性、下述的碎片化也有密切关联）。

有些人会反驳说，移动性不一定只与智能手机有关，也与笔记本电脑或平板电脑等有关。这样的反驳看起来有道理，不过不太符合现实，

---

① DOOSAN 百科词典将"遗产"（legacy）定义为："在计算机领域从过去继承下来的技术、方法、计算机系统和应用，可替代的既有技术。"在本书第一章提及的数据可证明，网络文学的主要平台从台式机转移到智能手机，结果台式机逐渐变成了一种遗产系统，也就是说，旧时代的技术。

因为在上下班时间的拥挤的地铁上拿着约 13 英寸的苹果平板电脑（iPad Pro 12.9）或笔记本电脑进行阅读是几乎不可能的。相对来说小巧得多的 iPad Mini 或者 6～7 英寸的 kindle 等电子书阅读器也是一样，在挨肩迭背的环境中单手用起它们来会觉得不太方便。这就意味着，除了智能手机的用户数最多这一单纯的理由外，在机器的大小和单手可操作性等方面，到目前为止只有智能手机才实现了"真正的"移动性。

获得了前所未有的强烈移动性，人们对空间及在空间中的行为的认识也开始改变。李东厚在讨论这一问题时将虚拟移动性和物理移动性区分开来，指出"因此（移动电话的诞生——笔者注）一种与移动的个人的使用目的紧密互动的沟通空间被构造出来，并且人们与实体的关系也发生变化，它与'得坐在显示器前面然后才可以上的'互联网不一样了，变得更加复合性"①。我们可以说连接在互联网上的台式机赋予人们的是虚拟移动性，智能手机则在虚拟移动性上添加了物理移动性，其结果是现实中使用者对其空间感受的变化。一种坐在咖啡厅里或者火车上很平静地阅读纸本书的读者形象，已经被另一种读者/生产者形象渐渐替代——那种随时随地拿着智能手机进行积极沟通并能够产生网络文学的形象。

同时，GPS、AR（增强现实）和 IoT（物联网，Internet of Things）等技术的发展也改变着人们与空间互动的方式。很多开创性文学活动成为可能：到了某一特定空间就会发生事件（event）、扫 QR 码后就能看小说、附近出现了拥有类似爱好的用户时通知你，等等。当然，一件事在技术上变得可能和人们真的喜欢去做那件事，是两回事儿。正像网络文学的实际使用者对超文本的非线性写作实验不太感兴趣一样，到目前为止，将文学与 GPS、AR、IoT 技术结合在一起的方式（至少在中国和韩国）是不太受欢迎的，其影响力很有限。阅读文字为主的文本这一行为具有悠久的历史，即使在进入智能手机时代的今天，"阅读"这一行为仍然保持着相当高的独立性。新技术已开启了新可能性，不过现实又一次证明，这些技术可能性是无法强迫文学改变的。

---

① ［韩］李东厚：《试探移动媒体界面的空间性和人类行为者的主体性》，《韩国放送学会学术大会论文集》，2008 年，第 28 页。

## （二）内容方面

### 1. 碎片化

智能手机对网络文学在内容方面的影响可以从很多角度进行讨论，不过在这里我主要讨论其"碎片化"这一现象。可以说，它是文学对上述物质性/形式方面的变化在内容方面的呼应，也呈现出不仅与传统文学不同，而且与遗产系统（台式机时代的网络文学）相当不同的特点，值得关注。

当文学活动发生在相对固定的平台（台式机）上的时候，无论创作还是消费、批评，其活动的时间单位和节奏都比现在漫长得多。当然，相对于现代性阅读①的节奏来说，它更快、更短，因为（作为与作者的心灵面对的）现代性阅读被看作发生在完全孤立的精神空间中。但是以有分量的长篇小说或博客为代表的初期网络文学活动，是将"天"或"小时"作为时间单位的。在BBS或PC通信等连载平台上上传自己的文章时，作者一般在自己脑海中或现实中已经有了大概的初稿，连载时就是将这个提前写完的初稿的一部分剪出来上传。

不过进入智能手机的移动时代后，文学活动的节奏发生了很大的变化。节奏漫长的活动也不是完全没有，不过最近更加受关注的不是需要花费很长时间沉迷其中的作品，而是即时的、短暂的互动。文学不再是拿来将外部隔绝起来并沉迷在其中的东西，而是在地铁上、在休息时间、在睡觉之前，每当有空即可去写作并阅读的（由此，碎片化与移动性有密不可分的关系）。以前，共享、批评文学的行为一般通过论坛/BBS或博客等比较"长"的平台进行，目前这一行为的中心已转移到推特、脸书或中国的"微信"（"Micro" Blog）。这些新媒体的最大特征就是适合智能手机的屏幕大小和界面，并且适合碎片化了的现代人的生活节奏，它很"微"（micro）。用零碎时间进行的阅读行为不太重视连续性、沉迷性，它更重视即时的满足，而写作行为也呼应着这些要求，几乎放弃了对总

---

① ［日］前田爱：《从音读到默读——现代读者的诞生》，［韩］朴真荣（Park·Jin-yeong）译，《现代文学的研究》第20号，2003年。另参见柄谷行人对"风景"和"内面"的分析。

体性的追求，显示出明显的碎片化趋势。

在中国和韩国，智能手机时代之前的主流网络文学是以超长篇类型小说为中心展开的，这更加适合以台式机为中心的环境，因为这样的环境比较有利于保持连续性、统一性。代表这一时代的是长达几十册纸本书的、以复杂的情节结构和庞大的设定而自豪的长篇小说。其实，对长篇小说的这种偏爱在智能手机时代仍然持续着，不过其实际情况和内容上却已有了区别。也就是说，长篇小说的内部发生着一种结构性碎片化。

另一方面，作为网络文学的另一种倾向的极端短篇化现象也与碎片化有关。在初期的网络文学中，前述的日本手机小说可看作其代表性的例子。目前很多新形式出现了，比如在微博、微信、推特等媒体上发表的超短篇杂文/小说/随笔或诗歌等。

王小英把追求超长篇和超短篇的倾向称为"互联网时代文学的两副面孔"[①]，她的文章中最有意思的部分就是上面提及的对最近网络长篇小说内部变化的揭示。王小英认为，碎片化了的现代社会的节奏不仅表现为微短的文学文本，并且还反映在长篇小说当中。[②] 最近的长篇小说与其说是总体性作品，不如说是由微短句子构成的几千字左右的文字片段之连载过程。这些片段专心追求的不是与整个作品的有机关系，而是片段本身给予使用者的即时满足感。使用者一般不是一下子看完整部小说（一下子阅读几十册纸本书确实有物理限制），而只阅读定时上传的被"更新"的文字。一般来说每次更新的内容可在10分钟左右看完，所以重要的是在这样的微短篇幅中确保其内在完整性（具备情节高潮，引发对下一章的好奇心等）。

王小英提出的另一个重要主题就是这些微短的文字片段被连载并消费的方式所面对的困境，以及克服这些困境的方式。也就是说，最近碎片化了的网络长篇小说需要抵抗"遗忘"。看正在连载的某一部作品时，

---

① 王小英：《超长与微短：互联网时代"文学"的两副面孔》，《社会科学》2015年第10期，第183页。
② 王小英：《超长与微短：互联网时代"文学"的两副面孔》，《社会科学》2015年第10期，第186页。

过了几天或几个星期后，读者不一定还记得主角的名字和前文中发生的细节。小说主要在 BBS 上连载的时候（也可以说台式机时代），其更新周期比较漫长，有时长达一个星期以上，并且 BBS 这个形式在视觉层面确保了作品一定的连续性。而现在，每天不更新一两次你就很有可能被淘汰。再加上，智能手机屏幕上的画面所显示的基本上是几个系列的图标（icon）。这与纸本书和台式机画面中的帖子目录不一样，对前面的故事进行快速的、系统的梳理不是一件很容易的事儿，并且使用者能保持集中力的时间也大大缩短了。① 王小英主张，为了抵抗遗忘，网络文学通常会采取"重复、套路化、程式化"②的手段，这个看法很有道理。只有采取这种手段的作品，才能让读者隔一天、一个星期甚至一个月后去看，也很容易理解故事的来龙去脉。复杂的情节结构已经不太适合碎片化了的智能手机时代了。所以，"重复、套路化、程式化"这些以前人们对大众文学的批评，竟然变成了智能手机时代文学活动的强有力的武器。在智能手机时代，作者对读者的注意力、集中力、记忆力的期望值降低到不能再低，因此觉得有必要向读者不断地提醒同样的内容，故事的展开也尽量按照套路和程式，让那些记不清前面内容的读者也可以轻易地看懂故事的内容。碎片化时代的读者不愿意看一个具有复杂主题的漫长故事，他们想要的是那些能够填满十分钟甚至是每一分钟时空的刺激。结果，伏笔和立体人物逐渐减少。伏笔很快就会被遗忘，人物的行动必须发生在读者能够预料得到的范围内。

  早期武侠小说或幻想小说中的核心要素之一就是对打斗、战争场面的详细描写，可是最近这些描写常常被省略掉。类型小说基本上执拗地重复其所属类型的固有套路，并在这个重复中探索创新。传统的武侠、幻想小说中相当大的篇幅往往是用来逼真地描写武功、魔法、战争技术等。不过目前的读者已经过度熟悉这样的重复和套路，他们觉得知道两

---

① 智能手机上的阅读行为会被对话程序、提醒、外部链接、电话、短信等很多因素干扰，目前的读者也对其他领域的内容很感兴趣，一让他们不高兴就会离开。

② 王小英：《超长与微短：互联网时代"文学"的两副面孔》，《社会科学》2015 年第 10 期，第 186 页。有一些作品还会在每集前面再提醒上一集的内容，或者提供通往人物关系图、地图等重要设定的超链接。

个人物或两股势力之间发生了冲突这个信息就足够了。① 这里发生的是套路被压缩为一种符号的现象，此时程式化也进行到了极致。换言之，智能手机时代的套路化、程式化与台式机时代的以套路为主的网络小说不一样，它呈现出将套路本身再一次套路化的趋势，这是它对时间的、空间的、认识的碎片化的一种呼应。在仅仅 5000 字左右的、阅读时间为 10 分钟左右的文字片段中，显然无法像金庸那样详细描写两位高手在打斗中用了哪些招式，也无法像李荣道②小说的战争场面那样去具体说明哪些部队是怎样安排的、哪些骑兵是怎样被调遣的。比如说，韩国第一代网络文学作家林庆培（Lim kyongbae）在 2011 年发表了一部叫作《拳王转生》的幻想小说，而有些读者竟然表示不满，说他的战争描写过于繁多。有一位读者购买了这本书后，2019 年在书评区里写下了这样的评论："在第十册开头到前半几乎没有对白，只有一大堆说明和战争的描写，差点儿放弃追看了。下一回请尽量多点儿对白，少点儿描写战斗、也少点儿说明。"③在我看来，这是一个很有趣的例子，它所体现的是一个在台式机时代出道的作家的节奏与智能手机时代的节奏之间发生的冲突。在台式机时代，精致的说明和战斗描写是一种积极因素，现在却变成了阻碍追更的消极因素。

总而言之，以前的（被认为是）消极的那些由网络文学的商业化、付费化、大规模化所导致的因素，目前变成了最适合移动时代的文学活动的强有力的武器。以前，千篇一律的、缺乏深度的、依赖于俗套和陈词滥调的文学绝不是好的文学；在智能手机时代，它也许是再合适不过的文学，是能够最有效地抵抗"遗忘"的文学。

我并不觉得我们必须无条件地欢迎这样的文学，而是认为随着阅读环境的变化，智能手机时代的文学通过很特殊的方式继续发展下来，而这个发展方向得到了使用者的热烈认可，这已经是一个不争的事实，是

---

① ［韩］马如（Maru）:《WEB 小说，其速度的美学：WEB 小说的阅读法（2）》，下午媒体（Owhoomedia），2017 年。参见 http://hng.yonhapnews.co.kr/1358。

② 李荣道，韩国著名幻想小说作家。其代表作《龙族》(드래곤 라자) 曾被翻译成中文。

③ RIDIBOOKS 读者书评区，https://ridibooks.com/v2/Detail?id=1811005414&_s=search&_q=권왕전생。

我们不得不面对并关注的现实。在智能手机时代的人们看来，传统的"伟大"文学逐渐变得很陌生、很费力。那种必须通过重复通读后才能看得出其中的隐藏意义的文学，对智能手机时代的用户来说是不太具有诱惑力的。他们一般不愿意花费时间和精力去欣赏那样的文学，也没必要这么做。

### （三）碎片化的具体情况①：愈加强化的"爽文"和"汽水"（cider）叙事

下面，我将以"爽文"和"汽水"这两个关键词来分析上述的碎片化现象在中国和韩国的网络文学当中的具体呈现。为此，分别把《最佳女婿》②和《资本主义的鬣狗》③这两部小说作为两国的代表性例证。

首先，让我说明一下"爽文"和"汽水"到底是什么。众所周知，大众文学本来就以给读者提供替代满足为目标，而网络文学，尤其是中国和韩国的商业性网络文学对替代满足的追求更加极端。给读者的原始欲望提供即时满足，让他们感到痛快，这就是中韩网络文学中最大的美德。在中国和韩国，"爽文"和"汽水"皆指能够引发这种痛快感的文本。据中国亚文化词典《破壁书》的解释，"'爽'，特指读者在阅读网络小说的时候获得的爽快和满足感"，而"'爽文'就是在这种读者本位的

---

① 其实，我在这里提出的主张很难用例子或统计数值来"证明"。现有的整个中韩网络文学是谁也无法进行通读的，目前还没有可靠的有关数据库。有人会认为，就是因为它是"网络"小说，就很容易对它进行内容搜索和数字处理，不过实际上存在太多不同的连载平台，而且大部分的文本是付钱购买的商业性文本，一般的情况下很难进行大规模的内容搜索。另外，网络文学有很多不同类型、趣味、倾向同时存在，所以拿几个例子来证明关于网络文学的主张在逻辑上是不太严密的（对任何主张，我们都可以提出众多的反例）。除非我们投入大规模的资本和人力去进行一个定量研究，我们所能做到的只不过是从试图抓住大概的趋势并提出几个显眼的例子开始。本文中我提出的两个文本也只能看作是有局限的例子，它们只能暗示许多不同趋势中的一种倾向性。

② 陪你倒数：《最佳女婿》，掌阅（ireader），2019年，参见 http://www.ireader.com/index.php?ca=bookdetail.index&bid=11752310。

③ ［韩］烧酒鬼神（Soju-Kwishin）：《资本主义的鬣狗》，文托邦（Munpia）连载，2017—2018年。该小说的电子书（单行本）由韩国的刀岭出版社（Arete）2018年出版，共计9册，参见 https://mm.munpia.com/?menu=novel&id=90183。

模式下创作的网络小说"。①"汽水"可以说是与爽文配对的韩国术语,它是自 2015 年前后开始普及的流行语,与它的反义词"番薯"(由于吃番薯［地瓜］时会感觉喉咙被堵住了,番薯即指让人郁闷的叙事)恰恰相反,是指那种让读者的内心畅通爽快的叙事。简言之,"爽文"和"汽水"皆指给人提供即时满足的大众文学,它与让读者感觉到不安或痛苦的高级艺术完全不一样。虽然"汽水"这一词不是从网络文学的初期就使用的,不过我们无法否认,这两个术语所体现出的网络文学的特征在中韩两国商业性很强的网络文学的整个历史当中是一直存在的。

碎片化也与这两个术语有关,在这里我探讨的是最近愈加明显的这样一个现象:对"爽文"和"汽水"的追求愈来愈强,每一次(不满→解除不满→满足)的循环周期(cycle)也随着智能手机这一新阅读环境的出现愈来愈短。在一部小说当中,人物(character)或基本设定还是贯穿整个小说的,不过小说不再是一个有机整体,而是很多微短的碎片的连锁、重复、陈列,这就是智能手机时代的文学在内容方面的一个重要特征。这一特征与中国和韩国的特殊情况密切相关,即大部分的连载平台采取按字数或章节付钱的方式。花了 100 韩币购买 5000 字的读者很可能就想要在这个"商品"之内得到即时的满足和补偿,如果得不到补偿(爽快感)的话,他们就不会再进行消费。

下面,我对上面提及的两个例子进行一下文本分析。《最佳女婿》是作家"陪你倒数"2019 年在掌阅上连载的作品,目前发表了 900 多章(300 万字)②,获得了 92 万个点赞、3 万多的读者意见(截至 2019 年 7 月 15 日)。其内容是,青年林雨因事故死亡后获得了先祖传承,将灵魂附在一个植物人何家荣的身上重获新生后所经历的故事。先祖传承给林雨/何家荣惊人的医术(中医学)和超能力,他利用这些能力,与各种各样的人物发生关系,实现他自己的愿望。由于本文篇幅有限,很难对整部作品进行分析,这里先将前十个章节中进行的四次冲突及其解决整理成如下表格。

---

① 邵燕君主编:《破壁书:网络文化关键词》,生活·读书·新知三联书店,2017 年,第 227 页。

② 《最佳女婿》直至 2021 年 2 月还在连载,最新章节是第 2079 章,字数超过 540 万。

| 序号 | 冲突 | 解决 | 章节 |
|---|---|---|---|
| 1 | 母亲被高利贷商人欺负 | 林雨用暴力解决 | 2 |
| 2 | 孩子被鬼附身，人们瞧不起林雨 | 林雨用法术（破魂术）解决 | 4—5 |
| 3 | 嚣张的卫生局公务员 | 林雨用针灸解决 | 6—7 |
| 4 | 亲戚们侮辱林雨 | 林雨用拉关系解决 | 10—11 |

我们可发现，仅仅十一章（第一章是很短的开场）、4万字左右的故事中已经发生四次较明显的冲突。从上面的表格中可以看出，前三次冲突是林雨用自己的能力来解决的，第四次则凭借他之前认识的一位高管的帮助解决。引人注目的是，引发冲突的"反面角色"不断地出现，在这四次冲突中毫无例外地都安排了能让读者恶心的人物，并引起他们与主角的冲突。这些人物向主角或主角的亲人施加辱骂、鄙视、侮辱等种种暴力，其程度非常严重。例如，林雨的亲戚在家族聚会上公然侮辱尚未就业的林雨。这样的角色在读者的心中会立刻引发愤怒。重要的是，不仅引发愤怒的机制必须是即时的，而且其解决也得是即时的。欺负主角的母亲的流氓债主们一登场就被处理掉，侮辱、鄙视主角的卫生局公务员和亲戚在下一章就遭到林雨的回击，向他卑躬屈膝地道歉。引发出来的愤怒被主角立刻解除的那一刻就是"爽"的发生点。前十一章中至少存在四次引起"爽"的画面。这部小说中出现的冲突及其解决方式可概括成如下公式：

［欺负、侮辱主角（或主角的亲人）的反面人物的出现→主角发挥能力，扭转局面→反面人物丢脸，道歉］

这一公式不仅在这部小说的开头出现，而且在后面也反复出现，也适用于智能手机时代的很多其他中国网络连载小说。引起"爽"的周期不再是以整本书（纸本书时代）或起承转合（台式机时代）的情节构思为单位，而是以一两个章节（几千至一万多字）的短篇文字为单位。

下面，我们再看看《资本主义的鬣狗》。这部小说2017—2018年在文托邦上连载，截至2019年7月的点击数为199万、推荐数为6万。[①]这是一个对能赚钱的事业具有超人眼光的主角从20世纪80年代的旧货店开始，经历IMF、外汇危机，终于成长为一个成功的实业家的故事。像上例一样，下面将前十个章节中的主要冲突整理为表格。

| 序号 | 冲突 | 解决 | 章节 |
| --- | --- | --- | --- |
| 1 | 第一次回收废品，被孩子侮辱 | 经济补偿（将废品卖出去） | 3 |
| 2 | 创办自己的公司，竞争公司从中作梗 | 经济性解决（调整投标价） | 4—5 |
| 3 | 说服同事 | 经济性解决（给工资） | 6—7 |
| 4 | 亲哥哥的鄙视 | 经济性解决（给父母500万韩币的零用钱） | 9—10 |

我们可以看到，像《最佳女婿》一样，《资本主义的鬣狗》在不算长的前十章（每章字数为4000字左右）中发生了很多事件，很多冲突被引发和解决。前两次冲突是在回收废品的过程中遭人鄙视，第三次是说服一个同事时遭遇困难，而第四次是被亲哥哥鄙视。这些冲突持续的时间很短，都在一两个章节中就很快被解决掉。只有主角这样很快地将眼前的问题在较短的时间内圆满地处理好，一个故事才能成为"汽水"叙事。如果矛盾得不到即时解决、主角得不到即时补偿或很晚才获得补偿（比如说，在第一册开头出现的伏笔和冲突在最后一册才得到处理的情况），那么智能手机时代的读者很有可能对这个故事失去兴趣，干脆去找另外一个故事。在RIDIBOOKS的购买者书评区，我们可以看到"故事展开很快，到最后都很顺畅""展开得很快、很痛快、很有意思，也没有情况解释之类的赘言""罕见的恶棍风格的主角，内容也展开得爽快，很好

---

① 《资本主义的鬣狗》的点击率、推荐数都无法与中国的《最佳女婿》媲美，不过在韩国，6万的推荐数也不算少。

看"①等读者意见,由此可知其爽快、痛快的风格是这部作品受到高度评价的原因之一。

相对于《最佳女婿》来说,《资本主义的鬣狗》这部作品很显著的不同点在于:对主角施加的侮辱和暴力从程度上远远不如《最佳女婿》,其解决方式也不是暴力、力量型打法等直接的方式,而是采用经济手段的间接方式。小说中的人物看似只要得到经济补偿,就可以忍受任何的侮辱和批评,大部分的冲突中,主角获得经济补偿或给予对方经济补偿后很快就被解决了。这种用经济手段来造成并解决冲突的故事结构是最近韩国网络小说中的常见套路。另外,包括《最佳女婿》在内的中国网络文学当中经常出现的"拉关系"来引起、解决冲突的场景,在《资本主义的鬣狗》中却很难发现,这也许是中国和韩国的网络文学之间的重要区别之一。②

正如上文所说,随着智能手机这一机器的物理特征和大众的阅读节奏的变化,智能手机时代的网络文学的节奏也发生了很大变化。中韩网络文学一直显示出以读者的快感为主的大众性很强的特征,但是智能手机普及后,人们对"快感"的感觉本身发生了变化。初期网络文学的读者比较看重小说的主题和构思等,发现很久以前埋下的伏笔或者遇到巧妙的故事转折时会拍手欢呼,并将这种经验看作一种快感。智能手机时代的文学活动则不一样,它的节奏是以几千字的、每次花钱购买的个别"章"或"回"为单位的,而这个节奏的变化导致小说欣赏行为的变化,也导致其创作、批评环境的变化。智能手机时代的读者的耐心比台式机时代的读者低得多,故事的展开中感觉到哪怕是一点点的延迟,就把它当作"番薯",立即离开。通过智能手机,碎片化了的生活节奏在整个社会当中广泛地普及,随之读者对"汽水"和"爽文"的要求也愈加强烈。

---

① RIDIBOOKS 购买者书评区中的点评(截至 2019 年 7 月 15 日),参见 https://ridibooks.com/v2/Detail?id=2351022346&_s=search&_q=%EC%9E%90%EB%B3%B8%EC%A3%BC%EC%9D%98%EC%9D%98%20%ED%95%98%EC%9D%B4%EC%97%90%EB%82%98。

② 目前这只是一个假设而已,不过我认为这种区别与各国大众对冲突公然解决的可能性持有多大信任有密切关系。简而言之,大众觉得在中国解决问题的最佳捷径是通过"拉关系",而在韩国用资本的方式才是王道。这个问题我将在以后的研究中仔细讨论。

上面我已指出，这种变化可能是抵抗"遗忘"的一种武器，如果读者跟着连载的实际节奏进行阅读的话，这个武器确实是相当有效的。可是，如果一下子阅读经过很长时间连载的整个故事，它也往往会引起一些副作用。一下子阅读几十万，甚至一百万字的像《最佳女婿》那样的小说，微短而露骨的套路被重复使用，就会让人感觉非常无聊。《资本主义的鬣狗》的情况则恰恰相反，查看读者评论就会发现，连载当时的读者反应和编成单行本出版后的读者反应是相当不同的：前者觉得连载速度太慢、很闷的为多，后者则大多数认为展开很快，让人爽快。这就证明，同样是网络文学，但因媒体和接受方式不同，其效果会有所不同。

这里要注意的是，没有参与其实际连载过程的人，出于研究等目的分析智能手机时代的文本时，他的阅读方式、耗时、节奏等因素会严重影响他对文本的评价，因为这些因素会与实际连载过程中的情况大相径庭。一下子读完时，《最佳女婿》可能只不过是单纯的老套之无限重复，但顺着每天连载的节奏阅读时，它会是名副其实的"爽文"，成功地发挥了缓解读者压力的功能。这意味着，在分析智能手机时代的中韩网络小说时，针对固定"作品"的传统研究方法可能不太适合，也许我们有必要开发一个能够看透文本的整个生产、流通环境的新的研究方法论。

## 五、结论

本文集中探讨了智能手机普及后的网络文学的发展趋势。简言之，在最近的网络文学的活跃创作、流通、消费的过程中，我们可以发现：它为了适应智能手机的物理条件而强化了可读性，以及为了适应移动性很强的、碎片化了的现实，而在其形式和内容方面都发生了不少变化。

最后，我要再次强调的是，这种变化并不是单方面的，而且遗产系统（无论是纸本书，还是传统的以台式机为主的网络）的影响力比想象中还要强大。生活在用手机阅读的时代里，人们仍然无法摆脱"读书"的观念。"读书"一词很难被完全取代。智能手机的出现至今还没有单枪匹马地彻底改变文学和读书的意义。

文学不是一个单一实体，所以对文学的诊断也永远不可能成为固定不变的真理。我在本文中的主张，与其说是不争的真理，不如说是随时可能改变方向的一种倾向性。例如，我提出智能手机时代的文学中"碎片化"很明显，但也有很多与此相悖的例子。最具代表性的也许就是韩寒主编的智能手机/手机杂志《ONE：一个》，该杂志以"复杂的世界里，一个就够了"这句话为宣传口号，并以非常适合智能手机的简单易懂界面和结构为主要武器。与其被数不清的文本洪流席卷，《ONE：一个》在强大的主编的带领下，提供了"一个"又简单又坚实的阅读体验。[①] 这与主流智能手机长篇小说通过"重复、套路化、程式化"来应对碎片化的方式完全不同，它可被看作是在阅读体验中克服碎片化，进而恢复某种方向性和总体性的尝试。同样，可读性、移动性的变化也不是智能手机时代所有文学中普遍出现的现象，本文中也特地强调了这一点。另外也有很多人在生产、消费和渴求那些完全不适合智能手机阅读的文本、需要很长时间品尝的文本、真心追求文字的本质和纯洁性的文本。

在这篇文章中我试图探讨的是一个很复杂的生成和创发的运动，这些不同的文本在既有的文学传统和新技术（以智能手机为代表的）之间经历着一种拮抗作用。问题是，现有的文学理论很难捕捉到这种运动。那些能够讨传统文学研究者喜欢的实验和挑战，在中国和韩国智能手机时代文学中屡战屡败，而那种通过煽情的人物设定、刺激的镜头和构思引发消费者欲望的文学，看似现在已变成了我们时代的主流文学。如果固执地坚持传统的文学研究方法和写作方式，就很难跟上最近的文学变化。如何"研究"智能手机时代的文学？这一问题正是到了需要学术界对研究方法论进行认真思考的时候了。

---

① 有关《ONE：一个》的分析，参见李多利《从韩寒〈一个〉的流行说起》，《鸡西大学学报》2014 年第 7 期。

# 参考文献

## 一、著作

### （一）中文著作

1. 柏定国：《网络传播与文学》，中国文史出版社，2008年。

2. 陈晓明：《德里达的底线：解构的要义与新人文学的到来》，北京大学出版社，2009年。

3. 何学威、蓝爱国：《网络文学的民间视野》，中国文联出版社，2004年。

4. 梅红主编：《网络文学》，西南交通大学出版社，2010年。

5. 黄鸣奋：《比特挑战缪斯——网络与艺术》，厦门大学出版社，2000年。

6. 黄鸣奋：《超文本诗学》，厦门大学出版社，2002年。

7. 黄鸣奋：《互联网艺术产业》，学林出版社，2008年。

8. 黄鸣奋：《新媒体与西方数码艺术理论》，学林出版社，2009年。

9. 黄作：《不思之说——拉康主体理论研究》，人民出版社，2005年。

10. 金振邦：《新媒介视野中的网络文学》，东北师范大学出版社，2008年。

11. 蒋述卓、李凤亮主编：《传媒时代的文学存在方式》，广西师范大学出版社，2010年。

12. 孔庆东：《超越雅俗》，重庆出版社，2008年。

13. 廖祥忠：《数字艺术论》，中国广播电视出版社，2006年。

14. 马季：《读屏时代的写作：网络文学10年史》，中国工人出版社，2008年。

15. 欧阳友权等：《网络文学论纲》，人民文学出版社，2003年。

16. 欧阳友权：《网络文学本体论》，中国文联出版社，2004年。

17. 欧阳友权：《网络文学的学理形态》，中央文献出版社，2008年。

18. 欧阳友权主编：《网络文学概论》，北京大学出版社，2008年。

19. 欧阳友权主编：《网络文学发展史——汉语网络文学调查纪实》，中国广播电视出版社，2008年。

20. 欧阳文风、王晓生等：《博客文学论》，中国文史出版社，2007年。

21. 邵燕君主编：《破壁书：网络文化关键词》，生活·读书·新知三联书店，2017年。

22. 苏晓芳：《网络小说论》，中国文史出版社，2008年。

23. 唐小兵编：《再解读：大众文艺与意识形态》，北京大学出版社，2007年。

24. 谭德晶：《网络文学批评论》，中国文联出版社，2004年。

25. 汪晖：《去政治化的政治：短20世纪的终结与90年代》，生活·读书·新知三联书店，2008年。

26. 王文宏等主编：《网络文化研究》，中国言实出版社，2006年。

27. 王先霈主编：《新世纪以来文学创作若干情况的调查报告》，春风文艺出版社，2006年。

28. 王铮:《同人的世界》,新华出版社,2008年。

29. 许苗苗:《性别视野中的网络文学》,九州出版社,2004年。

30. 张伟主编:《艺术视界》,辽宁人民出版社,2007年。

31. 周志雄:《网络空间的文学风景》,人民文学出版社,2010年。

32. 朱凯:《无纸空间的自由书写——网络文学》,华龄出版社,2005年。

33. [法] 雅克·德里达:《书写与差异》,张宁译,生活·读书·新知三联书店,2001年。

34. [德] 霍克海默、阿多尔诺:《启蒙辩证法》,洪佩郁、蔺月峰译,重庆出版社,1990年。

35. [加] 麦克鲁汉:《古腾堡星系:活版印刷人的造成》,赖盈满译,猫头鹰出版社,2008年。

36. [法] 米歇尔·德·塞尔托:《多元文化素养:大众文化研究与文化制度话语》,李树芬译,天津人民出版社,2002年。

37. [德] 彼得·比格尔:《先锋派理论》,高建平译,商务印书馆,2002年。

38. [新西兰] 肖恩·库比特:《数字美学》,赵文书、王玉括译,商务印书馆,2007年。

39. [美] 阿瑟·C. 丹托:《艺术的终结之后:当代艺术与历史的界限》,王春辰译,江苏人民出版社,2007年。

40. [美] 本尼迪克特·安德森:《想象的共同体——民族主义的起源与散布》,吴叡人译,上海人民出版社,2005年。

(二) 英文著作

1. David J. Bolter, *Writing Space: The Computer in the History of Literacy*, Earlbaum, 1990.

2. David J. Bolter & Richard Grusin, *Remediation: Understanding New Media*, MIT Press, 2000.

3. Espen Aarseth, *Cybertext: Perspectives on Ergodic Literature*,

Baltimore:The Johns Hopkins University Press, 1997.

4. George Landow, *Hypertext 3.0: Critical Theory and New Media in An Era of Globalization*, Baltimore:The Johns Hopkins University Press, 2006.

5. Gilles Deleuze, *The Logic of Sense*, New York, 1990.

6. Henry Jenkins, *Fans, Bloggers, and Gamers: Exploring Participatory Culture*, New York: New York University Press, 2006.

7. Houston A. Baker, *Blues, ideology, and Afro-American literature: a vernacular theory*, the university of Chicago, 1984.

8. Ien Ang, *Watching Dallas: Soap Opera and the Melodramatic Imagination*, Methuen, 1985.

9. John Fiske, *Reading the Popular*, Routledge, 2007.

10. N. Katherine Hayles, *My mother was a computer: digital subjects and literary texts*, University of Chicago Press, 2005.

11. Lawrence Lessig, *Free Culture: The Nature and Future of Creativity*, Penguin Books, 2005.

12. Michel de Certeau, *The Practice of Everyday Life*, University of California Press, 1984.

13. Peter Brooks, *The Melodramatic Imagination*, Yale University Press, 1976.

14. Paul G. Pickowicz, "Melodramatic Representation and the 'May Fourth' Tradition of Chinese Cinema," in Widmer Ellen and Wang Te-wei, eds., *From May Fourth to June Forth : Fiction and Film in Twentieth Centrury Cinema*, Harvard University Press, 1993.

15. Pierre Lévy, *Collective Intelligence: Mankind's Emerging World in Cyberspace*, trans. Robert Bononno, New York: Plenum Press, 1998.

16. Terry Eagleton, *Literary Theory: An Introduction*, The University of Minnesota Press, 2008.

17. T. Nelson, *Literary Machines*, self-published, 1981.

18. Thomas McLaughlin, *Street Smart and Critical Theory - Listening to*

*the Vernacular*, The University of Wisconsin Press, 1996.

19. Walter J. Ong, *Orality and Literacy : The Technologizing of the Word*, Methuen, 1982.

## (三)韩文著作

1. 가라타니 고진 지음, 박유하 옮김,『일본근대문학의 기원』, 민음사, 1997.

2. 가라타니 고진 지음, 조영일 옮김,『근대문학의 종언』, 도서출판 b, 2006.

3. 김영석 외 지음,『디지털 시대의 미디어와 사회』, 나남, 2017.

4. 김종회, 최혜실 등,『사이버문학의 이해』, 집문당, 2001.

5. 김재국,『사이버리즘과 사이버소설』, 국학자료원, 2001.

6. 마샬 맥루한 지음, 박정규 옮김,『미디어의 이해』, 커뮤니케이션북스, 2006.

7. 박명진 외 편역,『문화, 일상, 대중 : 문화에 관한 8개의 탐구』, 한나래, 1996.

8. 박성봉,『대중문화의 미학』, 동연, 2001.

9. 박진/김행숙 지음,『문학의 새로운 이해 – 문학의 이동과 움직이는 좌표들』, 청동거울, 2004.

10. 서동욱,『들뢰즈의 철학 – 사상과 그 원천』, 민음사, 2002.

11. 아놀드 하우저 지음, 최성만・이병진 옮김,『예술의 사회학』, 한길사, 1983.

12. 아즈마 히로키 지음, 장이지 옮김,『게임적 리얼리즘의 탄생』, 서울 : 현실문화, 2007.

13. 월터 옹 지음, 이기우/임명진 옮김,『구술 문화와 문자문화』, 문예, 1999.

14. 에스펜 올셋 지음, 류현주 옮김,『사이버텍스트』, 글누림, 2007.

15. 이이다 이치시 지음, 선정우 옮김,『웹소설의 충격』, 요다, 2018.

16. 전형준,『무협소설의 문화적 의미』, 서울대학교 출판부, 2003.

17. 제이 데이비드 볼터 / 리처드 그루신 지음, 이재현 옮김,『재매개 : 뉴미디어의 계보학』, 커뮤니케이션북스, 2006.

18. 제이 데이비드 볼터 지음, 김익현 옮김,『글쓰기의 공간』, 커뮤니케이션북스, 2010.

19. 조지 P. 란도 지음, 김익현 옮김,『하이퍼텍스트 3.0』, 커뮤니케이션북스, 2009.

20. 존 스토리 지음, 박만준 옮김,『문화연구의 이론과 방법들』, 경문사, 2002.

21. 캐서린 헤일스 지음, 이경란 / 송은주 옮김,『나의 어머니는 컴퓨터였다 — 디지털 주체와 문학 텍스트』, 아카넷, 2016.

## 二、论文

### （一）中文论文

1. 邓伟：《非理性文学消费与"粉丝"身份建构——以郭敬明、韩寒粉丝群体为个案》,《长江学术》2010 年第 4 期。

2. 潘皓：《文学作品中的"穿越时空"母题——兼议当代网络穿越小说》,《青年文学》2010 年第 14 期。

3. 王珂：《穿越小说承载的社会意义》,《电影评介》2010 年第 22 期。

4. 傅其林：《网络文学的付费阅读现象》,《学习与探索》2010 年第 2 期。

5. 郭国昌：《网络文学呼唤文学批评》,《人民日报》, 2010 年 2 月 5 日。

6. 郭名华、赵玲：《穿越时空编织现代女性白日梦——穿越小说的女性心理症候分析》,《萍乡高等专科学校学报》2008 年第 5 期。

7. 贺天忠、鲁定元:《网络文学无厘头与恶搞探析》,《江汉大学学报(人文科学版)》2009 年第 6 期。

8. 何志钧:《网络文学:无法忽略的"物质基因"》,《中华读书报》,2003 年 5 月 22 日。

9. 胡庆军:《虚伪者的狂欢节》,《南方周末》,2000 年 7 月 7 日。

10. 黄来明:《试论网络文学的"文本"特征》,《东华理工学院学报》2004 年第 4 期。

11. 金振邦:《网络文学:新世纪文学的裂变》,《东北师大学报(哲学社会科学版)》2001 年第 1 期。

12. 雷小芳:《网络穿越小说简论》,《湖南医科大学学报(社会科学版)》2009 年第 4 期。

13. 李存:《试论"短信文学"》,《文艺评论》2005 年第 1 期。

14. 李涛:《网络文学与传统文学之比较》,《皖西学院学报》2002 年第 1 期。

15. 李玉萍:《网络穿越小说热潮原因解析》,《时代文学(下半月)》2009 年第 12 期。

16. 刘俐俐、李玉平:《网络文学对文学批评理论的挑战》,《兰州大学学报(社会科学版)》2004 年第 5 期。

17. 陈晓明:《绝境:解构的向死而生——德里达后期思想的要义》,《杭州师范学院学报(社会科学版)》2008 年第 1 期。

18. 龙秋媛:《超文本文学:网络与文学的新生儿》,《赤峰学院学报(汉文哲学社会科学版)》2009 年第 12 期。

19. 马慧:《赛博空间的艺术真实性浅析》,《长沙民政职业技术学院学报》2009 年第 4 期。

20. 牛永峰:《罗兰·巴特的文本观》,《皖西学院学报》2007 年第 4 期。

21. 孟繁华:《网络文学:游戏狂欢还是"革命"?》,《中国教育报》,2004 年 11 月 4 日。

22. 欧阳友权:《学院派眼中的网络文学:中国首届"网络文学与数字

文化"学术研讨会侧记》,《中华读书报》,2004 年 9 月 22 日。

23. 宋晖、赖大仁:《文学生产的麦当劳化和网络化》,《文学评论》2000 年第 5 期。

24. 宋建峰:《穿越小说:流行元素下的彷徨与呐喊》,《广东教育学院学报》2010 年第 6 期。

25. 邵燕君:《传统文学生产机制的危机和新型机制的生成》,《文艺争鸣》2009 年第 12 期。

26. 王宏图等:《网络文学与当代文学发展笔谈》,《社会科学》2001 年第 8 期。

27. 王小英、祝东:《论文学网站对网络文学的制约性影响》,《云南社会科学》2010 年第 1 期。

28. 王颖:《十年论剑:新世纪网络文学现状与问题》,《天津师范大学学报(社会科学版)》2009 年第 6 期。

29. 王新萍:《网络文学的界定及其特征》,《通化师范学院学报》2002 年第 6 期。

30. 王晓华:《网络文学是什么?》,《人文杂志》2002 年第 1 期。

31. 吴心怡:《穿越小说的基本模式与特点》,《文艺争鸣》2009 年第 2 期。

32. 杨剑虹:《当前网络文学的尴尬与成因》,《平原大学学报》2004 年第 6 期。

33. 杨林香:《青年青睐网络"穿越"小说的深层原因分析》,《中国青年研究》2009 年第 6 期。

34. 杨梅:《网络文学创新及其意义》,《东岳论丛》2005 年第 3 期。

35. 杨新敏:《网络文学:与谁交流?交流什么?怎么交流?》,《社会科学辑刊》2004 年第 5 期。

36. 张海峰:《浅论网络文学出版的几个问题》,《出版发行研究》2004 年第 6 期。

37. 张雅妮:《国内网络文学现状的反思》,《山西青年管理干部学院学报》2005 年第 2 期。

38. 李多利:《从韩寒〈一个〉的流行说起》,《鸡西大学学报》2014年第7期。

39. 李佳、郭剑卿:《新媒体文学语境下的阅读形态探微》,《山西大同大学学报(社会科学版)》2017年第3期。

40. 陆高峰:《作为文字劳工的网络文学作者从业生态》,《青年记者》2017年30期。

41. 王小英:《超长与微短:互联网时代"文学"的两副面孔》,《社会科学》2015年第10期。

42. 徐兆寿:《新媒体时代的文学生产与传播》,《当代作家评论》2017年第4期。

43. 闫伟华:《移动互联网崛起与网络文学产业变革》,《编辑之友》2017年第12期。

44. 周兴杰:《网络文学20年接受方式的转变》,《中州学刊》2018年第7期。

45. 张贺:《跨越"数字鸿沟"的合作:网络作家走进鲁迅文学院》,《人民日报》,2010年2月5日。

46. 谢家浩:《网络文学研究》,苏州大学博士学位论文,2002年。

47. 姜英:《网络文学的价值》,四川大学博士学位论文,2003年。

48. 曹怀明:《大众媒体与文学传播》,山东师范大学博士学位论文,2004年。

49. 张邦卫:《媒介诗学导论》,浙江大学博士学位论文,2005年。

50. 邓文华:《海峡两岸数字艺术产业比较研究》,厦门大学博士学位论文,2008年。

51. 付丹:《从中国现代文学语言的三次转型看文学语言的发展模式》,华中科技大学博士学位论文,2007年。

52. 顾宁:《网络社会环境下的当下中国文学研究》,辽宁大学博士学位论文,2009年。

53. 蒙星宇:《北美华文网络文学二十年研究(1988—2008)》,暨南大学博士学位论文,2010年。

54. 金昭英:《中国网络文学网站的主流生产机制研究——以榕树下和起点中文网为中心》,上海大学博士学位论文,2014年。

55. 谭华孚:《媒介嬗变中的文学新生态》,福建师范大学博士学位论文,2007年。

56. 张雨:《中外网络文学比较分析》,陕西师范大学硕士学位论文,2006年。

57. 王剑:《韩国网络小说特征研究》,山东大学硕士学位论文,2007年。

58. 李馥华:《试析网络文学中的"挖坑"现象》,华东师范大学硕士论文,2007年。

59. 卫婷:《网络传媒中的中国玄幻武侠文化》,苏州大学硕士学位论文,2008年。

60. 王黎:《女性网络文学作者的创作倾向》,山东大学硕士学位论文,2010年。

61. 王瑞:《变动的文学关系下之"新锐文学期刊"研究》,东华理工大学硕士学位论文,2016年。

## (二)英文论文

1. F. Nietzsche, *On The Genealogy of Morals, First Essay*, tran. Ian Johnston, 2014.

2. John Fiske, "The Cultural Economy of Fandom," in Lisa A. Lewis ed., *The Adoring Audience: Fan Culture and Popular Media*, London: Routledge, 1992.

3. Laura Shackelford, "Narrative Subjects Meet Their Limits: John Barth's 'Click' and the Remediation of Hypertext," *Contemporary Literature*, Vol. 46, No. 2 (Summer, 2005), pp.275-310.

4. Lev Manovich, *Database as A Symbolic Form*, Cambridge: MIT Press, 1998; http://transcriptions.english.ucsb.edu/archive/courses/warner/english197/Schedule_files/Manovich/Database_as_symbolic_form.htm.

5. N. Katherine Hayles, "The Transformation of Narrative and the Materiality of Hypertext," *Narrative*, Vol. 9, No. 1 (Jan., 2001), pp. 21-39.

6. Terry Eagleton, "God, the Universe, Art, and Communism," *New Literary History*, Vol. 32, No. 1, pp.23-32.

7. Terry Eagleton, "Base and Superstructure Revisited," *New Literary History*, Vol.31, No.2, Spring 2000, pp.231-240.

8. Vannevar Bush, "As We May Think," *Atlantic Monthly*, 176 (July 1945), pp.101-108.

## （二）韩文论文

1. 강진숙 / 장유정 ,「스마트폰 이용자들의 원격현전 경험에 대한 현상학적 연구 : 비릴리오의 속도론과 '감각의 마비'를 중심으로」,『한국방송학보』, 2012.

2. 김경애 ,「'보는' 소설로의 전환 , 로맨스 웹소설 문화 현상의 함의와 문제점」,『인문사회 21』, 8 권 4 호 , 2017.

3. 마에다 아이 ,「음독 ( 音讀 ) 에서 묵독 ( 黙讀 ) 으로 – 근대독자의 성립」( 박진영 옮김 ) ,『현대문학의 연구』20 권 0 호 , 2003.

4. 박선희 ,「모바일 미디어 인터페이스와 인간감각의 연계」,『한국언론학회 학술대회 발표논문집』, 2009.

5. 신동희 , 김희경 ,「N 스크린 서비스를 이용한 크로스미디어 스토리텔링 전략 – ASMD 를 중심으로」,『한국콘텐츠학회논문지』, 14 권 3 호 , 2014.

6. 이동후 ,「모바일 미디어 인터페이스의 공간성과 인간 행위자의 주체성에 관한 시론」,『한국방송학회 학술대회 논문집』, 2008.

7. 이용준 , 최연 ,「외국 웹소설의 현황과 특성을 통해 본 국내 웹소설 발전의 시사점」,『한국출판학연구』43 권 3 호 , 2017.

8. 이정준 ,「휴대폰 소설」,『독일문학』116 집 , 2010.

9. 최재용 ,「중국 인터넷 장편 '차원이동소설' 에 대한 연구 – '여

성 고대이동소설' 과 '남성 환생소설' 을 중심으로」,『중국소설논총』 42 집 , 2014.

## 三、报道、报告书、网络小说

1. CNNIC 第 3 次报告,《2019 年第 43 次中国互联网络发展状况统计报告 – 网络文学》, 2019 年。

2. 재단법인한국출판연구소 ,「2017 년 국민 독서실태 조사」, 2017.

3.KOSIS,「인터넷 잡지 및 전자 서적 ( 책 ) 이용 여부 , 이용 빈도 및 이용 기기」, 2019.

4. 연변일보 , < 한국 스마트폰 보급률 1 위 , 중국은 ?>, 2018. 6. 26.

5.The Science Times,「전자책 시들 , 종이책 인기 회복」, 2018. 1. 18.

6. 마루 ,「웹소설 , 그 속도의 미학 . 웹소설 독해법 ( 2 )」,『오후미디어』, 2017.

7. 산경 ,『재벌가 막내아들』, 라온 E&M, 2017.

8. 소주귀신 ,『자본주의의 하이에나』, 문피아 연재소설 , 2017-2018.

9. 민수 ,『케미』, KW 북스 , 2018 년 .

10. 실탄 ,『리미트리스 드림』, KWbooks, 2018.